Brigitte Kleinod

Gärten intelligent planen und gestalten

Brigitte Kleinod

Gärten intelligent planen und gestalten

200 Farbfotos
30 Zeichnungen
33 Tabellen

Ulmer

Umschlagfoto: Nach einigen Jahren wird der intelligent angelegte und fachgerecht bepflanzte Garten zur Oase der Entspannung.

Brigitte Kleinod, geb. am 25.01.1957 in Wiesbaden, verheiratet, zwei Kinder. Studium der Biologie, Ökologie und Meteorologie in Frankfurt/Main. Freiberufliche Gartenplanerin, Gartenbuchautorin, hält Kurse zu den Themen Gartengestaltung und Naturschutz.

Anmerkung des Verlages: Alle Angaben in diesem Buch wurden gründlich geprüft und recherchiert. Für die Richtigkeit der Angaben wird dennoch keine Haftung übernommen.

Bibliografische Information der Deutschen Bibliothek
Die Deutsche Bibliothek verzeichnet diese Publikation in der Deutschen Nationalbibliografie; detaillierte bibliografische Daten sind im Internet über http://dnb.ddb.de abrufbar.

ISBN 3-8001-4440-9

Wollgrasweg 41, 70599 Stuttgart (Hohenheim)
E-Mail: info@ulmer.de
Internet: www.ulmer.de
Lektorat: Dr. Angelika Eckhard
Layout: CYCLUS · Visuelle Kommunikation, Stuttgart
Herstellung: Silke Reuter
Druck und Bindung: fgb, Freiburg
Printed in Germany

Inhaltsverzeichnis

3 Begrünen

Vorwort

Gut gestaltete Gärten sind auf die Bedürfnisse ihrer Besitzer zugeschnitten, harmonieren mit Klima und Umgebung, orientieren sich an Haus und Nebengebäuden und lassen sich zu allen Jahreszeiten nutzen. Einen Garten, der alle diese Bedingungen erfüllt, selbst zu planen und zu gestalten, setzt Vorstellungsvermögen, handwerkliches Geschick, Geduld und Liebe zur Sache voraus. Bei den meisten Gartenbesitzern dauert es dennoch viele Jahre oder gar Jahrzehnte, bis der Garten so aussieht, wie sie ihn sich vorgestellt haben und sie müssen auf dem dornigen Weg dorthin viel Lehrgeld bezahlen und Schweiß vergießen.

Die meisten Anfängerfehler kann man jedoch mit intelligenter Planung vermeiden. Wer vorausschauend plant, spart eine Menge Geld und Ärger bei der Gestaltung. Wer praktisch und rationell gestaltet, spart sich viel Arbeit und Zeit. Wer bei der Bepflanzung ökologisch handelt, kann sich für die Zukunft viel Pflegearbeit ersparen, und wer intelligente Arbeitstechniken verwendet, spart sich so manchen Gang zum Arzt.

Intelligent planen und rationell handeln mag Ihnen vielleicht für einen Garten unangemessen erscheinen, erwarten wir doch von ihm einen Ausgleich zur kalten, technisch dominierten Berufswelt. Er soll schön, romantisch, verspielt, naturnah und vieles mehr sein. Dabei vergessen wir gern, dass gerade die Natur am rationellsten arbeitet: Mit dem jeweils geringsten Energie- und Materialaufwand bringt sie per Evolution durch Versuch und Irrtum die schönsten Farben, Formen und Kompositionen hervor.

Intelligenter ist es jedoch, bei der Gartenplanung Weitsicht und Vernunft walten zu lassen, um mit möglichst wenigen Irrtümern zum Ziel zu gelangen. Dieses Ziel ist ein Garten, in dem sich die Besitzer wohlfühlen und der seinen Zweck als Erholungs- und Regenerationsraum – sagen wir ruhig als privates kleines Paradies – erfüllt. Damit das so ist, braucht er eine Gestaltung und Bepflanzung, die den Bedürfnissen der Gartennutzer entspricht. Da sich diese mit der Zeit aber auch ändern können, müssen einfach auszuführende Umgestaltungsmöglichkeiten von Anfang an mitbedacht werden.

In diesem Buch sollen für alle Gartenteile rationelle Möglichkeiten und Varianten für die Anlage, Pflanzenauswahl und Pflege aufgezeigt werden. Für welche Sie sich entscheiden, das ist eine Platz-, Geld- und Zeitfrage, eine Frage des persönlichen Geschmacks und eine der Prioritäten, die Sie setzen. Es sollte jedem klar sein, dass in einem normal großen Hausgarten nicht alles auf einmal verwirklicht werden kann, was in diesem Buch an Gestaltungs- und Bepflanzungsbeispielen aufgeführt ist.

Das Buch will aber auch mit vielen Vorurteilen aufräumen, was im Garten angeblich viel Arbeit macht. So stimmt es z.B. nicht, dass ein großer Garten mehr Arbeit bereitet als ein kleiner, ein vielfältig gestalteter mehr als ein monotoner. Wie viel Zeit ein Gartenteil beansprucht, hängt in erster Linie von guter Planung, fachgerechter Ausführung, haltbaren Materialien und standortgerechter Bepflanzung ab. An zweiter Stelle kommen die Erfahrungen, aber auch ganz besonders der Arbeitsstil der ausführenden Person und seine „Schmutzschwelle". Und an dritter Stelle sei erwähnt, dass es eine Frage der Einstellung ist, ob jedes Tun im Garten als Arbeit empfunden wird. Ebenso gut kann es als erholsames Hobby oder gesundes Ausdauertraining an frischer Luft betrachtet werden.

Am meisten Geld, Zeit und Arbeit kann bei der Anlage und Bepflanzung eines Gartens gespart werden, indem Sie Fehler vermeiden. So ist eine gute Planung und Vorbereitung aller Arbeiten der Anfang von rationellem Handeln. Kommt der Wille hinzu, sich vorher zu informieren und Expertenrat anzunehmen, so sind Sie schon auf dem besten Weg zum intelligent denkenden Gartenbesitzer. Und auch die unvermeidliche Gartenpflege macht nur Spaß – kann sogar zur Leidenschaft werden –, wenn Sie sich nicht dauernd über falsche Planung und mangelhafte Ausführungen ärgern müssen.

Das Buch richtet sich vor allem an „Gartenneulinge", die nach dem Hausbau den Garten anlegen wollen, aber auch an alle diejenigen, die einen bestehenden Garten umgestalten möchten. Aus diesem Grund ist es auch entsprechend der Reihenfolge der im Garten anfallenden Arbeiten gegliedert.

So soll der Planungsteil (Teil I) Ihnen helfen, die meist schon bei der Planung gemachten Anfängerfehler zu vermeiden.

Im Gestaltungsteil (Teil II) wird Ihnen die fachgerechte Ausführung erklärt, bei der Sie langfristig viel Geld sparen können, wenn alle Bauarbeiten einmal richtig, mit den passenden Materialien und in der richtigen Reihenfolge ausgeführt werden.

Der Begrünungsteil (Teil III) stellt Ihnen Pflanzen und Bepflanzungsvorschläge vor, die standortgerecht, dauerhaft und pflegeleicht sind. Da sich „Wassergärten" immer größerer Beliebtheit erfreuen, sind hier auch zahlreiche Feuchtbiotope für Pflanzen, Tiere und Menschen beschrieben.

Im Pflegeteil (Teil IV) finden Sie zahlreiche pflegeleichte Beispiele für Nutzgärten, vom Kübelobst bis zum Bauerngarten. Rationelle Gartenpflege, Recyclingmöglichkeiten und Tricks für die gesunde Gartenarbeit beschließen das Buch.

Anspruch auf Vollständigkeit kann natürlich nicht erhoben werden. Viele Gartenbesitzer kennen sicher noch zahlreiche weitere Tricks und Kniffe. Einige davon sind gesondert in Tipp-Kästen erwähnt. Sie verweisen auf zahlreiche Möglichkeiten, Fehler zu vermeiden, Geld zu sparen, überflüssige Arbeiten zu unterlassen und Ärger mit Nachbarn und Behörden zu umgehen. Es gibt auch wesentlich mehr Pflanzen, als die in den Tabellen erwähnten. Bewusst wurden nur solche herausgesucht, die unter dem betreffenden Gesichtspunkt besonders geeignet erscheinen. Die Planbeispiele berücksichtigen möglichst viele Gartensituationen und sind als Anregung gedacht. Es wird Ihnen nach der Lektüre sicher nicht schwer fallen, die Beispiele Ihrem Grundstück anzupassen. Ein ausführliches Literaturverzeichnis hilft bei der Auswahl weiterführender Literatur für spezielle Gartenthemen.

Danken möchte ich an dieser Stelle allen Teilnehmern meiner Gartenkurse, die mir mit ihren Problemen und Fragen immer wieder neue Anregungen gaben. Danken möchte ich auch dem Verleger für sein Zutrauen in meine Kompetenz. Meiner Lektorin Frau Dr. Eckhard danke ich für die gute Zusammenarbeit, Herrn Gärtnermeister Friedhelm Strickler für seine ungebrochene Bereitschaft, meine Fragen zur Pflanzenverwendung zu beantworten.

Mein besonderer Dank gilt meinem Mann, von dem ich eine Menge in Sachen intelligente Arbeitsplanung und Technik, Zutrauen und Geduld gelernt habe.

Für Michael
Waldems-Reichenbach, im Januar 2004

2

1 Planen

1 Den eigenen Garten kreieren

Die Vorstellungen vom eigenen Traumgarten sind von Mensch zu Mensch völlig unterschiedlich.

Wem die behagliche Einrichtung eines Zimmers gelingt, dem sollte es auch nicht allzu schwer fallen, einen Garten zu gestalten. Handelt es sich dabei doch um nichts anderes als einen weiteren Wohnraum. Welchen Aktivitäten dieser Freiraum dienen soll, steht dabei – genau wie bei der Zimmereinrichtung – an erster Stelle. Die Tatsache, dass viele Gärten recht einfallslos gestaltet werden, ist nicht zuletzt darin begründet, dass die Besitzer oft nicht genau wissen, wie sie ihren Garten nutzen wollen. Andere Gartenbesitzer wiederum haben genaue Vorstellungen davon, was sie im Garten alles unternehmen könnten, nur fehlt ihnen die Erfahrung, wie alle Ideen planerisch umzusetzen sind. Die größten Vorbehalte betreffen aber die zu erwartende Pflegearbeit, die ein schön gestalteter Garten angeblich nach sich zieht, weshalb viele Gärten so einfallslos aussehen.

In unseren Vorstellungen – aber auch in vielen Gartenmagazinen – kreisen Sommerbilder von englischen Cottagegärten, wo es üppig blüht und grünt und jede noch so zufällig wirkende Anordnung gebrauchter Gartengeräte sorgfältig arrangiert wurde. Gartenschauen mit Mustergärten, die täglich gepflegt und monatlich neu bepflanzt werden, setzen uns zusätzlich unter Erfolgsdruck. Wer das Urteil anderer Leute scheut, sollte deshalb als Erstes für einen Sichtschutz sorgen und nur gute Freunde in den Garten hineinlassen. Beim Garten ist es wie bei einem Wohnraum: Erst wird lange überlegt, wie die Möbel arrangiert werden können, doch im Laufe der Jahre sammeln sich Erinnerungsstücke und Gebrauchsgegenstände an, die einem fremden Betrachter vielleicht als Unordnung erscheinen, für die Bewohner aber eine Ordnung erkennen lassen.

Lassen Sie sich also nicht davon abhalten, aus dem teuer erworbenen Grundstück am Haus ein privates Paradies zu erschaffen. Jedoch nur durch eine intelligente Planung können Sie Fehler im Voraus vermeiden, die zeitraubende Gartenpflege, notwendige Umgestaltungen und unnötige Kosten verursachen.

Gartenträume realistisch beurteilen

Am Anfang jeder Idee und Planung steht die Erforschung der Wünsche aller Gartenbenutzer. Sie sollten ganz frei geäußert werden dürfen und sich nicht an irgendwelchen Vorgaben durch die konkrete Grundstückssitua-

Wer nutzt den Garten (wie oft, wann)?
- Erwachsene
- Kinder
- Jugendliche
- Haustiere

Wie möchten Sie (die anderen) ihn nutzen?
- Ausruhen im Sitzen
- Sonnenbaden
- Kreatives Spielen
- Sportliches Spiel, Toben
- Feiern, Essen, Grillen
- Hobby, wie Zier- und Nutzpflanzen pflegen
- Anderes

Welche praktischen Einrichtungen soll er enthalten?
- Platz für Auto, wie Carport, Stellplatz
- Platz für Fahrräder und Spielgeräte
- Lagerplatz für Kaminholz
- Spielgeräte für Kinder
- Zisterne, Wasserbehälter
- Werkzeugschuppen
- Gewächshaus, Frühbeet, Pflanztisch
- Kompostplatz und Materiallager
- Überdachung als Wäschetrockenplatz
- Unterstellmöglichkeit für Gartenmöbel
- Platz für Grill, Außenküche, zum Feiern
- Sichtschutz, Lärmschutz, Windschutz
- andere Einrichtungen

Welche Gartenbestandteile wünschen Sie sich?
- Bäume und Einzelsträucher
- Hecken, begrünte Zäune
- Pergolen, Kletterpflanzen
- Stauden, Blumen, besondere Pflanzungen
- Freie Flächen, z.B. Rasen
- Wasserflächen, Wasserbecken
- Nutzpflanzen, wie Obst, Gemüse, Kräuter
- Sitz- und Liegeplätze in Sonne und Schatten
- andere Bestandteile

Welcher Gartentyp schwebt Ihnen vor?
- modern, minimal bepflanzt, asiatisch
- formal, symmetrisch, ordentlich
- „englisch", ländlich, romantisch
- naturnah, ökologisch, heimisch
- anderer Typ

tion orientieren. Am besten schaffen Sie dazu eine entspannte Atmosphäre, schließen die Augen und machen für einige Minuten eine Traumreise in Ihren Traumgarten. Stellen Sie sich nicht nur vor, wie es darin aussieht, sondern auch Geräusche und Gerüche, wie Sie sich darin aufhalten, ob Sie ruhen oder lustwandeln, beobachten oder kreativ sind, säen oder ernten. Notieren Sie anschließend alle geträumten Garteneindrücke auf einem großen Blatt Papier.

Eigene Wünsche ordnen
Nun ordnen Sie Ihre Eindrücke nach verschiedenen Aspekten. In unserem Beispiel betreffen diese den visuellen Eindruck der Pflanzung, die Geräusche durch Wasser und Vögel, einen Sichtschutz für die Abgeschiedenheit, den Geruch von frischer feuchter Luft und anderes mehr. Jeder Aspekt bekommt nun eine Farbe zugeordnet, mit der Sie Ihren Traumeindruck unterstreichen oder einrahmen. Auf diese Weise ergibt sich eine erste Struktur in der scheinbar chaotischen Aufzählung, die Ihnen auch später noch nützlich sein wird. Sie könnte etwa so aussehen, wie im oben stehenden Kasten angedeutet. In Ihrem speziellen Fall könnten Sie dann immer ankreuzen, was für Sie zutrifft.

Familienkonferenz abhalten
Wer seinen Garten allein bewohnt, kann das nächste Kapitel getrost überblättern. Für alle, die sich einen Garten mit einem oder mehreren Mitbewohnern teilen, ist es sinnvoll, auch die anderen zu einer Fantasiereise in ihren persönlichen Traumgarten aufzufordern. Die entstandenen Wunschlisten sollten Sie anschließend austauschen und nach Gemeinsamkeiten als auch wirklichen

Familiengärten sollten gemeinsam geplant werden, damit jeder einen Teil seiner Gartenträume verwirklichen kann.

Ein Gartenmodell ist anschaulicher als ein Plan und regt zu unkonventionellen Lösungen an.

TIPP

Nageln oder schrauben Sie aus alten Brettern, Kanthölzern oder Latten einen Rahmen zusammen, der Ihr Grundstück im Maßstab 1 : 10 oder 1 : 20 wiedergibt. Dort hinein schaufeln Sie gut formbare Erde und stellen ein Hausmodell aus Holz oder Pappe hinein. Die Erde sollten Sie nun so modellieren, wie es den wahren beziehungsweise geplanten Verhältnissen auf Ihrem Grundstück entspricht. Für die Hangmodellierung beziehungsweise Terrassierung können Sie auch Mauersteine unterlegen. Ergänzen Sie den Modellgarten mit maßstabsgetreuen Figuren (selbst gebastelte oder aus der Puppenstube Ihrer Kinder). Dies erleichtert die Vorstellung von Platzbedarf und Proportionen. Der Kasten kann später den Kindern als Sandkasten oder Ihnen als kleines Beet dienen.

beziehungsweise scheinbaren Widersprüchen schauen. Respektieren Sie bitte jeden Traum und verwerfen Sie nichts, auch wenn es Ihnen noch so unrealistisch erscheint. Die Möglichkeiten der Realisierung werden wir später besprechen.

Kleine Kinder sollten Sie Modelle aus Naturmaterialien bauen lassen, die oft viel besser die Wünsche widerspiegeln als eine Liste. Dazu brauchen Sie ein großes Tablett, eine Steige aus Pappe oder einen ähnlichen festen Untergrund. Sammeln Sie mit den Kindern Naturmaterialien, wie Rindenstücke und kleine Aststücke, vertrocknete Gräser, Staudenteile und Moose, aber auch Sand, Kies und interessante Steine. Blaues Tonpapier oder ein Stoffrest dient dem Darstellen von Wasser, ein großer Klumpen Salzteig dem Modellieren von Bergen und Tälern sowie als Standfuß für Bäume. Ohne die Einmischung Erwachsener können Kinder wunderschöne Modelle erschaffen, die genauso ernst genommen werden sollten wie die Traumlisten der Erwachsenen. Aber auch in einem Sandkasten kann ein maßstabsgetreues Modell aus Lehm oder Erde und anderen Naturmaterialien gebaut und nach Bedarf wieder verändert werden. Steht es unter einer Überdachung, ist es lange haltbar und kann immer wieder als Anschauungsobjekt dienen. Das Hausmodell kann aus Holzresten zusammengezimmert werden, Pflasterflächen können Sie mit kleinen Steinchen darstellen, kleine Zweige dienen als Bäume und Sträucher. Modellgärten sind auch für

Rezept für Modelliermasse (Salzteig)

200 g Salz in 400 ml heißem Wasser auflösen,
400 g Mehl und 4 EL Speiseöl hinzufügen,
mit dem Knethaken einen festen geschmeidigen Teig herstellen.
Luftdicht verschlossen ist der Teig lange geschmeidig und haltbar. Wenn das fertige Modell lange halten soll, 2 EL Alaunsalz (aus der Apotheke) dem Speisesalz hinzufügen. Mit Lebensmittelfarbe kann der Teig beliebig eingefärbt werden.

viele Erwachsene eine sinnvolle und anschauliche Hilfe bei der Planung.

Gemalte Pläne oder Pappmodelle sind keine gute Alternative! Wenn Kinder und Erwachsene Pläne zeichnen oder Pappmodelle bauen, kommen oft die üblichen rechtwinkligen Einheitsgärten dabei heraus, deren Gestalt durch das Material vorgegeben ist und nicht die wirklichen Wünsche der Kinder widerspiegeln. Bei Erwachsenen ist das übrigens nicht anders, auch für sie kann ein (maßstabsgerechtes) Modell sehr hilfreich sein, besonders wenn das Grundstück am Hang liegt.

Wunschlisten konkretisieren

Der nächste Schritt ist das Konkretisieren der Wünsche auf Gartenmaß. So könnte z.B. in einem kleinen Garten der Traum von Wald mit einem dicht belaubten Baum, darunter Farne, Moose, Baumstubben und Rindenmulch realisiert werden. Wichtig ist nicht die Größe bei der Umsetzung, sondern vielmehr, dass die Atmosphäre des Traums eingefangen wird. Der Kinderwunsch nach einer Höhle und einem Berg mit Ausguck kann vielleicht in Form eines Baumhauses realisiert werden, welches sowohl den Unterschlupf als auch die exponierte Lage in sich vereinigt. Gehen Sie demokratisch vor und berücksichtigen Sie von jedem Familienmitglied zumindest einen Wunsch. Nutzen Sie die Liste mit den konkretisierten Hauptwünschen aller Familienmitglieder als weitere Arbeitshilfe.

Schwerpunkte überlegt setzen

Nachdem wir unsere Wünsche ergründet und notiert haben, müssen wir nun wieder der Realität ins Auge sehen.

Gartenträume und Elemente für ihre Verwirklichung

- Wasser: Teich, Wasserbecken, Bachlauf, Wasserfall.
- Wald: Ein bis drei kleine Laubbäume oder -sträucher, darunter Waldgräser, Farne, Rindenmulch, Laub, Baumstubben, Felsbrocken, Moose.
- Blüten und summende Insekten: Blumenwiese, Blumenrasen, Heckensaum, fertile Blütensträucher.
- Felsen: Steinsetzungen aus Findlingen, Trockenmauer, Schotterbeet, Natursteintreppe, Steingarten.
- Dschungel: Heckenverstecke, liegende Baumstämme, Halbhöhlen, Hexenhaus, Weidenbauten, Kletterpflanzen.
- Tiere: Pflanzen für Insekten, Nisthilfen und Beerensträucher für Vögel, Winterquartiere für Säugetiere, Reptilien und Amphibien, Feuchtbiotope, ungestörte Ecken.
- Garten Eden: Naschgarten, Bauerngarten, Kräutergarten, Obstgarten, Wildobsthecke.
- Sinnliche Verführung: Duftpflanzen, Kräuter, dekorative Farbzusammenstellungen, Wasserplätschern.
- Faulenzen: Sitz- und Liegeplätze, Pergola, Hängematte, Sonnenplatz, Schattenplatz.

Das Gartenthermometer ist auch noch nach der Gartenanlage nützlich und dekorativ zugleich.

Lässt das Grundstück die Realisierung überhaupt zu? Wie sieht es mit den Klimaverhältnissen im Garten aus? Wie kann man die Bedingungen nutzen oder verändern? Welcher Nutzungsbereich ist an welchem Ort am besten aufgehoben? Zu diesen Fragen kommt oft noch das Problem, dass der Garten zu klein ist, um alle Wünsche der Familie zu realisieren. Durch geschickte Mehrfachnutzung lässt sich aber viel Platz sparen. Planen Sie sorgfältig, damit Konflikte mit den Familienmitgliedern und Nachbarn vermieden werden.

Klimafaktoren beachten

Neben allen theoretischen Überlegungen dürfen wir nicht vergessen, die klimatischen Gegebenheiten vor Ort zu erforschen. Wie wohl man sich im Garten fühlt, hängt nicht nur von den optischen Gegebenheiten ab, sondern auch ganz entscheidend von Sonneneinstrahlung, Temperatur, Wind und Luftfeuchtigkeit. Am günstigsten wäre es, man könnte ein ganzes Jahr auf der Gartenbaustelle verbringen, um alle Bedingungen zu allen Tages- und Jahreszeiten genau kennen zu lernen. Da dies aber meist nicht möglich oder erwünscht ist, wollen wir lernen, die wichtigsten Klimafaktor zu erfassen. Sie sind eine unabdingbare Voraussetzung für die richtige Planung, Gestaltung und Bepflanzung. Nicht nur, dass Baumaterialien und Pflanzen unter unpassenden klimatischen Bedingungen leiden, Sie können auch für sich, selbst unter den widrigsten Umständen, ein angenehmes Mikroklima im Garten schaffen.

Die Zuordnung der Gartenwünsche zu den Gartenteilen wird nicht nur vom vorhandenen Platz, sondern auch ganz entscheidend von der Himmelsrichtung bestimmt. Die Besonnung der Gartenteile ändert sich im Verlauf eines Jahres ganz wesentlich, zum einen

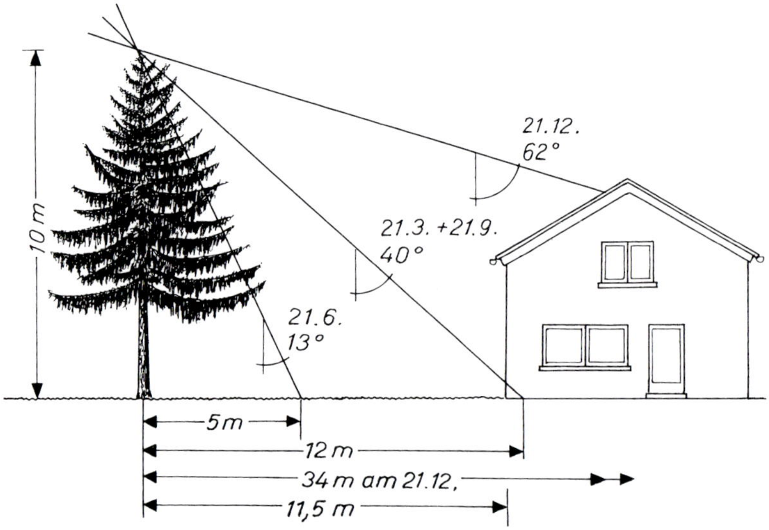

Schattenwurf am Beispiel einer Fichte zu den verschiedenen Jahreszeiten (hier 12 Uhr mittags WOZ auf dem 50. Breitengrad, z.B. Stadt Mainz).

durch die Höhe des Sonnenstandes, zum anderen durch die Orte des Sonnenauf- beziehungsweise -untergangs.

Außerdem ändern sich die Uhrzeiten, zu denen die Sonne auf- beziehungsweise untergeht und es muss auch noch die Zeitumstellung im Frühjahr auf Sommerzeit berücksichtigt werden. Viele Klimafaktoren, wie Wind oder Luftfeuchtigkeit, lassen sich zumindest für einzelne Gartenteile verändern. Auch Schatten kann man sich relativ einfach verschaffen. Dagegen lässt sich die Sonne in ihrem Lauf nicht beeinflussen und Schatten werfende Gebäude lassen sich nicht verrücken.

Da jedes Familienmitglied einen anderen Tagesrhythmus hat, gilt es nun, alle Bedingungen zu beachten. Als Beispiel sei ein Spielbereich für die Kinder genannt, der im Südwesten gut aufgehoben ist, denn in der Regel spielen Kinder an Wochentagen erst am Nachmittag im eigenen Garten. Auch im Frühjahr und Herbst gibt es hier noch Sonne. Der Ruheplatz mit Waldatmosphäre für den tagsüber arbeitenden Familienvater ist dagegen im Westen bis Nordwesten gut aufgehoben, wo er im Sommer noch die letzte Abendsonne genießen kann. Im zeitigen Frühjahr ist an dieser Stelle zur gleichen Uhrzeit keine Sonne mehr zu sehen, es dürfte aber auch zu kühl zum Draußensitzen sein.

Aber auch das Baumhaus oder eine Höhle können sich im Nordwesten befinden, denn zum Sichverkriechen wird kein Sonnenlicht gebraucht. Dagegen sollte die Hauptterrasse immer im Süden liegen, damit sie auch im Winter, Frühjahr und Herbst einige Sonnenstrahlen abbekommt.

Schauen Sie genau hin, wann und wo die Sonne zu welcher Jahreszeit steht. Notieren Sie die Uhrzeiten und markieren Sie gegebenenfalls die betreffenden Stellen im Grundstück, auf alle Fälle aber im Plan.

Den Schattenwurf eines geplanten Baumes können Sie leicht mit einem Sonnenschirm entsprechender Höhe simulieren.

In den gemäßigten Breiten Mitteleuropas gibt es rasche Wechsel zwischen Hoch- und Tiefdruckgebieten und damit zwischen trocken-kalten Ost- und feucht-warmen Westwinden. Die Richtungen der Luftströmungen im Garten werden jedoch außerdem stark vom Geländerelief der Umgebung beeinflusst, je unebener die Oberfläche, desto stärker. Berge, Hügel, Häuser, Täler, Straßenzüge und die Vegetation bremsen den Wind, ändern seine Richtung oder lassen Wirbel und Böen entstehen.

TIPP

Bedenken Sie bei der Planung immer auch diejenigen Wochen im Jahr, in denen Sie regelmäßig in den Urlaub fahren. Wenn gerade dann alles blüht, geerntet oder gegossen werden muss, haben Sie nicht viel von Ihrem Garten.

Positive und negative Auswirkungen von Wind (bis 40 km/h) im Garten

Einfluss auf	Vorteile	Nachteile
Boden	Abtrocknung nach Regen	Erosion durch Verwehung
Blattwerk	Abtrocknung nach Regen, dadurch weniger Pilzbefall	hohe Verdunstung im Sommer
Gehölze	Befruchtung bei Windbestäubern	Entwurzelung, Deformierung
Gebäude	Abtrocknung nach Regen	Schlagregen auf der Westseite, Auskühlung bei Undichtigkeiten
Menschen	Frischlufttransport, Kühlung im Sommer	Kälte im Winter, Staubtransport im Sommer

Die Wirkung des Windes auf den Garten kann je nach Stärke sowohl positiv als auch negativ sein. Für die Gartenbewohner wird er im heißen Sommer als angenehm und kühlend empfunden, im Winter lässt er dagegen die gefühlte Temperatur um einiges niedriger erscheinen, als sie wirklich ist.

Die allgemeinen Windverhältnisse lassen sich nicht beeinflussen, allerdings können Sie sich im Garten Ihr eigenes Mikroklima durch die Errichtung von Windschutzeinrichtungen schaffen. Falls Sie den Standort Ihres neuen Gartens noch nicht gut kennen, lohnt es sich, in der Umgebung nach Windschutzmaßnahmen in anderen Gärten und deformierten Baumkronen in der Landschaft Ausschau zu halten. Sie geben einen ersten Eindruck von der vorherrschenden Windrichtung und -stärke. Örtlich begrenzte Verwirbelungen am Haus können Sie mit einem Windrädchen, einer Flagge oder einiger Hände voll trockener Blätter gut sichtbar machen.

Lokalen Windschutz bieten Gebäude, Mauern, dichte Zäune und Sichtschutzwände, Hecken und Gehölzgruppen. Dabei ist der Windschatten proportional zur Höhe der Schutzeinrichtung und abhängig vom Winkel, mit dem der Wind gegen das Hindernis bläst. Ein 3 m hoher Windschutz erzeugt demnach einen windstillen Bereich, der dreimal so groß ist wie ein 1 m hoher Windschutz. Dies gilt allerdings nur bei senkrecht auftreffendem Wind. Trifft dieser mit einem Winkel von weniger als 45° auf, schrumpft der Windschatten um ein Drittel der Fläche. Undurchlässige Windschutzeinrichtungen, wie Mauern, erzeugen aber meist unerwünschte Strömungen und Verwirbelungen an anderen Stellen, sodass Windbremsen mit einer gleichmäßig verteilten Luftdurchlässigkeit von 40 bis 60 % am günstigsten sind. Einzelne Aussparungen erzeugen dagegen eine Düsenwirkung, sodass der Wind noch schneller hindurchpfeift.

Hecken erfüllen den Zweck eines Windschutzes am besten und lassen sich, wenn sie einmal hoch genug geworden sind, leicht den Bedürfnissen nach Windschutz anpassen. Aber auch begrünte Holz- oder Drahtzäune, Sichtschutzwände aus Flechtwerken von Reisig sowie Matten aus Kokos, Bambus, Rohr oder Schilf sind gute Windbremsen, wenn sie stabil an Pfosten und Querriegeln befestigt werden. Windschutzeinrichtungen beeinflussen außerdem die Luftfeuchte in ihrer Umgebung und damit auch die Temperatur.

Da jeder Windschutz auch Schatten wirft, muss seine Höhe gut bedacht werden. Bei vorherrschendem Wind aus Südwest oder West ist die Spätfrostgefahr im Bereich des Windschutzes zudem höher.

Auch Temperatur und Luftfeuchte sind neben dem Wettergeschehen von lokalen Gegebenheiten abhängig. So wird die Temperatur von der Topologie eines Geländes beeinflusst, z.B. die Entstehung von Kaltluftseen in Tälern und Senken oder warmen Aufwinden an Hängen. Aber auch das Material der Bodenoberfläche hat durch seine Wärmeleitfähigkeit und Strahlungsabsorption Einfluss auf die Lufttemperatur in der unmittelbaren Umgebung. Baumkronen und Überdachungen mindern neben dem Niederschlag auch die Reflexion langwelliger Wärmestrahlung in klaren Nächten und tragen so zu einem besonderen Mikroklima bei. Die Wärmeabsorption hängt aber auch von der Farbe der Oberfläche ab, wie jeder weiß, der an Sonnentagen zwischen dunkler und heller Kleidung wählen kann. Ist die Sonne bereits untergegangen, ist es von der Dichte eines Materials abhängig, wie lange die Wärme gespeichert wird. So können massive Mauern noch lange nach Sonnenuntergang Wärmestrahlung abgeben und den Aufenthalt im Garten auch am Abend ermöglichen. Aber auch wärmeliebende Pflanzen schätzen die Wärmestrahlung von Mauern und Gebäuden, die ein südlicheres Klima erzeugen helfen.

Da feuchte Luft die Wärme besser leitet als trockene, erscheint uns die Lufttemperatur an kühlen feuchten Tagen niedriger als an kühlen trockenen. Durch bessere Transpiration kehrt sich dieser Effekt im Sommer um: Hier ist die Hitze bei trockener Luft besser erträglich als an feuchtwarmen Tagen. Bei den Pflanzen ist es ähnlich, da sie ihre Blattoberfläche durch Transpiration kühlen, solange sie genügend Wasser im Wurzelbereich zur Verfügung haben.

Durch Mehrfachnutzungen Platz sparen

Haben alle Familienmitglieder ihre Wunschliste komplett, werden Sie meist feststellen, dass auf den ersten Blick nicht alle Wünsche realisiert werden können. Bei genauerem Hinschauen und unter Zuhilfenahme des Zeitplanes werden Sie aber erkennen, dass man verschiedene Plätze mehrfach nutzen kann. Bei der Gestaltung sollte man dies gut bedenken. So kann z.B. ein Stellplatz für das Auto des Erwerbstätigen tagsüber als Platz zum Rädchenfahren, für die Tischtennisplatte oder zum Ballspielen verwendet werden. Dazu muss er aber eben angelegt werden und einen geeigneten Untergrund haben. Oder ein überdachter Platz zum Wäschetrocknen kann bei entsprechender Größe und

Bei guter Planung können fast alle Gartenteile mehrfach genutzt werden, wie hier der ebene Stellplatz für gemeinsames Spiel.

Verschiedene Funktionsbereiche und Möglichkeiten ihrer Mehrfachnutzung

Gartenelement	Möglichkeiten der Nutzung
Garage:	Geräteschuppen, Kinderhaus, Baumhaus auf dem Dach, Rutsche hinunter
Carport/Pergola:	wie oben sowie Aufhängung für Schaukeln und Klettergeräte, Rankgerüst
Stellplatz/Zufahrt:	Gepflasteter Hartplatz zum Rädchen- und Rollerfahren, Skaten, Tischtennis- und Ballspielen. Wassergebundene Decke für Boule- und Kegelspiele, Schotterrasen für Magerrasenvegetation geeignet
Wintergarten:	Kinderspielraum und Terrassenersatz bei schlechtem Wetter, Wäsche trocknen, Kübel überwintern, Gartenmöbel unterstellen
Terrasse:	Sitzen, Spielen, Arbeiten, Essen, Grillen, Feiern, Wäsche trocknen ...
Vorgarten:	Kinderspielplatz, Aufbewahrung für Geräte, Fahrräder u.a., Themengarten
Weidenbauten:	Gartengliederung, Sichtschutz, Spielhaus
Hecken:	Abgrenzung, Sichtschutz, Windschutz, Verstecke für Kinder, Wildobst, Nistplatz für Vögel
Gartenhaus:	Geräteschuppen, Spielhaus, Gästehaus, Baumhaus auf dem Dach, Holzlager unter Dachüberstand, Regenwasser-Sammelstelle
Treppe:	Aufgang für Rutsche, daneben Platz für Kübelpflanzen, pflegeleichtes Duft-, Kräuter- oder Blumenbeet

Typische Wünsche von Kindern in den verschiedenen Altersgruppen

2 bis 6 Jahre:	Sandkiste, Wasser zum Matschen, Kinderhäuschen, Schaukel, Wipptiere, Rutsche, Platz zum Rädchen- und Rollerfahren ...
7 bis 11 Jahre:	Baustelle zum Matschen und Graben, Teich, Höhle, Baumhaus, Kletterbaum, Schaukel, Hügel, Bolzplatz, Tiere ...
12 bis 16 Jahre:	Basketball- beziehungsweise Streetballkorb, Tischtennisplatte, Grill- und Feuerplatz, eigenes großes Gartenhaus, Platz zum Zelten, Hängematte, Swimmingpool ...

TIPP

Wenn jedes Familienmitglied wenigstens einen seiner Wünsche im Garten verwirklichen darf, ist in der Regel die ganze Familie mit der realitätsnahen Liste zufrieden und wird sich auch bereitwilliger an der Gartenpflege beteiligen.

Gestaltung zum Spielen, Essen, Feiern sowie zum Arbeiten genutzt werden. Lassen Sie Ihrer Fantasie freien Lauf und beziehen Sie ruhig auch unkonventionelle Lösungen in Ihre Planung mit ein.

Konflikte vermeiden

Sind die Kinder noch klein, sollten Sie den Garten in voneinander getrennte Räume unterteilen, um unnötige Konflikte zu vermeiden. Kinder haben ganz andere Vorstellungen von einem Garten als die meisten Erwachsenen und verlieren schnell die Lust am kreativen Spiel, wenn sie immer wieder ermahnt und zum Aufräumen angehalten werden. Sie müssen auch bedenken, dass nicht nur die eigenen Kinder, sondern auch deren Freunde im Garten spielen werden und deshalb für sich selbst eine Ruhezone einrichten, die für Kinder tabu ist. Am besten ist es, wenn der Spielbereich mit einer dichten Hecke, einem begrünten Flechtzaun oder einem nützlichen Geräteschuppen vom übrigen Garten abgeschirmt wird. Haben die Kinder dort Möglichkeiten zum Graben, zum Lagern ihrer Geräte und Sammelobjekte, einen Wasservorrat oder Wasseranschluss sowie Verstecke, werden Sie stundenlang nichts von ihnen sehen und können in dieser Zeit den Garten auf Ihre Weise genießen. Besonders praktisch ist es, wenn der Kinderspielbereich im Vorgarten liegt. Die Kinder laufen Ihnen dann nicht ständig über die Terrasse und durchs Wohnzimmer, um die Toilette zu benutzen, etwas zu trinken, Spielzeug aus dem Kinderzimmer zu holen usw. (siehe Seite 110ff.). Die günstigste Lage des Spielbereiches finden Sie, wenn Sie den Grundriss des Hauses mit seinen Ein- und Ausgängen, den Zuschnitt des Gartens und die Himmelsrichtung berücksichtigen.

Reihen- oder Doppelhausbewohner mit Nachbarn, die auch kleine Kinder haben, sollten über eine gemeinschaftliche Spielzone im unteren Gartenteil nachdenken. Wenn jeder ein anderes Spielgerät beziehungsweise eine andere Spielzone beisteuert und die Kinder dort ungehindert hin und her laufen können, können Sie sich so manche Investition sparen und die Kinder haben gemeinsam viel mehr Spaß und Platz.

Die Vorstellungen kleiner Kinder von einem schönen Garten weichen stark von denen der Erwachsenen ab, kosten aber meist nicht viel.

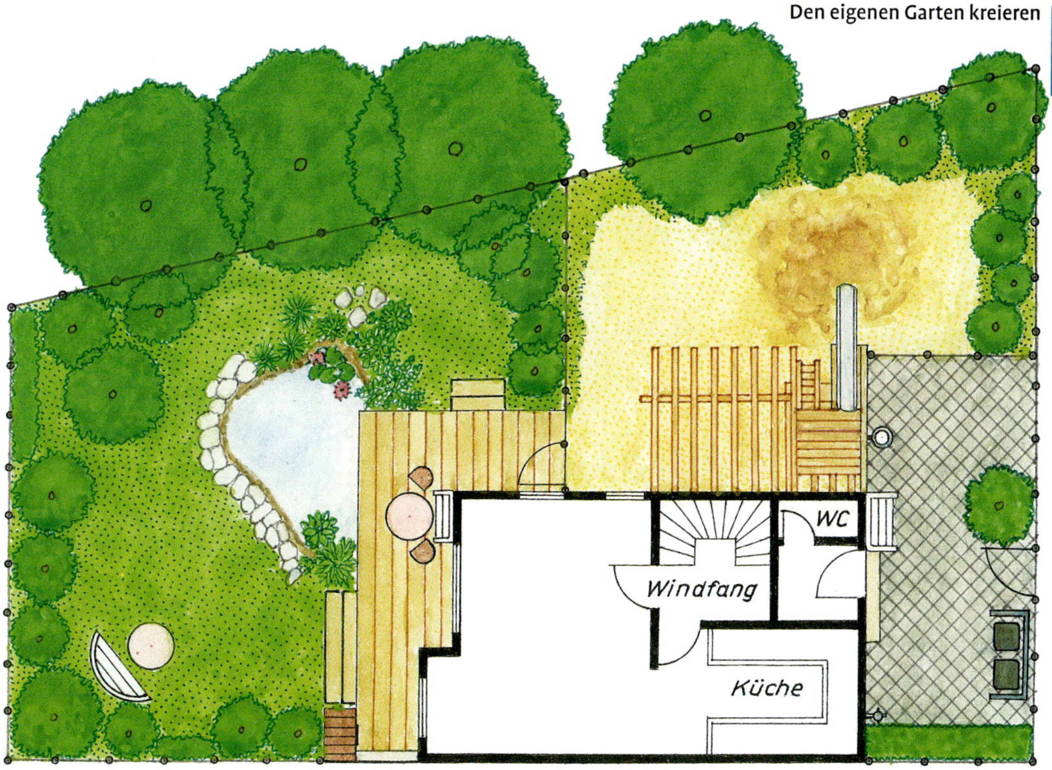

Intelligente Aufteilung eines Gartens in eine Spielzone neben dem Haus mit Einbeziehung der Pflasterfläche des Vorgartens und in eine Ruhezone auf der Terrassenseite.

Hausgärten langfristig planen

Für eine vorausschauende Gartenplanung genügt es jedoch nicht, die momentanen Bedürfnisse aller Gartennutzer zu berücksichtigen. Da der Garten ja für viele Jahre beziehungsweise Jahrzehnte geplant wird, müssen Sie auch die Zukunft bedenken. Viele Bedürfnisse verändern sich im Laufe der Jahre, so werden z.B. die Kinder größer, ein Haustier soll angeschafft werden, die Hausfrau möchte wieder in den Beruf zurückkehren, ein Familienmitglied geht in den Ruhestand, ein Hausan- oder -umbau ist geplant und vieles mehr. Wenn dies weitgehend bekannt ist, kann man es bei der Planung berücksichtigen und muss keine aufwändigen Umgestaltungen mehr vornehmen. Allerdings sollte Sie die Unvorhersehbarkeit vieler Ereignisse auch nicht davon abhalten, die gegenwärtigen Bedürfnisse umzusetzen.

Wenn kleine Kinder da sind

Kinder wachsen schnell und ebenso schnell ändern sich ihre Bedürfnisse. Es ist darum besonders ökonomisch, wenn sich Spielplätze und -geräte mit einfachen Mitteln umwandeln lassen. So kann aus einem Sand- und Matschplatz ein Grillplatz werden, aus einer Sandgrube ein vertiefter Sitzplatz oder ein kleiner Teich, das Schaukelgerüst dient später dem Aufhängen von Hängematten oder als Pergola. Ein Kinderhaus wird auch von Jugendlichen noch genutzt, wenn es groß genug ist, sich zu mehreren darin zu treffen oder gar um darin zu übernachten. Besonders weitsichtig ist es, auch die Bedürfnisse der Eltern mit zu bedenken, wenn die Kinder aus dem Hause sind. So kann dann z.B. aus dem Spielplatz ein Nutzgarten werden und das Kinderhaus kann für ein Hobby genutzt werden. Sie müssen dafür sicher anfangs mehr Planungsarbeit, haltbarere Materialien und zu Baubeginn mehr Geld investieren, haben aber langfristig eine Menge Geld und Arbeit gespart.

TIPP

Spielgeräte lassen sich oft an vorhandenen Konstruktionen mit wenig Aufwand anbringen. So können Schaukeln an die Sparren eines Carports gehängt werden, ein „Baumhaus" kann auf der Garage stehen, die Rutsche neben der Treppe an einem Hang verlaufen.

Dieser schmale Reihenhausgarten lässt sich ohne viel Aufwand den sich im Lauf der Jahre ändernden Bedürfnissen einer jungen Familie anpassen.
A: Die Sandkiste auf der Terrasse kann leicht in ein Kräuterbeet oder einen Teich umgewandelt werden.
B: Rasenfläche kann Staudenbeeten weichen, besonders im Schatten der gewachsenen Gehölze.
C: Das Spielhaus kann z.B. zur Gartenhütte, der Matschplatz zum Grillplatz umgewandelt werden.

Dieser Garten ist zwar ganz auf die Bedürfnisse der kleinen Kinder abgestimmt, das „Mitwachsen“ ist aber schon eingeplant.
A: Die Terrasse bleibt „Esszimmer“ im Freien und Ruhezone für die Eltern.
B: Das Kinderspielgerüst mit Schaukelplatz und Rutsche kann beliebig um ein Kinderhaus, einen Hochsitz, ein Fußballtor und Weiteres ergänzt werden, bis es sich zur Pergola mit Grillplatz am kleinen Teich wandelt.
C: Aus dem Heckenversteck im Weidengebüsch wird ein beschaulicher Sitzplatz, der Rasen wandelt sich zur blühenden Wiese.

Arbeitsaufwand für Pflegearbeiten in den unterschiedlichen Gartenteilen

Gartenteil (bereits angelegt)	Pflegearbeit	Arbeitsaufwand (im Monat)	Geschätzte Arbeitszeit	Anfallende Zusatzarbeiten
Rasen	mähen, ggf. Schnittgut aufrechen	1× pro Woche (Mai bis Oktober)	ca. 1 Std. pro 200 m²	Mäher säubern, warten, Mähgut entsorgen, Laub rechen
Wiese	mit Sense mähen	1- bis 2× pro Jahr (Juni und/oder September)	ca. 1 Std. pro 50 m²	Mähgut trocknen lassen, aufrechen, entsorgen
Schnitthecke	in Form schneiden	2× pro Jahr (Juni und Winter)	1 Std. pro 10 lfd. Meter	Kabel legen, Gerät säubern, ggf. mulchen, düngen, wässern
Frei wachsende Laubhecke und naturnahe Gehölzpflanzungen	auf den Stock setzen, Korrekturschnitt	1× in 10 Jahren oder im Wechsel alle 5 Jahre (im Winter)	1 Std. pro 5 lfd. Meter	Schnittgut entfernen, aufschichten oder häckseln
Fassaden- und Zaunbegrünung	schneiden, hochbinden	1- bis 2× im Jahr (Früh- und Spätsommer)	1 Std. pro 100 m²	ggf. Leiter stellen, Schnittgut entsorgen
Obstgehölze	schneiden, düngen, mulchen	1- bis 2× im Jahr (Herbst oder Frühjahr)	1 bis 2 Std. pro Gehölz	Schnittgut entsorgen, ggf. wässern, Schädlingsbekämpfung
Gemüsegarten	säen, bepflanzen, düngen, jäten, mulchen, gießen, ernten	1- bis 3× in der Woche (März bis Oktober)	1 Std. pro 10 m²	Boden im Frühjahr vorbereiten, ggf. Pflanzen vorziehen, Schädlingsbekämpfung
Prachtstaudenbeete	wässern, düngen, jäten, Stauden teilen, hochbinden	1- bis 2× im Monat (März bis Oktober)	1 Std. pro 10 m²	geteilte Stauden neu einpflanzen, verschenken, entsorgen
Wildstaudenbeete, naturnahe Staudenpflanzungen	mulchen, Unkraut jäten	1- bis 2× im Jahr (Sommer)	1 Std. pro 20 m²	ggf. Zwiebelpflanzen stecken
Trockenbeete, Kiesbeete, Dachbegrünungen	Unkraut jäten, ggf. wässern	1- bis 2× im Jahr (Sommer)	1 Std. pro 50 m²	ggf. im Herbst Laub entfernen
Wege und Plätze	kehren, Laub rechen, Schnee schieben	1× pro Woche (das ganze Jahr)	1 Std. pro 100 m²	Kehricht und Laub entsorgen
Kleine Wasserbecken, Sprudelsteine	sauberhalten	1× pro Woche (Mai bis Oktober)	1 Std. pro Becken	Wasser nachfüllen, Filter reinigen, winterfest machen
Naturnahe Feuchtbiotope	Algen, Wasserpflanzen und Laub entfernen	1× im Monat (Juni bis November)	1 Std. pro 20 m²	Pflanzenteile entsorgen, ggf. Netz im Herbst spannen, Wasserversorgung warten

Wenn wenig Zeit für Pflegearbeiten bleibt

Ganz ohne Pflege kommt kein Garten aus. Wird das natürliche Wachstum nicht aufgehalten, entwickelt sich jedes Fleckchen Erde in einer typischen Abfolge von Pflanzengesellschaften zu einer stabilen Klimax, die den jeweiligen Klima- und Bodenverhältnissen optimal angepasst ist. Diesen Ablauf müssen wir immer wieder unterbrechen, indem wir z.B. abgestorbene Pflanzenteile entfernen, die Verbreitung von Pflanzen unterbinden, den

Pflegeaufwand von Gartenteilen

Eher pflegeleicht:
- Standortgerechte Wildstaudenpflanzungen,
- frei wachsende Blütenhecken,
- Zwerggehölze und Bodendecker,
- Magerstandorte, wie Trockenmauern, Schotterrasen u.a.,
- Blumenrasen und Wiese,
- gemulchte Beete,
- naturnahe Feuchtbiotope,
- großzügige Flächenaufteilung,
- sanfte Übergänge zwischen verschiedenen Flächen,
- natürliche Materialien, die durch Alterung gewinnen,
- schlichtes zeitloses Design.

Eher pflegeintensiv:
- Pracht- und Beetstauden,
- Schnitthecken,
- exotische Pflanzen,
- Nutzgärten,
- „Englischer“ Rasen,
- Beete mit offenem Boden,
- Wasseranlagen mit Technik,
- Kleinteiligkeit der Flächenaufteilung,
- erhöhte Kanten zwischen Wegen und Beeten,
- veredelte Materialien und Oberflächen,
- formales Design.

Im Ruhestand hat man endlich mehr Zeit und Muße für die Gartenpflege.

Wuchs einzelner Arten fördern und anderer unterdrücken, Gehölze zurückschneiden und vieles mehr.

Wie groß der Pflegeaufwand ist, wird von verschiedenen Faktoren beeinflusst, am wenigsten jedoch von der Größe des Gartens in Quadratmetern, wie meist vermutet wird. Vielmehr hängt es von der Flächenaufteilung, der Pflanzen- und Materialwahl, aber auch ganz entscheidend vom Design des Gartens und Ihrer Toleranz gegenüber „Unordnung“ ab, wie viel Zeit Sie für seine Pflege aufwenden müssen. Deshalb ist es bei allen Überlegungen für Planung, Gestaltung und Begrünung ganz entscheidend, den Pflegeaufwand mit zu bedenken (mehr dazu in Teil 4).

Wenn die Gartenbesitzer älter werden

Auch wenn Sie mit dem Eintritt in das Rentenalter mehr Zeit für die Gartenpflege gewinnen, sollten Sie bedenken, dass Ihnen manches schwerer fallen wird. Dies betrifft z.B. alle Pflegearbeiten, die in gebückter Haltung oder auf den Knien ausgeführt werden müssen. Aber auch die Sicherheit spielt eine wichtige Rolle. So sollten Sie z.B. nicht mehr auf hohe Leitern steigen oder Treppen ohne Handlauf benutzen. Es ist jedoch möglich, einen Garten mit wenigen Mitteln seniorengerecht zu gestalten beziehungsweise umzugestalten, wichtig ist nur, dass sich der Betreffende das Nachlassen körperlicher Kräfte auch ehrlich eingesteht. Der ältere Gartenbesitzer kann zwar nachlassende Kräfte durch langjährige Erfahrung, Tricks und Kniffe sowie geeignete Hilfsmittel und Geräte wettmachen, es geht jedoch nichts über eine weitsichtige Gartengestaltung, die auf die momentanen und die zukünftigen Bedürfnisse der Besitzer zugeschnitten ist.

Gartenpläne einfach skizzieren

Wer weder im Beruf noch als Hobby zeichnet, wird vielleicht erst einmal davor zurückschrecken, selbst einen Gartenplan zu entwerfen. Es ist aber nicht so schwierig, wie Sie vielleicht denken. Gerade bei Neubauten besitzen Sie einen maßstabsgerechten Grundstücksplan, der alle wesentlichen Elemente enthält. Mit Bleistift, Buntstiften und einem Lineal kann jeder eine einfache Planskizze entwerfen. Bevor mit dem Skizzieren begonnen wird, sollten Sie sich allerdings über die vielen Gestaltungsmöglichkeiten, die ein Garten bietet, informieren.

Schaugärten geben Anregungen für die Gestaltung und Bepflanzung des eigenen Gartens.

Gartenvorbilder suchen

Wer trotz aller Gartenträume und Wunschliste noch immer kein Bild seines Wunschgartens vor Augen hat, sollte sich zu Spaziergängen in Wohngebieten, auf Fertighausausstellungen, Gartenschauen und in Botanischen Gärten entschließen. Nehmen Sie einen Fotoapparat mit und fotografieren Sie alles, was Ihnen gefällt. Dies können Gartenteile, Pflanzungen, Ru-

Seniorengerechte Gartenplanung

Worauf Sie bei der Planung achten sollten:

- Ebene griffige Flächen, die auch bei Nässe nicht rutschig sind,
- Treppen mit Handläufen an beiden Seiten, für Halt beim Hinauf- und Hinabgehen,
- Zwischenpodeste bei langen Treppen, die Möglichkeiten zum Wechseln des Auftrittbeines und zum Ausruhen bieten,
- gute Beleuchtung, die möglichst automatisch geschaltet wird,
- breite Wege, sodass eine Begleitperson nebenher gehen kann,
- viele Sitz- und Ruheplätze, die im Garten gut verteilt sind und zum spontanen Ausruhen einladen,
- erhöhte Beete, die sich leicht pflegen lassen,
- gute Wasser- und Stromversorgung, sodass man mit kurzen Kabeln und Schläuchen alle Gartenecken gut erreichen kann.

Welche Gartenteile machen im Alter viel Mühe:

- Große Obstgehölze, die regelmäßig geschnitten werden müssen,
- hohe Schnitthecken, die zweimal jährlich gestutzt werden müssen,
- makelloser Rasen, der wöchentlich gemäht, im Sommer gewässert und mehrmals im Jahr gedüngt und vertikutiert werden muss,
- große Pflanzkübel, die im Sommer regelmäßig gegossen und im Winter hereingeholt werden müssen,
- Hänge und Böschungen, die schwer zu begehen und zu pflegen sind,
- ebenerdige Beete, zu deren Pflege man sich bücken muss,
- große Nutzgärten, die viel Arbeit machen,
- Kompostsilos, die schwer zu entleeren sind,
- Hügelbeete, die aufwändig aufgeschichtet werden und schwierig zu pflegen sind.

Gärten im japanischen Stil kommen mit wenig Pflege aus.

Rechts: In ländlichen Gegenden mit großen Gärten können viele Wünsche verwirklicht werden.

TIPP

Nehmen Sie auch einen Notizblock mit und notieren Sie sich, wo sie ein Foto gemacht haben und was Ihnen besonders gefallen hat. So können Sie den Ort ein zweites Mal aufsuchen und weitere Details anschauen oder erfragen. Bei Pflanzenaufnahmen in Botanischen Gärten sollten Sie sich unbedingt die Pflanzennamen notieren, da die Schilder auf dem Foto meist nicht mehr lesbar sind.

heplätze oder Spielgeräte sein, aber auch Details von Wegen und Treppen, Pflastermaterialien oder Gartenmöbel.

Es gibt häufig Gartenbesitzer, die sich über Ihr Interesse freuen und mit Ihnen ins Gespräch kommen. In Büchern und im Internet finden Sie auch Adressen von Personen, die ihre Gärten an bestimmten Tagen im Jahr öffnen. Auf das regelmäßige Lesen eines guten Gartenheftes sollten Sie als Gartenbesitzer ebenfalls nicht verzichten, da darin immer wertvolle Tipps für die Anlage und, passend zu den Jahreszeiten, für die Pflege von Hausgärten zu finden sind. Und natürlich gibt es auch eine Menge Bücher, in denen Bilder von Gärten und Gartenteilen zu finden sind. Allerdings kann die Fülle auch ziemlich verwirrend sein, denn der Anfänger kann die in Frage kommenden Vorschläge häufig nur schwer von den unbrauchbaren unterscheiden (siehe Literatur).

Die Gartenplanung sollte aber nicht nur eigenen Wünschen und praktischen Erwägungen, sondern auch einem Gestaltungsprinzip folgen, damit sich ein stimmiges Bild ergibt. Dabei werden zwei Grundtypen unterschieden: der formale und der frei gestaltete Garten. Beide Formen unterliegen

Gestaltungsmerkmale

für formale Gärten:

- Bei der Flächenaufteilung werden geometrische Formen, wie Quadrate, Rechtecke und Kreise, verwendet.
- Symmetrische kreuz- oder sternförmige Wegachsen durchziehen den Garten.
- Wegkreuzungen, Wegenden und Flächenmittelpunkte werden besonders betont.
- Beete werden eingefasst und thematisch bepflanzt.
- Hecken und gegebenenfalls auch frei stehende Gehölze werden in Form geschnitten.

für frei gestaltete Gärten:

- Die meisten Flächen haben organische, zufällig wirkende Formen.
- Wege verlaufen geschwungen, ihre Breite variiert.
- Blickpunkte werden als überraschende Elemente eingesetzt, z.B. an Wegbiegungen.
- Pflanzflächen wirken natürlich und zufällig entwickelt.
- Hecken und Gehölze entwickeln sich weitgehend frei, Korrekturen orientieren sich am natürlichen Wuchsbild.

Moderne Häuser verlangen nach funktionellen Gartenlösungen und zeitlosem Design.

Rechts: Zu alten Wohnhäusern und ihren Nebengebäuden passen Bauern- und Cottagegärten mit Nutz- und Zierpflanzen.

klaren Gestaltungsregeln und sind bewusst geplant.

Zum formalen Gartentyp gehören die Klostergärten mit ihren übersichtlich rechtwinklig angeordneten Beeten für Heil- und Nutzpflanzen. Die Renaissance- und Barockgärten nutzen ebenfalls formale Gestaltungsmittel, um die scheinbare Unordnung der Natur zu bändigen. In Bauern- und Cottagegärten finden Sie viele dieser Elemente wieder, jedoch gemischt mit üppigem Pflanzenwachstum. Moderne formale Gärten sind minimalistisch und orientieren sich an der Architektur des Hauses.

Zu den frei gestalteten Gartentypen gehören die Landschaftsgärten des asiatischen Kulturraums, die symbolhaft die Natur nachbilden. Die englischen Landschaftsgärten haben eher Kulturlandschaften zum Vorbild, aber auch Elemente ungezähmter Natur. Moderne naturnahe Gärten sollen vielen heimischen Pflanzen und Tieren Lebensraum bieten und unterliegen keinen Gestaltungsregeln. Allerdings passen dazu freie, natürlich wirkende Formen am besten.

Wer sich trotz aller Hilfsmittel überfordert fühlt, kann auch nach einem in der Umgebung lebenden Gartenberater beziehungsweise -planer fragen und eine Beratung nach Zeitaufwand vereinbaren. Im Gespräch mit einer Fachperson kristallisiert sich meist am besten heraus, was zu den Besitzern passt und technisch machbar ist. Auch bei gegensätzlichen Auffassungen zwischen Familienmitgliedern können kompetente Außenstehende Lösungen finden, die alle zufrieden stellen.

Planskizzen selbst zeichnen

An erster Stelle der Planung steht die Beschaffung eines Plans vom eigenen Grundstück. Der amtliche Lageplan kann als erste Grundlage dienen. Er zeigt die Himmelsrichtung, Länge und Breite des Grundstücks sowie die Lage des Hauses und der Nachbargebäude. Eine weitere wichtige Hilfe ist der Erdgeschossplan des Baugesuchs, denn er zeigt die Organisation der Räume mit ihren Fenstern und Türen sowie Dachvorsprünge und ist genau bemaßt.

Fertigen Sie sich durch Durchzeichnen einen Plan im Maßstab 1 : 100 (gegebenenfalls 1 : 50) an. Ergänzen Sie Ihren Plan mit Hilfe des Architektenplanes um die genaue Lage der bereits vorhandenen Pflasterflächen,

TIPP

Butterbrotpapier von der Rolle ist preiswert und für eigene Entwürfe bestens geeignet. Zum Durchzeichnen kann man eine Fensterscheibe benutzen und spart sich so einen teuren Leuchttisch.

aber auch unterirdischer Tanks, Zisternen und Versorgungsleitungen, die Ihre Gartengestaltung beeinträchtigen können. Wichtig sind auch Nachbargebäude und Bäume, die Ihren Garten tangieren, Gehölze auf Ihrem Grundstück, die Sie erhalten wollen, schöne oder hässliche Ausblicke, die es zu erhalten beziehungsweise zu verdecken gilt.

Der Maßstab 1 : 100 bedeutet, dass 1 cm auf dem Papier einem Meter in der Natur entspricht. Beim Maßstab 1 : 50 entspricht 1 cm auf dem Papier einem halben Meter im Garten (er ist für sehr kleine Gärten geeignet). Beim Maßstab 1 : 200 (für sehr große Gärten) entspricht 1 cm auf dem Plan zwei Metern beziehungsweise 5 mm entsprechen einem Meter.

Wenn Sie keine Pläne von Ihrem Grundstück besitzen, können Sie sich beim Bauamt den amtlichen Lageplan beschaffen. Diesen müssen Sie dann durch genaues Vermessen aktualisieren. Messen Sie immer von einem bekannten Punkt aus und überprüfen Sie alle Maße durch Nachmessen von einem anderen, rechtwinklig zum ersten liegenden Punkt aus.

Vom Architekten eingezeichnete geplante Gehölze müssen sie nicht berücksichtigen, denn sie dienen nur der Ausschmückung beziehungsweise Erfüllung grünordnerischer Festsetzungen. Letztere müssen Sie zwar praktisch erfüllen, jedoch können Sie in der Regel selbst die Lage der Anpflanzung auf Ihrem Grundstück bestimmen.

Perspektiven berücksichtigen

Bei unebenen Grundstücken beziehungsweise Anböschungen und Abgrabungen rund um das Haus benötigen Sie außerdem noch die Ansichtspläne aller Gebäudeseiten. Die dort vermerkten Höhenangaben übernehmen Sie am besten auch in Ihren Gartenplan. Sie beziehen sich meist auf die Oberkante des Erdgeschossfußbodens, Sie können sie aber auf die Terrassenoberkante umrechnen, da dieses Maß für die Gartenplanung wichtiger ist. Ansichtspläne vermitteln auch ein besseres Gefühl für die wirkliche Größe des Hauses und die freien Fassadenflächen. Pläne, die Haus und Garten aus der Vogelperspektive zeigen, sind wichtige Planungsgrundlagen, geben jedoch nicht das Raumgefühl wieder. Wie groß ein Garten letztendlich wirkt, hängt nicht nur von

TIPP

Damit Sie sich die Größe und Lage von Gartenelementen auf dem nackten Grundstück besser vorstellen können, sollten Sie eine Vielzahl von Pflöcken verschiedener Größe kaufen und an der geplanten Stelle einschlagen. Flächenhafte Elemente, wie Wege und Teiche, können mit langen Gartenschläuchen simuliert werden. Kleine Bäume werden mit Sonnenschirmen dargestellt, zum Markieren von Einfassungen und Mauern lassen sich Steine oder beschwerte Kartons verwenden.

Planentwürfe rationell zeichnen

Fertigen Sie sich eine „Master-Kopie" von Ihrem Plan an. Überprüfen Sie die Maße nach dem Kopieren, da sie sich dabei unter Umständen verändern können. Machen Sie sich dann viele Kopien dieses Masterplanes, in die Sie mehrere Planungsvarianten zeichnen und diese anschließend vergleichen können.
Oder skizzieren Sie verschiedene Entwürfe auf Transparentpapier. Dazu kleben Sie sich die Plankopie auf den Tisch, darüber einen etwas größeren Bogen Transparentpapier. Nun zeichnen Sie mit einem weichen Bleistift die Umrisse der gewünschten Gartenelemente ein und kolorieren diese mit Buntstiften. Auf diese Weise können Sie viele Entwürfe anfertigen und miteinander vergleichen.
Es gibt auch Computerprogramme für die Gartengestaltung, die den früher üblichen Ausschneidebögen nachempfunden sind. Ihre Anwendung spart aber kaum Zeit, wenn Sie darin nicht geübt sind. Vielmehr schränkt ihre Verwendung durch vorgegebene Gartenelemente und gerade Linien die Fantasie stark ein. Auch gute Gartenarchitekten/innen entwerfen ihre Ideenskizzen frei Hand.

Maße und Raumwirkung im Garten

- Gegenstände gleicher Größe wirken im Freien wesentlich kleiner als in einem Raum, weil das Auge im Freien größere Bezugsgrößen vorfindet.
- Freie Flächen ohne Unterteilung wirken kleiner als untergliederte, so wie auch ein leeres Zimmer kleiner wirkt als ein möbliertes.
- Die menschlichen Körpermaße sind für die Gestaltung von Sitzgelegenheiten, Hochbeeten und Ablageflächen entscheidend.
- Für Treppen gilt das für alle bequemste Schrittmaß beim Hinauf- und Hinabgehen.
- Die Wegbreiten orientieren sich an der Nutzung, ob Sie beispielsweise Gegenstände tragen oder etwas vor sich herschieben, allein oder zu zweit nebeneinander gehen.
- Für Abgrenzungen, wie Hecken oder Mauern, gilt die Augenhöhe im Sitzen oder Stehen, die Oberkante sollte deutlich entweder über oder unterhalb der Sichthöhe liegen.
- Ausladende Bäume sollten eine Stammhöhe von mehr als zwei Metern haben, damit Personen unter der Baumkrone hindurchgehen können.
- Stützpfosten von Pergolen, Carports und Spielgeräten sollten immer ein bis zwei Stufen dicker gewählt werden, als statisch erforderlich, da sie sonst optisch instabil wirken (9 × 9 oder 12 × 12 cm).
- Kinder sind zwar kleiner als Erwachsene, haben aber einen größeren Bewegungsdrang und deshalb größeren Platzbedarf.

seiner tatsächlichen Größe ab, sondern auch davon, wie Sie ihn räumlich gestalten. Dabei müssen die Maßverhältnisse zwischen Länge, Breite und Höhe berücksichtigt werden, indem sie sowohl auf die Größe des Gartens als auch auf die Raumbedürfnisse des Menschen abgestimmt werden.

Falls Sie es sich zutrauen, können Sie auch mit Hilfe einer Anleitung und eines Geodreiecks eine einfache Projektion Ihres Gartenplanes zeichnen. Einfacher ist es jedoch, aus mehreren Blickwinkeln Fotos von verschiedenen Ansichten zu machen, auf denen eine Person und Gegenstände ähnlicher Größe wie die geplanten Gartenelemente am betreffenden Platz zu sehen sind. Auf den vergrößerten Abzügen kann man dann geplante Elemente mit Permanentstiften einzeichnen.

Grundstücke am Hang sind wesentlich schwieriger darzustellen und zu planen. Falls Sie keinen Bestandsplan der Höhenansichten haben, müssen Sie die Höhendifferenzen entlang der Grundstücksgrenzen mit Hilfe eines Nivelliergerätes und Maßbandes (für große Distanzen) oder mit Richtlatte, Wasserwaage und Pflöcken (für kleine Distanzen) ermitteln.

Die Höhendifferenz zwischen Terrasse und Garten wurde hier praktisch und schön abgefangen.

Alle gewonnenen Maße werden nun auf einen Draufsichtsplan übernommen. Wenn Sie die Messpunkte gleicher Höhe mit Linien verbinden, erhalten Sie eine Topografie des Geländes. Wollen Sie diese ändern, können Sie topografische Linien anderer Farbe darüber malen. Aus den Differenzflächen ist dann recht gut das Ausmaß der anstehenden Erdbewegungen abzuschätzen.

Ökonomisch denken, doppelt sparen

Rechts: Ein netter Empfang mit selbst gebautem Torhaus umrahmt von üppigen Stauden.

Nachdem Sie nun im Großen und Ganzen wissen, wie Sie Ihren Garten nutzen wollen, sollten Sie sich weitergehende Gedanken machen. Ist Ihr Grundstück bereits eingeebnet, stehen Fragen der Flächenaufteilung sowie der Gestaltung der Einfriedung und aller Übergänge zwischen den Funktionsbereichen an. Ist das Grundstück uneben oder an einem Hang gelegen, müssen zuerst alle Niveauänderungen und gegebenenfalls auch Abstützungen geplant werden.

Detailpläne und Materiallisten von Gartenteilen und Funktionsbereichen kosten zwar zunächst etwas Zeit, sparen aber später viel Arbeit und Geld bei den Ausführungsarbeiten.

Eine gute Planung erlaubt Ihnen auch den Überblick zu behalten, falls unterschiedliche Arbeiten gleichzeitig anstehen. Und Sie können besser überblicken, welche Arbeiten sich aufschieben lassen, falls ein leerer Geldbeutel, das Wetter oder andere widrige Umstände gegen eine sofortige Ausführung sprechen. Außerdem erleichtern konkrete Vorstellungen und übersichtliche Pläne des Bauherrn die Gespräche mit ausführenden Unternehmen, falls Sie Arbeiten vergeben wollen.

Einfache Zäune aus Weidenruten sind preiswert, schlicht, hübsch und erfüllen ihren Zweck.

Gartengrenzen umsichtig planen

Zäune und Mauern stecken die Grundstücksgrenze ab und schützen Gartenbesitzer vor ungebetenen Besuchern. Begrünt geben sie ein Gefühl von Geborgenheit und können ebenso wie Hecken und Sichtschutzelemente Hintergrund für die Bepflanzung im Inneren des Gartens sein. Da die Begrenzung die Verbindung von drinnen nach draußen darstellt, sollten Sie neben praktischen Erwägungen auch immer die Umgebung berücksichtigen. Dienten Steinwälle, Trockenmauern, Knicks, Hecken und Zäune früher dem Einfrieden oder Aussperren von Tieren, markieren Grundstücksbegrenzungen bei der heute vielerorts engen Bebauung Zufluchtsorte für Menschen. Zäune und Mauern wurden früher aus leicht verfügbaren heimischen Materialien gebaut, was jeder Region ein typisches Bild verschaffte. Damit die Siedlungsräume auch heute, trotz einem fast unüberschaubaren Angebot an Konstruktionsmaterialien, ein ansprechendes Bild bieten, wurden vielerorts Bestimmungen hinsichtlich Art, Material und Höhe der Einfriedung getroffen.

Einfriedungen auswählen

Es gibt viele Gründe, ein Grundstück zu begrenzen. Ob Sie sich selbst vor un-

Möglichkeiten der Einfriedung von Hausgärten

Einfriedung, Höhe 1,5 bis 2,0 m (benötigte Breite ohne Begrünung)	Sicherheit (Überklettern, Durchschlüpfen)	Sichtschutz/ Windschutz	Lärmschutz	Pflegeaufwand (Einfriedung und Begrünung)
Drahtzaun, wie Knotengitter, Drahtgitterzaun, Maschendraht (15 cm)	ausreichend	nur bei dichter Begrünung	keiner	gering (2- bis 3× pro Jahr)
Schmiedeeisenzaun (20 cm)	sehr gut	keiner	keiner	gering
Lattenzaun, Sichtschutzwand (30 cm)	gut	je nach Lattenabstand gut	kaum	ggf. alle 2 bis 3 Jahre lasieren oder streichen
Koppelzaun, Ranchzaun (30 cm)	keine	keiner	keiner	gering
Staketenzaun (30 cm)	gut	nur bei Begrünung	kaum	gering
Jägerzaun (30 cm)	ausreichend	keiner	keiner	gering
Beton-L-Element (50 cm + Fuß)	gut	sehr gut	gut	keiner (Pflanzenpflege gering)
Betonmauer gegossen (50 cm + Fuß)	sehr gut	sehr gut	gut	keiner (Pflanzenpflege gering)
Mauer aus Ziegelsteinen (60 cm)	sehr gut	sehr gut	gut	keiner (Pflanzenpflege gering)
Beton-Pflanzstein (1 bis 3 m bei Versatz)	gering	sehr gut	sehr gut	je nach Bepflanzung mittel bis hoch
Drahtschotterkorb (1 m)	sehr gut	sehr gut	gut	keiner (Kletterpflanzenpflege gering)
Trockenmauer aus Findlingen (1,5 m)	gut	sehr gut	gut	gering
Trockenmauer aus behauenen Steinen (1 m)	sehr gut	sehr gut	gut	gering
Immergrüne geschnittene Hecke (1,5 m)	meist ausreichend	sehr gut	kaum	hoch (2× pro Jahr Schnitt, im Winter ggf. wässern)
Sommergrüne frei wachsende Hecke (3 m)	kaum	sehr gut im Sommer, kaum im Winter	kaum	gering (alle paar Jahre Schnitt, ggf. düngen)
Bepflanzter Erdwall (5 m)	meist ausreichend	sehr gut	sehr gut	mittel (je nach Bepflanzung Schnitt, mulchen, wässern)

gebetenen Gästen schützen wollen oder Ihre Kinder vor einer verkehrsreichen Straße, einen hässlichen Anblick verdecken oder sich selbst vor Blicken abschirmen wollen, überlegen Sie genau, was Sie mit einer Abgrenzung bezwecken. Soll sie durchlässig sein und den Blick auf Nachbargärten oder die Landschaft frei lassen? Soll sie Sichtschutz nur im Sommer oder das ganze Jahr bieten? Gilt es, Wind oder Lärm auszusperren? Wie viel Platz in der Breite steht im Garten zur Verfügung? Welche Bestimmungen sind zu beachten? Kann man sich mit den Nachbarn einigen? An welcher Stelle ist ein Durchlass nötig und wie soll dieser verschlossen werden?

Fertigen Sie sich zunächst eine Liste der Notwendigkeiten für eine Begrenzung an. Bedenken Sie dabei auch immer, dass Sie Durchlässe in Form von Toren benötigen und wählen Sie diese nicht zu schmal. So mancher Kräfte

Sicherungspflicht des Grundstücksbesitzers

Wie auch beim Hausbau gilt die Haftung des Bauherrn für Unfälle beim Bau der Gartenanlage. Meist kann die abgeschlossene Versicherung für die Hausbauphase auf die Gartenbauphase verlängert werden. Eine Einzäunung des Grundstücks verhindert zwar Unfälle mit Unbeteiligten, ist aber sehr hinderlich, solange noch größere Fahrzeuge und Maschinen gebraucht werden.
Ein anderer wichtiger Aspekt ist die Sicherungspflicht des Gartens durch den Besitzer, wenn sich auf ihm ein Teich oder eine offene Regentonne befindet. Hier wird der Hausbesitzer für Unfälle mit Kindern haftbar gemacht, wenn der Garten nicht ordnungsgemäß eingezäunt wurde beziehungsweise Tore nicht verschlossen sind.

sparende Maschineneinsatz bei der Haus- oder Gartengestaltung beziehungsweise Umgestaltung ist schon an mangelnder Breite des Tores gescheitert.

Nun müssen Sie feststellen, wie viel Platz für eine Gartengrenze, z.B. in Form einer Hecke, zur Verfügung steht, und dies in Ihrem Plan notieren. Berücksichtigen Sie, dass neben einer Abgrenzung auch Arbeitsraum, z.B. zum Schneiden einer Hecke oder Streichen eines Zaunes benötigt wird.

Besitzer eines Zaunes ist, auf wessen Grundstück die Pfosten stehen. Diese dürfen jedoch nicht genau auf die Grenzlinie gesetzt werden. Die Befestigung der Zaunfelder befindet sich auf der Besitzerseite. Zur Zaunpflege darf der Besitzer das Nachbargrundstück nach vorheriger Ankündigung betreten.

Neben den praktischen Erwägungen müssen nun aber auch die ästhetischen berücksichtigt werden. Nicht jeder Zaun passt zu Ihrem Haus, den Nachbarhäusern beziehungsweise der Siedlung, was besonders für die Vorgartenbegrenzung wichtig ist. Im Wohngartenteil sollten sich die Nachbarn, besonders bei kleinen Grundstücken und enger beziehungsweise Reihenhausbebauung unbedingt auf ein Material beziehungsweise eine Farbgebung für Zäune und Sichtschutzwände einigen, damit kein zu unruhiges und kleinteiliges Bild entsteht. Und nicht zuletzt entscheidet der Geldbeutel über die Materialwahl, gibt es doch erhebliche Unterschiede bei den Kosten für Material und Errichtung.

Nicht nur die Auswahl der Einzäunung bereitet Probleme, sondern auch die Übergänge zwischen verschiedenen Begrenzungselementen. So ist z.B. neben der Terrasse ein Sichtschutz aus Holz von 1,8 m Höhe geplant, im Anschluss daran soll jedoch eine Schnitthecke wachsen, die wegen der Pflege

TIPP

Für alle Bundesländer, Landkreise beziehungsweise Städte sowie für einzelne Wohngebiete, besonders in neuen Baugebieten, gibt es Vorschriften und Regeln für die Einfriedung. Fragen Sie unbedingt erst beim zuständigen Bauamt nach, bevor Sie planen oder gar kaufen.

Lebender Bambus ist Zaun, Sichtschutzwand und Hecke zugleich.

Begrünte Sichtschutzwände bieten Schutz und sehen schön aus.

TIPP

Einigen Sie sich mit Ihren Nachbarn über Einzäunungen, Sichtschutz, Gartenhäuser und andere Bauten sowie Gehölze an der Grundstücksgrenze! Selbst wenn Sie das Recht auf Ihrer Seite haben, kann der Streit mit dem Nachbarn den Spaß am eigenen Garten gründlich verderben.

TIPP

Wer sich bei der stilistischen Auswahl der Begrenzung nicht sicher ist, sollte einen Architekten oder Gartenarchitekten um Rat fragen, bevor er für einen unpassenden Zaun Geld investiert.

nicht höher als 1,5 m werden darf. Ein abrupter Übergang sieht selten schön aus, besonders wenn Höhen und Breiten der aneinander stoßenden Elemente nicht übereinstimmen. Hier helfen in der Höhe abgestufte Sichtschutzelemente und/oder die Kombination mit begrünten Gitterelementen, die Übergänge zu mildern. Noch besser ist es, wenn der Materialwechsel an einer Stelle stattfindet, wo sich eine Gartenhütte, ein Pavillon, eine Pergola oder eine Pflanzung befinden. Auch Niveauunterschiede im Gelände können als Anlass für einen Wechsel der Einfriedung dienen.

Sinnvoll ist es auch, das Nützliche, z.B. eine Sichtschutzwand, mit dem Praktischen, z.B. einem Terrassenschrank, zu verbinden, wobei das Schöne nicht außen vor bleiben muss. Begrenzende Hecken können blühen und duften, Obst spenden und Tiere anlocken. Zäune können gleichzeitig als Rankhilfe für Himbeeren und Brombeeren dienen und Mauern bieten Sichtschutz und können gleichzeitig die Außenküche mit Grill oder einen Kamin aufnehmen. Bedenken Sie immer das ganze Potenzial, das in einer Begrenzung steckt.

Wer seinen Garten nach Abschluss aller Bau- und Erdarbeiten mit Hecken begrenzen will, aber schon vorher einen Schutz benötigt, kann ihn mit preiswertem Knotengitter an Holzpfosten (Baumpfähle) einzäunen. Bleibt genügend Abstand zwischen den Pfosten und gibt es einige Zaunfelder zum Öffnen, kann er auch schon während der Bauphase Sicherheit bieten. Ist die Hecke eingewachsen, wird er nicht mehr wahrgenommen. Bis die Sträucher groß sind, können Sie ihn mit schnell wachsenden Kletterpflanzen begrünen.

Wirkung von Begrenzungen bedenken

Neben den praktischen Erwägungen für die Auswahl der Begrenzung gilt es, auch deren Wirkung zu berücksichtigen. So kann mit der Material- und Farbwahl der Stil des Gartens vorgegeben, ganz bestimmte Effekte können erzielt und Hintergründe für Pflanzen, Gartenmöbel oder Skulpturen können geschaffen werden. Sie beeinflussen außerdem das Mikroklima, indem sie den Wind abhalten, Schatten werfen, Wärme speichern und vieles mehr. Mit Sträuchern und Kletterpflanzen können Sie Duft in den Garten holen und Tiere anlocken, denn sie bieten neben Nahrung auch Unterschlupfmöglichkeiten und Nistgelegenheiten. Für die Gartennutzer vermittelt eine Begrenzung Sicherheit und Geborgenheit, sie kann aber auch Abgrenzung und das Gefühl des Ausgesperrtsein für Nachbarn und Besucher bedeuten. Alle Begrenzungen gehören, ebenso wie Gebäude und große Gehölze, zum Gerüst des Gartens. Sie haben sowohl praktische als auch gestalterische Funktion und müssen deshalb schon von Beginn an geplant werden.

Die ästhetische Wirkung von Begrenzungen ist ein heikles Thema, lässt sich über Geschmack doch trefflich streiten. Allerdings gibt es auch hier klare Regeln, die bei aller künstlerischer Freiheit eingehalten werden sollten. Dass die Begrenzung zur Umgebung passen sollte, wurde schon erwähnt. So harmoniert ein Jägerzaun sicherlich gut mit Forsthäusern und Waldsiedlungen, weniger gut wirkt er allerdings in Vorstadtsiedlungen und Neubaugebieten. Auch niedrige Ranchzäune nach dem Vorbild der Viehgatter in Amerika passen selten zu Umgebung und Baustil und haben darüber hinaus kaum einen Nutzen. Da jedes Kind leicht darüber steigen und fast jeder Hund unten hindurchlaufen kann, markieren sie lediglich die Grenze. Dafür steht jedoch der Materialaufwand in keinem Verhältnis. Wie in Architektur und Design, sollte auch bei der Einzäunung gelten, dass die Funktion das Aussehen bestimmt und nicht umgekehrt. Ebenso entscheidend für den Gesamteindruck der Gartenanlage ist die Materialwahl und Art der Bearbeitung der Begrenzung. So passt ein Zaun aus unbearbeiteten Rundhölzern genauso wenig zu einem sachlichen Baustil wie aufwändig geschnitzte Zaunpfosten und barock geschwungene Zaunfelder. Nicht zuletzt sollten Sie die Zaunfarbe an das Haus und die Nebengebäude anpassen. Da die Wahl

Einfache Zäune sehen begrünt besonders schön aus.

Welche Einfriedung passt zu welchem Gartenstil?

- Modern, sachlich, minimal bepflanzt, asiatisch: Mauern aus Sichtbeton, verputzt, Ziegeln oder Kalksandstein, Drahtschotterkörbe (Gabionen), Spaliere mit quadratischen Feldern, gestrichene schlichte Zäune aus senkrechten Latten, Sichtschutzelemente aus Bambus oder Weidengeflecht, geschnittene Hecken.
- Formal, symmetrisch, barock: verputzte Mauern, behauene Natursteinmauern, schmiedeeiserne Metallzäune, Stabgitterzäune, gestrichene Lattenzäune, geschnittene sommergrüne und immergrüne Hecken.
- Englisch, ländlich, romantisch: Ziegel- und Klinkermauern, begrünte Trockenmauern, Staketenzäune, begrünte Lattenzäune, Flechtzäune aus Haselruten, Sichtschutzmatten aus Erika, frei wachsende Blütenhecken.
- Naturnah, ökologisch, heimisch: begrünte Trockenmauern, bepflanzte Erdwälle, begrüntes Knotengitter, Flechtzäune aus Weide oder Hasel, begrünte Staketenzäune, Sichtschutzmatten aus Erika, frei wachsende sommergrüne Hecken.

1

TIPP

Falls Sie schon einen Zaun haben, der Ihnen nicht gefällt, denken Sie doch darüber nach, ob er sich vielleicht begrünen und auf diese Weise wirkungsvoll verdecken lässt.

der Begrenzung allerdings auch den Stil des Gartens bestimmt, sollten Sie sich also nicht nur vom Gebäude leiten lassen, sondern auch bedenken, welche Atmosphäre der Garten ausstrahlen soll. Im Idealfall bilden Gebäude, Einfriedung und Bepflanzung eine harmonische Einheit.

Gartenzimmer schaffen

Mauern, Spaliere, Flechthürden, lebende Zäune und bepflanzte Wälle sowie Pflanzgruppen und Hecken können auch als Gliederungselemente innerhalb des Gartens dienen. Gerade bei ungünstigem Flächenzuschnitt, wie den Handtuchgärten vieler Reihenhäuser, kann die Wahrnehmung der Gartenform mit einer angedeuteten Unterteilung verändert werden. Ein nützlicher Nebeneffekt dabei kann die optische Trennung verschiedener Gartenbereiche sein. So möchten Sie vielleicht Spiel- und Nutzgartenbereiche von der Terrasse aus nicht sehen oder der Platz am Teich soll abgeschirmt vom Trubel auf Terrasse und Rasen sein.

Die Höhe der „Zimmerwände“ richtet sich meist nach dem Eindruck im Sitzen, sie sollen zwar trennen, aber den Garten auch nicht zu sehr zerteilen. Geschnittene, aber auch manche frei wachsende Hecken sowie lebende Zäune haben den Vorteil, dass ihre Höhe nach Bedarf reduziert werden kann.

Eine trennende „Wand“ zieht jedoch auch immer die Blicke auf sich. Unser Auge erfasst automatisch alle Begrenzungen, wenn es nicht durch andere Blickpunkte abgelenkt wird. Dies können Sie sich zunutze machen, indem Sie den Garten ähnlich einer Kulisse gestalten, wobei der Blickwinkel des Betrachters der „Bühne Garten“ vorher bestimmt werden muss (meist geht der Blick von der Terrasse beziehungsweise einem großen Fenster des Wohnbereichs aus). Schaffen Sie dazu im Garten einen Vordergrund, einen

Vertikale und horizontale Elemente, verschiedene Oberflächen und Pflanzen lassen ein Gartenzimmer entstehen.

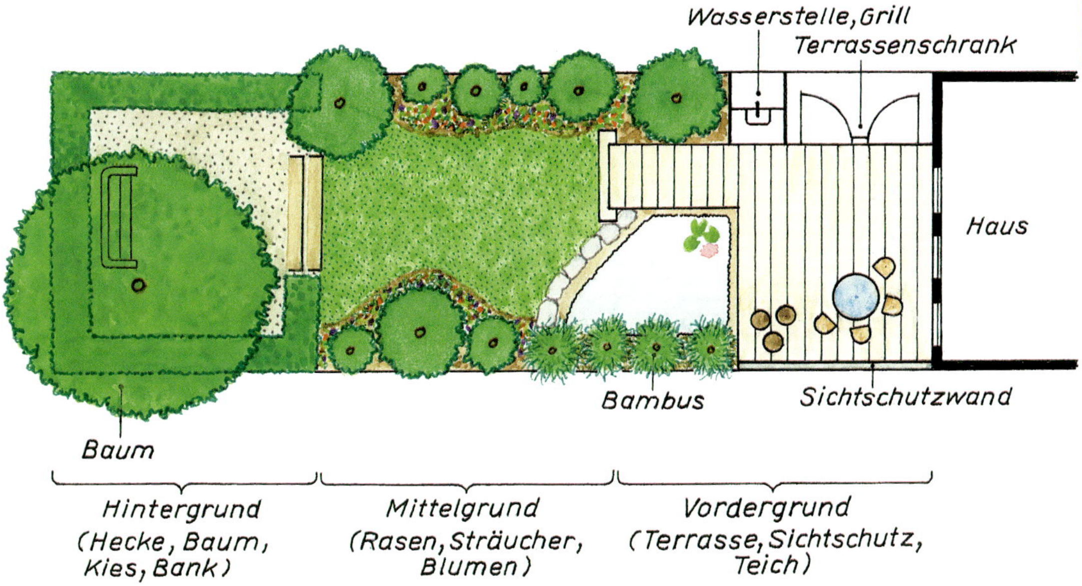

In Räume gegliederter „Handtuchgarten".

Mittelgrund und einen Hintergrund. Beziehen Sie nach Möglichkeit auch Nachbargrundstücke und Landschaftsbestandteile mit ein.

Der Vordergrund sollte aus einem niedrigen, im Sitzen zu überblickenden Element bestehen. Es sollte den Blick über den Garten „bremsen", gleichzeitig aber auch weiter lenken. Zwei gegenüberliegende Elemente haben beispielsweise eine Torwirkung und geben scheinbar einen Weg vor. Asymmetrische Pflanzinseln lenken den Blick eher dahinter beziehungsweise in eine gedachte Achse, die Sie mit einem ähnlichen Element im Mittelgrund bilden können.

Der Vordergrund muss auch in der Materialwahl zwischen bearbeitetem Stein oder Holz auf der Terrasse und natürlichen Elementen im Garten vermitteln. Oft müssen dabei zusätzlich Niveauunterschiede überbrückt werden. Als passender Übergang zwischen Steinterrassen und Rasen kann ein Beet mit Natursteinen, ein Wasserbecken mit Steinumrandung oder eine breite Steintreppe mit bepflanzten Wangen angesehen werden. Es können aber auch Treppenbeete mit Trockenmauern, Kies- und Schotterbeete sowie Kombinationen dieser Elemente für diesen Zweck angelegt werden. Zu einer Holzterrasse passt vielleicht ein Beet mit Gräsern oder Zwerggehölzen, eine Steinsetzung aus Findlingen, ein Teich, der von der Holzterrasse überkragt wird oder eine Holztreppe.

Der Mittelgrund bremst den Blick und lässt das Auge ruhen, bevor es den Hintergrund erreicht hat. Er muss nicht in der Mitte des Gartens liegen sondern eher nah am Hintergrund, meist seitlich der Längsachse (bei symmetrischen Gärten auf der Achse). Er birgt eine nicht sichtbare „Überraschung", z.B. einen scheinbar dahinter weiterlaufenden Weg. Gehölzgruppen mit Unterpflanzung, aber auch Gartenhäuser und Pavillons eignen sich dafür. Der Mittelgrund sollte sich in Struktur und Farbe gut vom Hintergrund absetzen. Große Kulissen rücken den Mittelpunkt optisch näher heran, kleine lassen ihn weiter entfernt erscheinen. Auch die Farbe hat eine nicht zu unterschätzende Wirkung. So lassen Gelb-, Orange- und Rottöne einen Gegenstand näher erscheinen, Blau-, Grau- und Brauntöne scheinbar in der Ferne.

TIPP

Je stärker Sie einen Garten unterteilen, desto mehr tritt die Gesamtwirkung des Raumes in den Hintergrund. Setzen Sie deshalb Raumteiler sparsam ein und benutzen Sie dazu Gartenelemente, die Sie sowieso benötigen.

Welche Gartenbestandteile haben welche Kulissenwirkung?

Vordergrund

- Vordergrund (zwischen Terrasse und angrenzender Fläche ohne Niveauunterschied beziehungsweise bei nur ein bis zwei Stufen): Beet mit Stauden, Kräuterbeet, Kübelpflanzen, kleine Blütensträucher, Trockenbachlauf, Sandspielplatz, Teich.
- Vordergrund (zwischen Terrasse und angrenzender Fläche mit Niveauunterschied von drei und mehr Stufen): breite Treppe mit Kübelpflanzen, Treppenbeete mit Schwellen oder Trockenmauern, in der Höhe gestaffelte Wasserbecken, Steingarten mit Findlingen, Sandgrube mit Rutsche, niedrig bepflanzter Hang.

Mittelgrund

- Gehölzgruppen mit Höhenstaffelung und Unterpflanzung, geschnittene und frei wachsende Hecken, Bauwerke, wie Kombispielgeräte und Weidenbauten, Pergola, Pavillon, Sitzplatz oder großer Teich mit Hinterpflanzung, Felsgarten mit großen Steinsetzungen und Gehölzen, Baumgruppe aus drei oder fünf Bäumen.

Hintergrund

- Hohe Mauern, Lattenzäune, Sichtschutzelemente, Gerätehaus oder Pergola, bepflanzte Wälle, Hecken, Gehölzgruppen, „geliehene" Elemente aus Nachbargärten oder Landschaft.

TIPP

Manchmal können Sie sich auch einen Hintergrund „leihen", z.B. die Mauer des Nachbarn, ein Gebäude oder eine angrenzende Pflanzung. Bei geschickter Nutzung können Sie sich den Bau beziehungsweise die Pflanzung einer eigenen Hintergrundkulisse ersparen.

Der Hintergrund rahmt den Garten ein und hält den Blick im Inneren. Dichte geschnittene oder frei wachsende Hecken, begrünte Sichtschutzelemente oder markante Mauern, ein bepflanzter Wall oder eine Baumgruppe mit Waldrandcharakter können schöne Hintergründe bilden. Der Blick nach draußen sollte aber keinesfalls ganz verstellt werden, denn der Hintergrund kann einen Garten abschirmen und gleichzeitig als Rahmen für weit entfernt liegende, schöne Ausblicke dienen. Prüfen Sie deshalb vorher von allen wichtigen Fenstern und Blickwinkeln aus, welche Aussicht verdeckt und welche eingerahmt und damit betont werden soll.

Die Mauer im Vordergrund teilt den großen Garten in zwei Räume.

Flächen großzügig entwerfen

Vertikale Elemente beeinflussen die Raumwirkung des Gartens, aber auch mit der Flächengestaltung in der Horizontalen können Sie unterschiedliche Räume schaffen. So lassen sich mit geschickter Flächenaufteilung und der Nutzung von Mustern erstaunliche perspektivische Wirkungen erzielen. Bei Verwendung verschiedener Materialien und Farben von Garten- beziehungsweise Pflanzflächen kann so auch ein sehr kleiner Garten gegliedert werden. Allerdings kommt es für die Pflegeleichtigkeit entscheidend darauf an, wie die Übergänge zwischen den Flächen beschaffen sind.

Flächenaufteilung und optische Tricks nutzen

Nun gilt es, grafische Formen für die Flächenaufteilung in Ihrem Plan zu finden. Legen Sie sich ein Transparentpapier auf Ihren Masterplan und entwerfen Sie Linien und Muster, die Ihnen zusagen. Am besten orientiert man sich dazu an einem Rastermaß, das durch das dominierendste Element des Hauses vorgegeben ist. Dies kann z.B.

ein Erker sein, es können aber auch sich wiederholende Fenster oder der Abstand der Balkonpfosten voneinander sein. Das gefundene Rastermaß ist für alle Elemente in Hausnähe die erste Größenvorgabe, in größerer Entfernung vom Haus kann es bei großen Gärten verdoppelt beziehungsweise vervielfacht werden. Es steht in der Regel im Winkel von 90° zum Haus, kann aber auch um 45° gedreht werden, falls das Grundstück eine spitzwinklige Form hat und eine gewisse Dynamik erreicht oder damit auf einen besonderen Ausblick oder Baum hingewiesen werden soll.

Haben Sie ein passendes Rastermaß gefunden, gilt es nun, Formen zu entwickeln. Sie sollten sich dabei entweder für rechteckige oder für runde Formen entscheiden (große Gärten oder Gartenteile, die in keinem optischen Bezug zueinander stehen, können aber ohne weiteres beides enthalten). Ordnen Sie dann die gewünschten Funktionsbereiche Ihrem gefundenen Muster nach den im Kapitel „Den eigenen Garten kreieren" besprochenen Kriterien zu. Wenn Sie feststellen, dass der Raster für bestimmte Elemente zu klein ist, können Sie ihn an dieser Stelle problemlos aufweiten, ohne das Gesamtkonzept zu stören. Wege sollten Rasterquadrate diagonal durchschneiden und geschwungen verlaufen. Bei runden Konzepten führen sie immer entlang der Linien und dienen damit gleichzeitig als Begrenzung der Flächen.

Die Strukturierung der Gartenfläche mit Hilfe eines Rasters beeinflusst Atmosphäre und Gestaltung eines Gartens bereits vor der Entscheidung für bestimmte Materialien und Pflanzen.

Während der Planung mit Papier und Bleistift sollten Sie immer wieder in den Garten gehen und die gefundenen Lösungen mittels Pfosten und anderen Gegenständen markieren. Einen geplanten Weg können Sie z.B. sehr gut mit zwei langen, parallel verlaufenden Gartenschläuchen sichtbar machen. Überprüfen Sie den geplanten Verlauf von Wegen sowie deren Breite, indem Sie zwischen den Markierungen allein, zu zweit, mit einer Schubkarre laufen. Wege werden meistens zu schmal geplant! Schauen Sie sich die Wirkung auch vom Haus aus an.

Für die Gesamtwirkung muss außerdem zwischen statisch und dynamisch wirkenden Mustern unterschieden werden. Muster mit fließenden geschwungenen Linien lenken das Auge und lassen so eine Bewegung entstehen. Die gleiche Wirkung entsteht aber auch, wenn rechteckige Formen mit geraden Kanten in gleicher Richtung angeordnet werden (z.B. Trittplatten). Bewegte Muster müssen zielgerichtet eingesetzt werden und das Auge sollte an einem – zu allen Jahreszeiten optisch lohnenden – Endpunkt zur Ruhe

Für die Flächenaufteilung können geometrische oder organische Formen Verwendung finden.

TIPP

Wenn Sie sich für ein Muster entschieden haben, können Sie sich Schablonen, z.B. von Kreisflächen oder Quadraten unterschiedlicher Größe, ausschneiden und diese auf Ihrem Plan so lange hin und her schieben, bis eine ansprechende Verteilung entstanden ist.

Die Wirkung von Mustern auf die Bewegung

Oberflächenmuster beeinflussen nicht nur das optische Bild des Gartens, sondern auch die Bewegungen der Menschen. So kann ein langer schmaler Weg mit quer verlaufenden Linien sowohl optisch erweitert als auch der Schritt der darauf Gehenden verlangsamt werden. Alle deutlichen Unterbrechungen von Linien lassen uns unbewusst inne halten, währenddessen ununterbrochene gerade Pfade den Schritt beschleunigen. Wege, die in sanften Kurven verlaufen sind organischer, denn kein Mensch läuft von sich aus genau geradeaus, wie es beispielsweise an Trampelpfaden in Parks sichtbar ist. Jede Wegbiegung kann zusätzlich betont werden, z.B. durch ein duftendes Gehölz, eine schöne Staude, eine interessante Skulptur oder einen anderen Blickfang. Auf diese Weise wird der Schritt verlangsamt und der Weg nicht nur als praktische Verbindungsstrecke zwischen zwei Zielen, sondern als Erlebnis wahrgenommen. Ähnliches gilt auch für Räume. So, wie wir unsere Bewegungen auch unbewusst auf die Größe eines Zimmers abstimmen, passen wir uns auch den Proportionen von Gartenräumen an. Je besser diese mit dem Nutzertyp harmonieren, desto wohler fühlt sich jeder in seinem Garten.

TIPP

Wählen Sie beim Nebeneinander von unterschiedlichen Oberflächenmaterialien solche aus, die keiner Kante bedürfen, z.B. Pflaster neben Pflanzflächen.

kommen (z.B. bei einem bizarren Gehölz oder einer schönen Aussicht). Statische Muster, welche die Aufmerksamkeit auf einzelne Grundstücksteile ziehen, eignen sich eher für kleine Gärten, besonders, wenn diese durch Nachbargebäude stark begrenzt sind. Sie sollten durch eine klare Ausrichtung, z.B. entlang einer gedachten Achse oder um einen Mittelpunkt gruppiert, ausgewogen sein und nicht wie ein Flickenteppich wirken.

Materialien und Oberflächen auswählen

Im Garten unterscheiden sich die Oberflächen jedoch nicht nur durch ihre Farbe, sondern auch durch andere Materialeigenschaften, wie Texturen. So können Steine bei sich ändernder Lichtintensität beziehungsweise dem Einfallswinkel der Sonnenstrahlen sehr unterschiedlich wirken. Bei Nässe erscheinen alle anorganischen Materialien dunkler, während Pflanzen heller und frischer wirken können. Dieselben Pflanzen können in der Sonne ganz anders aussehen als im Schatten, und nicht zuletzt hängt es von der Perspektive des Betrachters ab, wie eine Oberfläche auf ihn wirkt.

Die Wirkung unterschiedlicher Oberflächen wird auch von deren Nachbarschaft bestimmt. In Farbe und Grauwert kontrastierende Flächen wirken dabei kleinteiliger als fließende Farbverläufe beziehungsweise Schattierungen. Mit unterschiedlichen Farbverläufen kann deshalb ein Garten optisch erweitert beziehungsweise verengt werden. Außerdem kommt es auch noch auf das Verhältnis von „aktiver Masse", das sind im Wesentlichen höhere Pflanzungen, zu „passivem Raum", z.B. einer Rasenfläche, an. Schattieren Sie in Ihrem Entwurf die geplanten aktiven Bereiche dunkel, die passiven hell, so können Sie die Flächenverteilung erkennen.

Musterflächen beim Baustoffhändler helfen bei der Auswahl der Materialien.

Mögliche Materialien für Oberflächen im Garten

Material	Farben	Oberflächen-struktur	Geeignet für Sonne/Schatten	Pflegeaufwand
Ziegel- und Klinkerpflaster	dunkelgelb bis dunkelrot	glatt bis rau, Muster möglich	Sonne bis Halbschatten	gering
Sandsteinplatten	hellgelb, hellrosa	rau	Sonne bis Schatten	gering
Granitpflaster	hellgrau bis dunkelgrau, rotbraun	glatt bis rau, Muster möglich	Sonne bis Schatten	gering
Natursteinpflaster	viele Farben	meist rau	Sonne bis Schatten	gering
Betonsteinpflaster	viele Farben	meist rau	Sonne bis Schatten	sehr gering
Wassergebundene Decke	hellgelb, hellgrau	rau, körnig	Sonne bis Schatten	gering
Kalkschotter	hellgelb, hellgrau	rau, körnig	Sonne bis Halbschatten	gering
Splitt	viele Farben	rau, lose	Sonne bis Schatten	mittel
Feiner Kies	meist grau	glatt, lose	Sonne bis Halbschatten	mittel
Sand	hellgelb	weich, lose	Sonne	mittel
Holzdecks	alle Farben möglich	weich, griffig nur bei Riffelung	Sonne bis Halbschatten	gering
Holzpflaster	braun	griffig bis glatt	Sonne bis Halbschatten	gering
Rindenmulch	dunkelbraun	weich, federnd	Sonne bis Schatten	gering
Holzhäcksel	mittelbraun	kantig, federnd	Sonne bis Schatten	mittel
Schotterrasen	hellgrün	weich, körnig	Sonne bis Halbschatten	gering
Spielrasen	grün	weich	Sonne bis Halbschatten	hoch
Bodendecker	grün, dunkelgrün	weich bis borstig	Halbschatten bis Schatten	gering
Staudenpflanzungen	grün, bunt	weich, vielgestaltig	Sonne bis Schatten	mittel bis hoch
Zwerggehölze	überwiegend grün	borstig, vielgestaltig	Sonne bis Schatten	gering bis mittel
Wasserflächen	hell bis dunkel	glatt, reflektierend	Sonne bis Halbschatten	mittel bis hoch

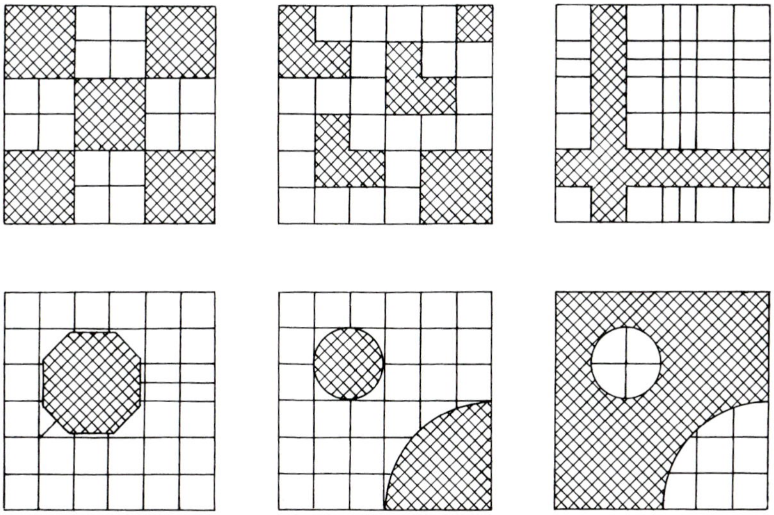

Abstrahierte Muster möglicher Flächenaufteilungen im Garten mit großer Pflanzenmasse (schraffiert) aus Gehölzen oder Staudenbeeten und ruhigen Flächen (ohne Schraffur) aus Rasen, Steinen oder Wasser (nach Brooks 1992, verändert).

Ebene Flächen ökonomisch begrenzen

Bei der Wahl von Oberflächen müssen wir uns gleichzeitig über deren Begrenzung Gedanken machen. Höher stehende Kanten trennen zwar Materialien klar voneinander ab, erschweren aber die Pflege vieler Flächen beträchtlich. So wird bei hoch stehenden Rasenkanten spezielles Werkzeug und

Empfehlenswerte Übergänge zwischen verschiedenen Oberflächen

Oberflächen, Pflanzflächen	Empfohlene Begrenzungen	Kosten	Pflege	Bemerkungen
Rasen				
und Wildstauden	Steinreihe, gepflasterter Weg	gering bis mittel	einfach, wenn bodenbündig verlegt	muss mit dem Mäher befahrbar sein
und Prachtstauden	Steinreihe, gepflasterter Weg	gering bis mittel	s.o., aber nur bei niedrigen bzw. aufrechten Sorten	Pflanzen hängen oft über, was das Mähen erschwert
und Gehölze	nicht nötig, wenn Mulch unter den Gehölzen	keine	sehr einfach	Gehölze und Mulch verhindern Grasbewuchs
und Schotter, Kies, Splitt	gepflasterter Weg	mittel	einfach	Kiesfläche etwas niedriger planen
und Rindenmulchwege	liegende, halb eingegrabene Baumstämme	gering bis keine	an der Kante erschwert	Gras an der Kante kann stehen bleiben
Staudenbeete				
und Mulchwege	nicht nötig	keine	einfach	beides ineinander übergehen lassen
und Schotter, Kies, Splitt	nicht nötig	keine	einfach	s.o., Staudenbeet mit gleichem Material mulchen
und wassergebundene Decke	keine oder Natursteinkante	keine bis mittel	einfach	Weg etwas höher als Beet planen
Gehölze				
und Staudenpflanzungen	keine	keine	einfach	beides aufeinander abstimmen
und Rindenmulchweg	keine	keine	einfach	ineinander übergehen lassen
und Schotter, Kies Splitt	keine, gepflasterter Weg, Steinkante, niedrige Mauer	keine bis hoch	keine bis mittel bei Kante	bei immergrünen Gehölzen ggf. ineinander übergehen lassen , dann Beet mit gleichem Material mulchen
und wassergebundene Decke	bodenbündige Natursteinkante	mittel	einfach	Vorsicht bei flach wurzelnden Gehölzen
Feuchtbiotope				
und alle anderen Oberflächen	gepflasterter Weg, Steinkante, liegende Baumstämme	mittel bis hoch	aufwändig	muss fachgerecht ausgeführt werden

viel Zeit benötigt, um den Bereich entlang einer Kante, den der Rasenmäher nicht erreichen kann, zu pflegen. Auf der anderen Seite müssen z.B. unterschiedliche Pflanzflächen, wie Rasen und Beete, klar voneinander abgegrenzt werden, da der Rasen sonst in das Beet hineinwächst und oft abgestochen werden muss, was viel Zeit beansprucht. Um dies zu vermeiden, bietet sich z.B. eine Reihe bodenbündig verlegter Steine an, die mit dem Mäher befahren werden kann. Quadratische und rechteckige Pflastersteine können auch problemlos in Kurven in Magerbeton oder in ein Splittbett verlegt werden und verhindern bei einer Dicke von 6 bis 8 cm das Unter- beziehungsweise Überwachsen von Rasen. Flache Ziegelsteine sollten besser senkrecht als Rollschicht aufgestellt werden. Eingegrabene Kunststoff- oder Metallbänder sind weitgehend unsichtbare Trennelemente, eignen sich aber nur an unbegangenen Stellen.

Viele Übergänge machen eine Einfassung überflüssig, so z.B. zwischen Stein- und angrenzenden Kies- oder Pflanzflächen. Andere ergeben sich von selbst, wie zwischen einem Teich und der Randbepflanzung. Allerdings müssen hier die trennenden Folienränder geschickt kaschiert werden, da sie unschön aussehen und die Folie von Sonneneinstrahlung zerstört wird.

Der Verzicht auf alle überflüssigen Übergänge und Begrenzungen durch geschickte Planung und Gestaltung wirkt meist viel großzügiger und natürlicher.

Spätestens an dieser Stelle der Planung wird klar, dass Kleinteiligkeit bei der Verteilung von Flächen nicht nur unruhig und spießig wirkt, sondern auch erheblichen Arbeitsaufwand und Kosten beim Bau von Begrenzungen sowie hohen Pflegeaufwand bedeutet.

Hier wurde der Hang nicht nur abgefangen, sondern gleichzeitig gut genutzt.

Geländeniveaus sinnvoll projektieren

Gartenflächen werden meist bereits vor der eigentlichen Gartenplanung eingeebnet. Dabei fallen in der Regel hohe Kosten für Deponiegebühren und das Wegfahren des Aushubs an. Kaum jemand bedenkt, dass diese eigene Erde kostenloses Material zur Modellierung der Gartenfläche ist. Auf der anderen Seite werden selbst auf ehemals ebenem Gelände oft Anschüttungen nötig, weil das Haus eine maximale Raumausnutzung bekommen soll und dadurch (meist unschöne) Abgrabungen sowie Anböschungen geschaffen werden müssen. Schließlich gibt es noch die vielen Gartengrundstücke am Hang, die erst durch eine sinnvolle Terrassierung als Garten nutzbar werden.

Geländemodellierungen ökonomisch durchführen

Räumlich gestaltete Gärten sehen meist nicht nur interessanter aus, sie können auch Sichtschutzwände, Windschutz und Mauern ersparen. So sind Erdwälle aufgrund ihrer großen Masse gute Lärmminderer und in vertieften Gartenbereichen können Sie vor Wind und Blicken geschützt sitzen. Bedenken Sie bei der Planung immer das Gestaltungspotenzial, das in der eigenen Erde steckt, bevor Sie diese entsorgen.

TIPP

Wenn Sie die Geländeform zusammen mit dem Haus planen und das Gelände bereits beim Ausheben der Baugrube modellieren, sparen Sie zum einen eine Menge Geld, zum anderen kann sich das neu modellierte Gelände setzen und Sie können früher mit der Gartengestaltung beginnen.

Geländemodellierungen selbst planen ist für den Laien keine leichte Aufgabe, lässt sich aber erlernen. Sie benötigen dazu Ihren Masterplan und Transparentpapier, auf dem Sie die geplante Geländeform als horizontal zum Gefälle verlaufende Höhenlinien einzeichnen. Wählen Sie die Höhendifferenzen gleichmäßig, z.B. 25 oder 50 cm, und zeichnen Sie diese entsprechend Ihrem Verlauf ein. Je enger die Höhenlinien beieinander stehen, desto stärker ist das Gefälle.

Am einfachsten ist es, einen runden Hügel oder eine Vertiefung zu planen, da die Höhenlinien geschlossene Kreise bilden. Wälle an einer Grundstücksgrenze müssen entweder an beiden Enden flach auslaufen oder um die Ecke herumgeführt werden. Da sie an ihrer Basis sehr breit sind, kann auch eine Kombination aus Stützmauer auf der Außen- und flach auslaufendem Wall auf der Gartenseite geplant werden.

Eine fantasievolle Modellierung des Gartens kostet in der Regel kaum mehr, als wenn Sie die Erde gleichmäßig verteilen (lassen), der Gewinn ist aber ungleich höher. Wenn Sie z.B. einen Lärmschutzwall aus eigenem Aushub aufschütten, haben Sie sowohl Kosten für die Abfuhr und Deponie als auch für eine Sichtschutzwand gespart.

TIPP

Für Geländemodellierungen eignet sich nur bindiger Unter- oder Rohboden, nicht der getrennt gelagerte Mutterboden.

Böschungen und Hügel planen: Der Neigungswinkel einer Böschung wird von ästhetischen Gesichtspunkten, der physikalischen Bodenbeschaffenheit und dem geplanten Bewuchs bestimmt. Eine Neigung von mehr als 50 % sieht in der Regel deplatziert aus und ist auch mit wenig bindigen Böden nicht herstellbar. Die Modellierung sollte im Schnittbild wie eine S-Kurve verlaufen, an der Basis sacht ansteigend und am Plateau wieder sacht auslaufend. Willkürlich modellierte Buckel sehen sehr unnatürlich aus, denn sie wären in der Natur von der Erosion längst beseitigt worden.

Die Höhe einer Böschung beziehungsweise eines Hügels muss sich am gewünschten Effekt, an den Platzverhältnissen, seiner optischen Erscheinung und an den menschlichen Körpermaßen orientieren. Zu hohe Aufschüttungen wirken eher erdrückend als schützend.

Die äußere Form einer Böschung oder eines Hügels sollte ebenfalls nicht willkürlich gewählt werden, sondern sich dem gewählten Raster und der Grundstücksform anpassen. Höhe und Neigungswinkel der Modellierung müssen sich aber auch der gewünschten Bepflanzung sowie den anstehenden Pflegarbeiten unterordnen. Böschungen, die konvex, also in Form

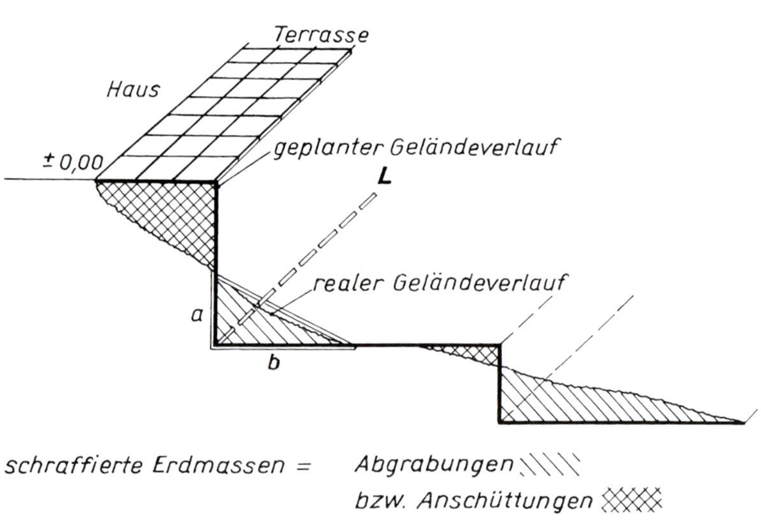

Anschüttungen werden am besten so geplant, dass sie mit den Abgrabungen aufgefüllt werden können. Die Berechnung der anfallenden Erdmassen erfolgt nach der Formel

$$V = \frac{a \times b \times L}{2}$$

(L = Länge des Geländes, hier Breite des Grundstücks).

Tipps zum Ermitteln der zu bewegenden Erdmassen

- Locker aufgeschüttete Erde hat ein Drittel mehr Volumen als im gewachsenen beziehungsweise wieder eingebauten und verdichteten Zustand. Dies müssen Sie bei der Massenermittlung unbedingt berücksichtigen.
- Wenn Sie das Volumen Ihres Kellergeschosses den Bauplänen entnehmen und den ausgeschachteten Arbeitsraum neben den Kellerwänden hinzurechnen, kennen Sie die Menge Ihres Erdaushubs.
- Falls Architekt oder Bauunternehmer die Kosten für Abfuhr und Deponiegebühr berechnet haben, können Sie auch die Mengenangabe des Erdaushubs für die Planung von Böschungen oder Hügeln zugrunde legen.

einer Hohlkehle auslaufen, lassen sich besser pflegen, besonders wenn sie gemäht werden müssen, und sehen zudem natürlicher aus als konkave Hügel.

Hänge praktisch terrassieren

Grundstücke am Hang sind oft mit schönen Ausblicken und der Möglichkeit besserer Raumnutzung des Hauses gesegnet. Ihr Nachteil ist aber die schwierigere Gartengestaltung. Draufsichten sind einfacher zu zeichnen beziehungsweise zu verstehen als Schnittbilder, sodass sich jeder etwas in die Materie einarbeiten muss. Ein maßstabsgetreues Modell des geplanten Geländes kann sehr hilfreich sein und als Planungsgrundlage dienen.

Der Geländeverlauf eines Neubaugrundstücks sollte zusammen mit dem Haus geplant werden. Es reicht nicht, wenn Ihnen der Architekt Grundrisse des Hauses zeigt, sondern er muss sich auch um die Anpassung des Baukörpers an das vorhandene Gelände kümmern. Dazu gehören auch Stützmauern, Treppen und Wege zum Haus, die Lage von Garage, Terrasse, Ein- und Ausgängen und anderes. Dies geschieht nur zu oft unzureichend, sodass Hausbesitzer nachher ratlos vor einem horizontal und vertikal zerstückelten Grundstück stehen und Höhendifferenzen notdürftig mit Beton-Pflanzelementen abzufangen versuchen.

Es sind aber auch oft die Hausbesitzer selbst, die auf einem bestimmten Grundriss bestehen und nicht erkennen wollen, dass sich dieser nur schwer und unter Einbuße eines vernünftigen Gartens an das Baugrundstück anpassen lässt.

TIPP

Je genauer die Geländemodellierung und die zeitliche Abfolge der Arbeiten geplant wurden, desto kostengünstiger fällt die Gartengestaltung letztendlich aus. Sie sparen also im Endeffekt nichts, wenn Sie bei der Planung sparen.

Es ist nicht einfach, aus einem steilen Hang einen praktischen und schönen Garten zu machen.

Kosten für maschinelle Erdbewegungen je Kubikmeter Erde

■ Oberboden (Mutterboden) etwa 30 cm dick abheben und seitlich lagern:	10 bis 20 €
■ Vorhandenen Unterboden (Rohboden) nach Plan einbauen und profilieren:	10 bis 20 €
■ Fehlenden Unterboden liefern, einbauen und profilieren:	17 bis 25 €
■ Überschüssigen Unterboden laden und abfahren einschließlich Deponiegebühren:	20 bis 50 €
■ Auflockern des Unterbodens (vor Auftrag des Oberbodens):	1 bis 2 €
■ Oberboden auf die Vegetationsflächen aufbringen und verteilen:	10 bis 20 €

TIPP

Für Änderungen des Geländeverlaufs gelten Bau- und Nachbarschaftsrecht. Erkundigen Sie sich erst beim zuständigen Bauamt, bevor Sie Erde abgraben beziehungsweise aufschütten.

Planen Sie Haus und Garten gemeinsam, erhalten Sie vom Architekten Schnittbilder des gesamten Grundstücks sowie genaue Erdmassenberechnungen. Sie können viel Geld sparen, indem Sie alle anfallende Erde geschickt verarbeiten. Dieselben Maschinen, die Ihre Baugrube ausheben, können auch die Geländeform gestalten. An einem steilen Gelände kann durch eine Terrassierung Platz für die Baumaterialien gewonnen werden. Da Ihnen noch genug kräftezehrende Handarbeit bei der Feinanpassung des Geländeverlaufs bleibt, sollten Sie für die groben Erdarbeiten immer Maschinen in Anspruch nehmen.

Für die eigene Planung eines bereits bebauten Grundstücks zeigen Ihnen die folgenden Beispiele Möglichkeiten der Terrassierung hangiger Gärten auf. Genau wie bei der Vorgehensweise für die Planung ebener Gärten, sollten Sie auch hier das Nützliche mit dem Schönen verbinden. Man kann beispielsweise eine Garage oder eine Gartenhütte so in den Hang bauen, dass ihr Flachdach als begehbare Ebene in den Garten integriert wird. Nutzbeete können als gut zu bearbeitende Treppenbeete den Hang gliedern und ein Kinderspielbereich auf mehreren Ebenen ist viel abwechslungsreicher als ein flacher.

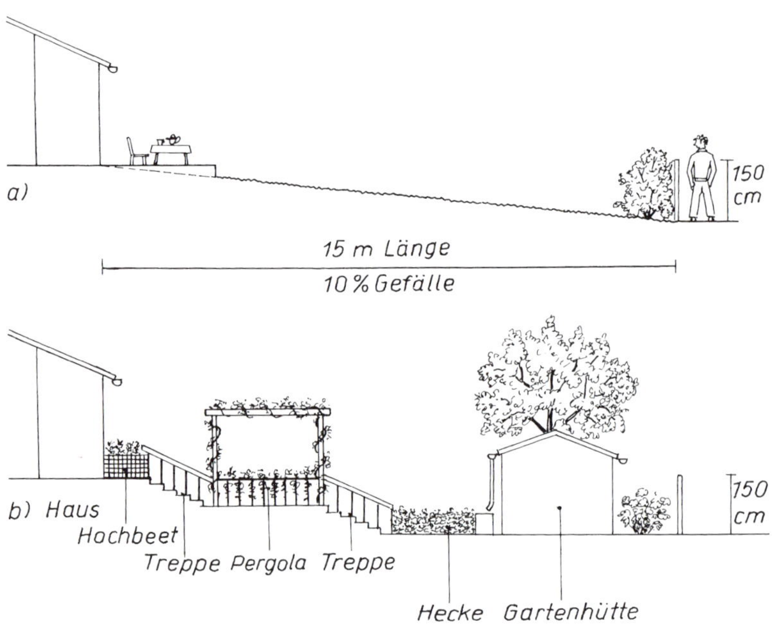

Schnittbild eines hangigen Grundstücks:
a) ohne Terrassierung bei 10 % Gefälle,
b) mit Terrassierung bei 10 % Gefälle.

Höhendifferenzen angenehm überwinden

Spätestens nachdem der Geländeverlauf geplant ist, müssen Sie sich Gedanken über die Art der Abstützungen einer Terrassierung, z.B. mittels Mauern und anderen Böschungssicherungen, machen. Diese sollen aber nicht nur stützen, sondern auch dekorative und gestaltende Elemente im Garten sein.

Bei der Planung einer Abstützung müssen Sie auch die Treppe beziehungsweise Rampe zur Überwindung der Höhendifferenz mit bedenken. Sie sollte aus dem gleichen beziehungsweise dazu passenden Material wie die Mauer bestehen und bereits beim Bau der Mauer eingefügt werden.

Begrünte Hänge müssen gepflegt werden, deshalb sollten sie immer stufig angelegt werden.

Grundsätzlich muss eine Mauer zum Haus passen, sie bestimmt aber auch das Design des Gartens. Gleichzeitig muss sie statisch in der Lage sein, die geplante Böschungshöhe sicher abzufangen. Zu hohe Mauern sollten Sie aber ohnehin nicht planen, denn diese können sehr erdrückend wirken. Besser ist ein gestaffeltes Übereinanderbauen mehrerer Mauern, so entstehen gleichzeitig begrünte Zwischenebenen, die einer hohen Mauer die Wuchtigkeit nehmen.

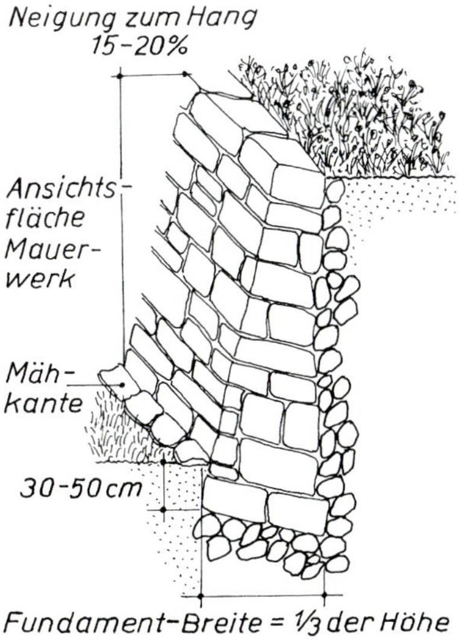

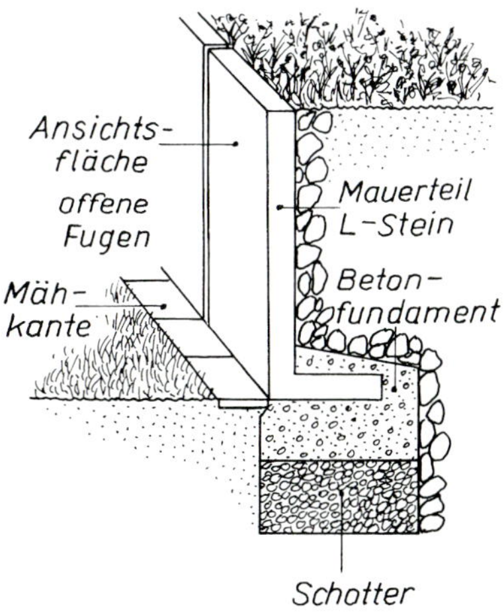

Trockenmauern (links) sind dekorative naturnahe Böschungssicherungen, die allerdings aufwändig in Bau und Kosten sind und Platz benötigen. L-Betonsteine (rechts) sind zeitlos, schlicht, preiswert und nehmen nur wenig Raum ein.

Natursteinmauern, hier in Form einer Kieselsteinmauer, sind eine schöne Möglichkeit, Hänge abzutreppen.

Mauern müssen sich nicht nur in das Gelände einfügen, sondern auch alle Anschlüsse an Gebäude müssen gut bedacht und richtig ausgeführt werden. Da es nicht einfach ist, Terrassierungen und Stützmauern selbst zu planen, sollten Sie auf alle Fälle einen guten Gartenarchitekten oder Landschaftsgärtner zu Rate ziehen.

Außerdem hat es sich bewährt, Grenzmauern zu Nachbargrundstücken immer auch mit dem Nachbarn zu besprechen, damit es nicht zu unerfreulichen und teuren Auseinandersetzungen kommt. Betrachten Sie mit ihm zusammen ähnliche Grundstücke mit vorbildhaften Böschungssicherungen und einigen Sie sich auf eine gemeinsame Lösung.

Problembereiche erfolgreich verschönern

Selbst bei sorgfältigster Planung von Haus und Grundstück verbleiben meist noch Problemecken, die schwierig zu gestalten sind. Dies können einerseits nutzungsintensive Vorgärten und schmale Gartenstreifen neben dem Haus sein, andererseits auch schlecht gelungene Übergänge zwischen Haus und Gelände, sei es, weil sie zu steil oder zu trocken zum Bepflanzen sind, oder weil sie einfach nur hässlich aussehen.

Die Einbindung des „sterilen" Baukörpers Haus in den Garten gehört allgemein zu den schwierigsten Teilen der Gartenplanung, ist aber für einen gelungenen Anblick unumgänglich. Deshalb sollten Sie alle Möglichkeiten für eine dem jeweiligen Standort gerechte Gestaltung nutzen, seien es Stellplätze, Fassadenflächen, Kellerfensterabböschungen oder Dachflächen.

Vorgärten zweckmäßig planen

Vorgärten sind intensiv genutzte Gartenteile, die gleichzeitig auch als repräsentatives Eingangselement dienen. Besonders die meist sehr kleinen Vorgärten von Reihenhäusern sind nicht einfach zu planen, sind hier doch viele Elemente unterzubringen. Familien mit Kindern benötigen meist einen Stellplatz für Kinderwagen, Roller und Fahrräder, einen überdachten Platz mit Bank zum Wechseln der Schuhe und für Gummistiefel, eine Wasserstelle, um die gröbsten Verschmutzungen zu beseitigen und Weiteres mehr, was den Alltag erleichtert. In ländlichen Gebieten werden Einkäufe häufiger mit dem Auto erledigt, sodass dem Weg vom Stellplatz zur Haustür große Auf-

Rechts: Der trockene Bereich am Steilhang und unter dem Balkon wurde hier geschickt bepflanzt und dekoriert.

TIPP

Für einen praktischen und pflegeleichten Vorgarten sollten Sie anders als gewohnt planen – nicht Pflanzflächen mit Wegen, sondern Pflasterflächen mit Aussparungen für Pflanzen.

merksamkeit geschenkt werden sollte. In der Stadt erfolgt vieles eher zu Fuß, mit einem Einkaufsrolli oder dem Kinderwagen, sodass Stufen zur Haustür möglichst vermieden werden sollten.

Meist macht auch die Trennung von Müll mehrere Mülleimer nötig und trotzdem soll auf dekorative Elemente nicht verzichtet werden.

Ein Weg, der direkt zur Haustür führt, lässt einen Vorgarten noch kleiner erscheinen und zerschneidet ihn in zwei Teile. Ist er zu schmal, kann er nur von einer Person begangen werden und schwere Getränkekisten können nicht zu zweit zur Haustür getragen werden. Ein großzügiger Weg mit Platz für andere Nutzungen entsteht hingegen, wenn der Stellplatz für das Auto mit einbezogen wird.

Planen Sie deshalb Ihren Vorgarten großzügig und nach nützlichen Gesichtspunkten, jedoch mit schönen Materialien. So wirkt er meist von selbst und zeigt, dass hier praktisch denkende Menschen daheim sind. Ein kleiner Platz für dekorative Pflanzen bleibt meist übrig, und wenn es nur ein begrüntes Vordach oder eine Kletterpflanze an der Fassade ist.

Aber nicht nur nützliche Gesichtspunkte und persönlicher Geschmack sollten bei der Vorgartengestaltung eine Rolle spielen, sondern es muss auch der Stil des Hauses berücksichtigt werden. Betrachten Sie Ihr Haus genau und wählen Sie nur wenige passende Materialien aus. Meist kann die Fassadengestaltung oder die Farbe von Holzteilen Anhaltspunkte liefern.

Alle hausnahen Flächen, wie Terrassen und Vorgärten, wirken wesentlich großzügiger, wenn sie passend zum Haus gestaltet werden.

Praktischer Vorgarten. Unten: für Reihenhaus – stimmt man sich mit den Nachbarn ab, können auch kleine Vorgärten großzügig aussehen; rechts: für Einfamilienhaus.

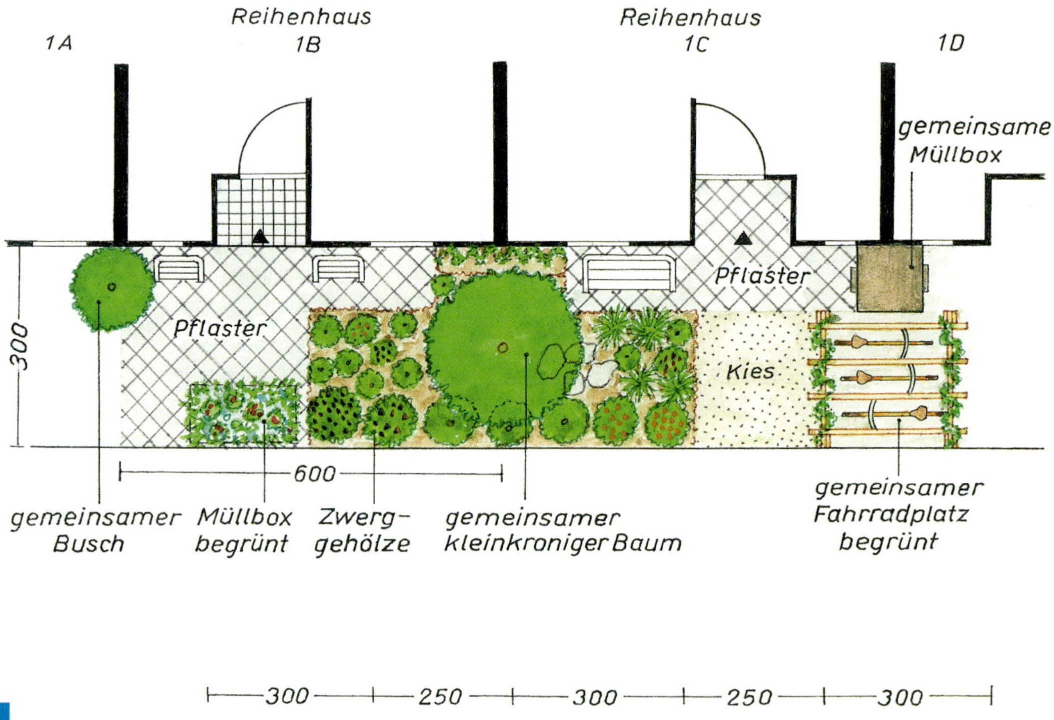

Große Vorgärten mit Platz für üppige Bepflanzung werden immer seltener.

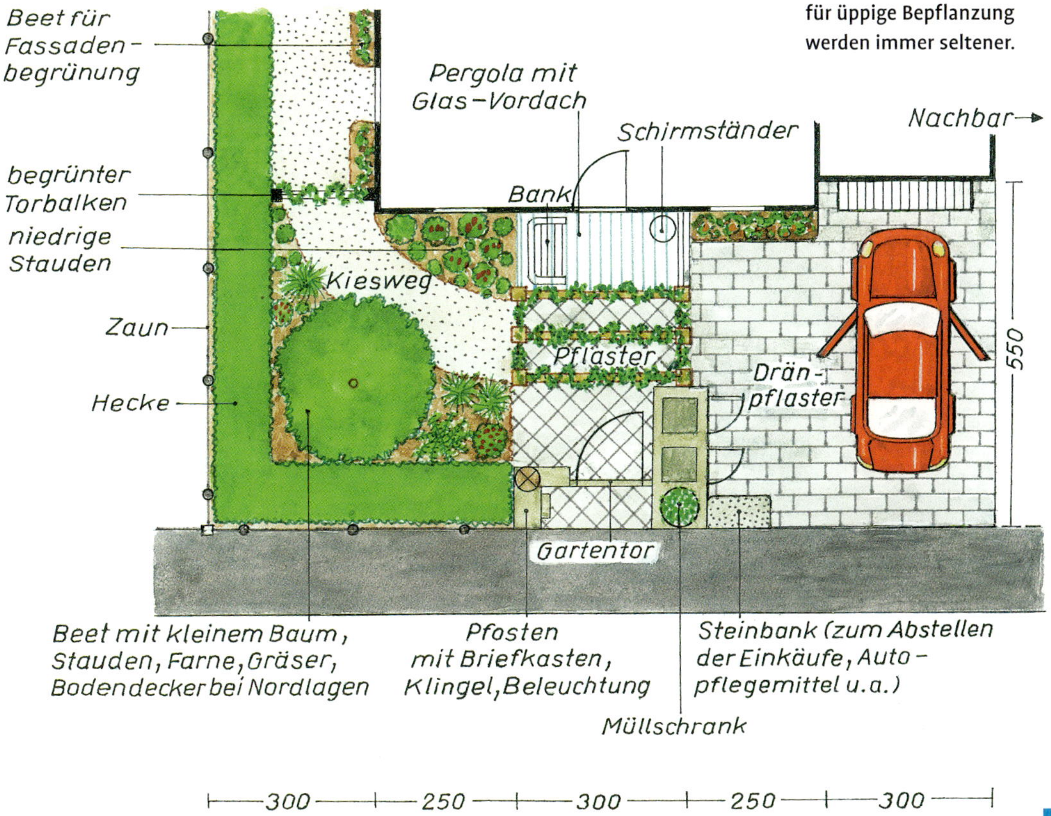

TIPP

Die Bepflanzung des Mauerfußes spart Platz, denn an sonnigen Hauswänden kann ein Beet für mediterrane Kräuter für die Küche oder Blumen und Gräser für Trockensträuße eingeplant werden. Selbst Spalierobst kann hier gedeihen.

Sonderstandorte rund um das Haus nutzen

Besonders bei Reiheneckgrundstücken und Doppelhaushälften verbleiben an einer Hausseite häufig nur 3 m schmale Gartenstreifen, die zumeist auch noch intensiv genutzt werden. Oft gilt es dann, auf diesem schmalen Streifen einen Sichtschutz und einen Weg unterzubringen, manchmal auch noch eine Treppe in das Kellergeschoss beziehungsweise zur Einliegerwohnung. Die Planung dieser Gartenteile ist nicht einfach und sollte daher sehr gründlich erfolgen.

Die Wege dürfen nicht zu nah an der Fassade verlaufen und auch nicht zu schmal ausfallen, sonst besteht die Gefahr, dass jemand mit der Schulter anstößt. Alle Pflanzen müssen sehr niedrig bleiben, wer höhere wählt, sollte darauf achten, dass sie aufrecht wachsen und starken Rückschnitt vertragen. Fenster und Kellerschächte dürfen nicht verdeckt werden, zusätzlich erschweren Dachüberstände eine Bepflanzung.

Der „Sauberkeitsstreifen" an der Außenwand stellt den direkten Übergang zwischen Haus und Garten dar. Anstelle der üblichen sterilen Kiesel können Sie hier ein Beet für Trockenheit liebende Pflanzen errichten. Das sieht schön aus und bindet das Haus optisch besser in den Garten ein. Bedenken wegen angeblicher Verschmutzung der Fassade sind unangebracht, denn die Pflanzung wird immer mit mineralischen Materialien, wie Splitt, Kies oder Schotter, gemulcht, sodass selbst bei starkem Regen keine Bodenteilchen an die Hauswand gelangen. An der dem Regen abgewandten Seite beziehungsweise im Regenschatten des Dachüberstandes sind solche Bedenken sowieso überflüssig.

Für jede Lage gibt es geeignete Pflanzen, die nach einer gewissen Starthilfe durch anfängliches Gießen selbst an trockenen Stellen gedeihen. Wird auf eine Stellkante als Abgrenzung zum angrenzenden Boden verzichtet, kann die benötigte Feuchtigkeit auch durch Saugkräfte an die Pflanzen am Mauerfuß gelangen.

Trockene Standorte finden sich auch auf Dächern von Nebengebäuden, z.B. einer Garage oder einem unterirdischen Tankraum. Mit einer geringen Schicht Spezialsubstrat für Dachbegrünungen können auch solche Flächen der Natur zurückgegeben und wirkungsvoll gestaltet werden. Manche Trockenheit liebenden Pflanzengesellschaften sind sogar begehbar und eignen sich für Nebenwege und extensiv genutzte Gartenflächen. Da sie alle sehr pflegeleicht sind, können

Der Hausfuß kann als Beet für trockenresistente Pflanzen dienen.

Sie auch bewusst Trockenbeete bepflanzen, indem Sie magere Standorte schaffen (siehe Teil 3).

Grenzen Sie für Ihre Planung vorerst keinen Gartenteil für eine Begrünung aus, denn es gibt auch in der Natur kaum einen Standort, der nicht von Pflanzen erobert werden kann.

Hohe Grundstückspreise und moderne Bautechniken haben dazu geführt, dass immer mehr Kellerräume zu Wohnzwecken genutzt werden. Die notwendigen Fenster müssen eine Abböschung erhalten, damit Licht in die Räume gelangen kann. Viele ausgeführte Lösungen sind jedoch meist sowohl von innen als auch von außen unbefriedigend.

Schöne Abböschungen können sowohl mit Schwellen als auch durch abgestufte Trockenmauern geschaffen und bepflanzt werden. So entsteht ein schöner Anblick vom Innenraum aus, gleichzeitig wird die Böschung in den Garten eingebunden. Steile Schächte sind im Inneren meist zu dunkel und stellen außerdem ein Sicherheitsrisiko dar. Je flacher die Böschung ist, desto

TIPP

Bedenken Sie auch die Pflegeleichtigkeit der Pflanzung: Können Sie das Fenster von innen öffnen oder sogar hinaussteigen? Ist der Lichtschacht nur von außen zu pflegen, dann muss ein Teil der Böschung sicher begehbar und auch genügend Arbeitsraum vorhanden sein.

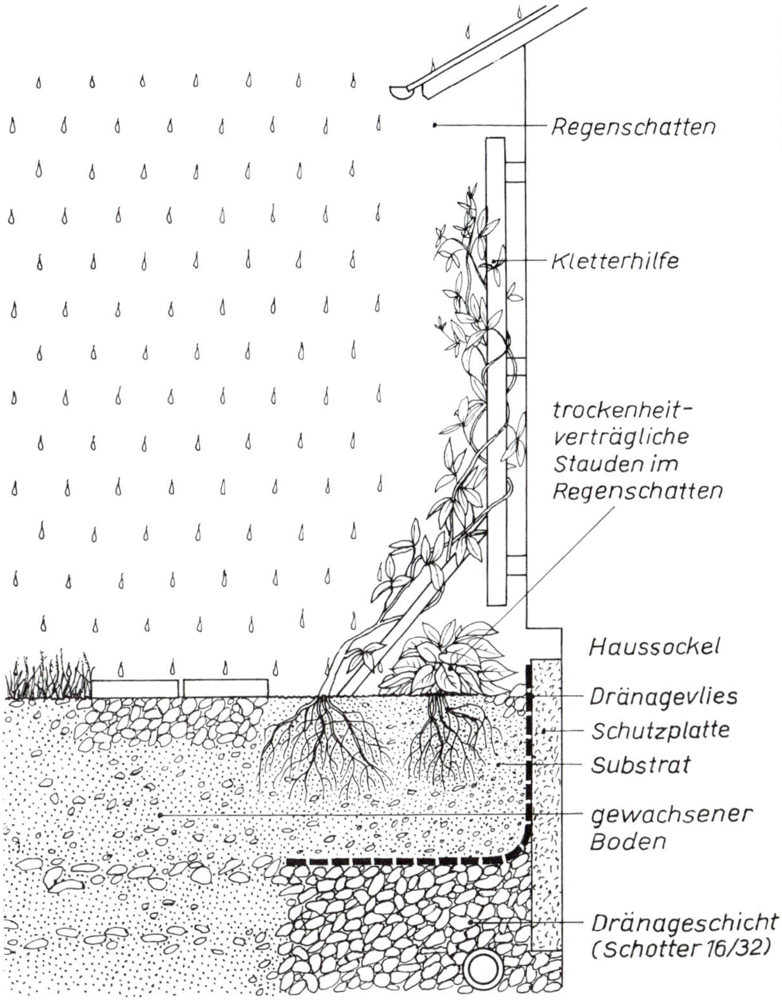

Empfohlender Beetaufbau am Mauerfuß der Fassade für Kletterpflanzen und/oder Trockenheit liebende Gräser und Stauden.

Eine treppenförmige Mauer aus hellem Naturstein wird wie eine Trockenmauer aufgeschichtet und bepflanzt.

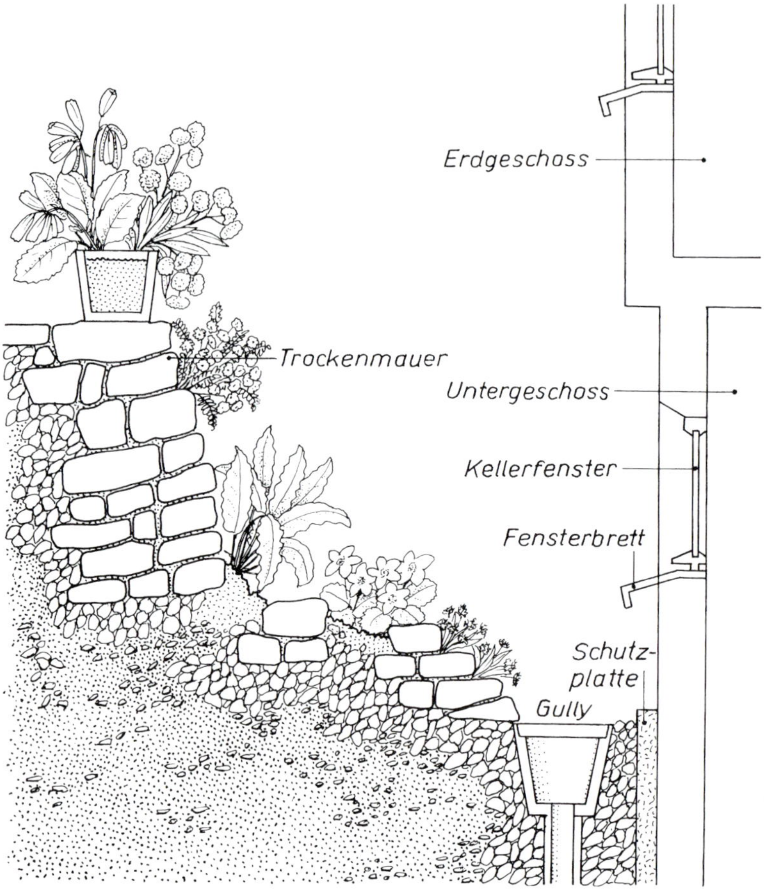

mehr Licht fällt in den Kellerraum und desto besser ist die Pflanzung zu pflegen.

Bei der Planung ist auch die Entwässerung des Schachtes zu bedenken. Legen Sie eine Lage Dränagevlies auf den Gully und bedecken Sie diese mit feinem hellen Kies. Falls sich nach einigen Jahren Pflanzen angesiedelt haben, schadet das in der Regel nicht. Sie müssen nur ab und an die Durchlässigkeit des Vlieses überprüfen.

Kellerfensterabböschungen sollten nicht zu steil sein, damit sie gut bepflanzt und gepflegt werden können.

Vertikale Flächen erschließen

Besonders bei kleinen Grundstücken können Sie große Pflanzflächen dazugewinnen, wenn Sie die Fassade mit einbeziehen. Rechnen Sie doch einmal aus, wie viel freie Fläche an der Hauswand für die Begrünung zur Verfügung steht. Sie werden staunen!

Allerdings muss auch eine Fassadenbegrünung gut geplant werden, denn die verschiedenen Kletterpflanzenarten haben ganz unterschiedliche Ansprüche an Standort und Kletterhilfe. Ein Rankgerüst ist auch eine relativ aufwändige Konstruktion, die sich der Architektur des Hauses unterordnen sollte. Es muss zudem haltbar und stabil konstruiert werden. Bei der Anbringung muss ein Abstand von 5 bis 10 cm zur Fassade eingehalten werden. Für die Wahl der Dübel und Schrauben sollten Sie unbedingt den Fassadenaufbau (z.B. Wärmedämmung) und Wandmaterialien beachten. Die Ent-

scheidung hinsichtlich des Aussehens und der Form des Rahmens sollten Sie in Abhängigkeit von der Hausfassade und Ihrem eigenen Geschmack abhängig machen. Die Dicke der Stäbe und die Maschenweite des Rankgitters hingegen muss an die Ansprüche der gewünschten Pflanzen angepasst werden. Schöne Rankgerüste können einem Haus ein besonderes Flair geben, aber auch eine Direktbegrünung der Fassade ohne Rankhilfe ist möglich. Wer lieber eine unauffällige Kletterhilfe mag, kann verzinkte Stahldrähte oder -matten verwenden.

Für die Planung von Fassadenbegrünung muss auch das Beet für die Pflanzen bedacht werden, denn im Regenschatten und unter Dachüberständen können Kletterpflanzen nicht gedeihen. Mit ihrer großen Blattmasse benötigen sie guten Boden und viel Wasser, sodass sie etwas entfernt von der Hauswand gepflanzt werden müssen. Ihre Triebe werden anfangs mit Hilfe eines Stabes zur Kletterhilfe geleitet. Damit die kleinen Pflanzen nicht zertreten werden, sollten sie mit einer Einfassung geschützt werden. Ein geplanter Weg in Nähe der Hauswand kann hier auch mal eine kleine Kurve beschreiben. Ansonsten sind Wege mit einem Abstand von etwa 0,5 m ohne und 1,0 m mit Fassadenbegrünung angenehm zu begehen.

Schlagregen an der Wetterseite führt bei zu geringem Dachüberstand zu einer hässlich aussehenden Veralgung des Außenputzes. Eine Begrünung mit Efeu wirkt wie eine vorgehängte Fassade und hält den Regen wirkungsvoll fern. Der Hausfuß wird zudem trocken gehalten, da die große Blattmasse Sommer wie Winter viel Wasser verdunstet. Außerdem sparen Sie sich das Streichen der Fassade.

Durch Fassadenbegrünung gewinnt man viel Grünfläche hinzu.

TIPP

Die Planung einer großen Kletterhilfe sollten Sie besser dem Architekten überlassen, der sie als Gestaltungselement in Material und Farbe auf den Hausstil sowie die Befestigungstechnik auf den Fassadenaufbau abstimmen wird. Allerdings müssen Sie ihn über die gewünschten Kletterpflanzen und deren Bedürfnisse aufklären.

Mögliche Kletterkonstruktionen und Zäune für bestimmte Klettertechniken

- Raue Fassade (Mauerwerk, Mineralischer Putz u.a.): WZ
- Senkrechte Drähte (Mindestdicke 1 mm, ummantelt): SI
- Senkrechte Metallstangen (Dicke 2 bis 15 mm): SI
- Senkrechte Holzlatten (rund oder eckig, 30 bis 100 mm): SI
- Metallgitter (Maschenweite 50 bis 200 mm): RA, SI
- Holzgitter (Maschenweite 50 bis 200 mm): RA, SP
- Waagerechte Drähte (Mindestdicke 1 mm, Abstand 50 bis 100 mm): RA, SI
- Waagerechte Stangen (Mindestdicke 10 mm, Abstand 50 bis 200 mm): SK
- Waagerechte Holzlatten (Mindestdicke 30 mm, Abstand 150 bis 500 mm): SK, SP

Kletterhilfen müssen sich an den Klettertechniken der Pflanzen orientieren.

Bei den Kletterpflanzen werden nach ihrer Klettertechnik Wurzelkletterer (WZ), Spreizklimmer (SK), Schlinger (SI) und Ranker (RA) unterschieden. Außerdem gibt es Spalierpflanzen (SP), z.B. Obstgehölze, die an ein Gerüst gebunden werden. Je nach Klettertechnik der gewünschten Pflanze, müssen Sie sich für die entsprechende Kletterkonstruktion entscheiden. Geeignete Pflanzenarten werden in Teil 3 vorgestellt.

Vieles des bisher für Kletterpflanzen an Hauswänden Gesagten gilt für Kletterpflanzen an Mauern, Zäunen und Sichtschutzelementen. Reicht die Grundstücksbreite nicht für eine Hecke, können Sie eine Sichtschutzwand wirkungsvoll begrünen, indem Sie eine Kletterkonstruktion anbringen. Begrünte Zäune sind einfacher zu pflegen als geschnittene Hecken und benötigen weniger als 50 cm Breite. Zudem ist der Sichtschutz bei Verwendung

schnell wachsender Arten schon nach ein bis zwei Jahren erreicht. Allerdings muss die Konstruktion stabil und haltbar sein, denn viele Kletterpflanzen entwickeln große Blattmassen, und diese gut entwickelten Pflanzen sollten möglichst nicht zurückgeschnitten werden müssen, um das Rankgerüst zu streichen.

Falls Ihre erlaubte Zaunhöhe für einen Sichtschutz nicht ausreicht, können Sie längere Pfosten daneben stellen beziehungsweise bereits vorhandene Pfosten verlängern und mehrere Drähte quer dazwischenspannen. Dies gilt nicht als genehmigungspflichtiger Zaun, sondern ist eine erlaubte Rankhilfe für Kletterpflanzen.

Mit Kletterpflanzen lassen sich auch geschickt hässliche Bauteile verdecken, wie Regenfallrohre, Stützen und Blitzableiter. Die genannten Beispiele benötigen jedoch eine Manschette aus Gitterdraht, damit Ranker an ihnen emporklimmen können. Sie sollten auf keinen Fall direkt umschlungen werden, da große Pflanzen beispielsweise ein Regenrohr zusammendrücken können. Für ein- oder mehrjährige Schlingpflanzen kann oben und unten eine Manschette mit dazwischengespannten Drähten angebracht werden.

Wurzelkletterer wie Efeu und Wilder Wein benötigen keine Kletterhilfen und erobern rasch die Fassade, ohne sie zu zerstören.

2 Gestalten

2

Schritt für Schritt ans Werk

Statt mit der Gartenanlage zu warten, sollten Sie besser andere Anschaffungen zurückstellen.

TIPP

Kaufen Sie möglichst bald viele angespitzte Baumpfähle von 8 bis 10 cm Durchmesser und 1,5 bis 2,0 m Länge sowie einen Vorschlaghammer, denn Sie benötigen anfangs viele Pflöcke zum Markieren. Später können diese dann zum Anbinden von Bäumen oder als Zaunpfosten verwendet werden.

Mit dem eigenen Plan sind Sie Ihrem „Traumgarten“ schon ein ganzes Stück näher gerückt. Viel Arbeit liegt allerdings noch vor Ihnen, denn die Umsetzung in die Realität ist erfahrungsgemäß am Anfang am schwierigsten. Davor müssen Sie jedoch alle wichtigen Maße vom Plan auf das reale Grundstück übertragen, erst dann kann das Gelände nach Plan modelliert werden. Auch wenn Sie am liebsten gleich im Anschluss pflanzen wollen, halten Sie sich zurück und bereiten Sie den Boden erst optimal vor. Bewährt hat sich dabei die Anfertigung eines Zeitplanes mit der richtigen Reihenfolge aller Arbeiten und Angaben zu benötigten Maschinen und Helfern.

Gartenbesitzer, die alle Arbeiten selbst ausführen möchten, sollten Mengen und Materialkosten berechnen und sich nach guten Freunden zum Helfen umsehen. Wer die Erdarbeiten an ein Unternehmen vergeben möchte, holt vorher zwei bis drei Kostenvoranschläge ein.

Gartengestaltungen effizient vorbereiten

Wie jede Arbeit, bedarf besonders eine Baustellenabwicklung einer guten Planung. Ohne maßgetreue Pläne und Markierungen im Gelände kann nicht begonnen werden. Nun kommen aber auch noch andere Vorbereitungen auf Sie zu. Werkzeuge müssen gekauft oder geliehen und Maschinen und Hilfskräfte müssen organisiert werden. Sie brauchen einen Arbeitsplan, denn Materialien müssen bestellt und ihre Liefertermine auf den Baufortschritt abgestimmt werden. Falls Sie die eine oder andere Arbeit an eine Firma vergeben wollen, müssen Sie auch hier Bauzeiten und Kosten berücksichtigen. Wer alles selbst machen möchte, muss genaue Materialmengen ermitteln und unter Umständen auch Ausführungspläne skizzieren können.

Baustelle einmessen und abstecken

Vor dem eigentlichen Bau müssen Sie alle geplanten Gartenbestandteile im Gelände abstecken. Dabei wird genauso vorgegangen wie beim Einmessen bestehender Gartenbestandteile für einen Plan. Zunächst werden in der Ebene von zwei bekannten Punkten (z.B. einer Hausecke und einer Ecke der Grundstücksgrenze) die Längen ausgemessen. Liegen beide Punkte genau

Was Sie für die Höhenermittlung benötigen:

- 2 Maßbänder (10 bis 50 m Länge),
- 1 bis 3 Zollstöcke,
- 1 Wasserwaage (1 m Länge), 1 Wasserwaage (30 bis 50 cm Länge),
- 1 Winkelmaß (verstellbar),
- 1 rechten Winkel (Schenkellänge mindestens 50 cm, besser 1 m),
- 1 Richtlatte (3 m Länge),
- gegebenenfalls 1 Nivelliergerät mit Messlatte,
- 1 Vorschlaghammer (5 kg),
- 1 Zimmermannshammer,
- 2 bis 4 Schraubzwingen (Öffnungsweite mindestens 25 cm),
- 10 bis 20 Pfosten (angespitzte Baumpfähle von 1 bis 2 m Länge),
- 1 Bund Dachlatten (2 bis 3 m Länge, ungehobelt),
- Nägel (5 bis 6 cm lang),
- Kunststoffseil (gelb, orange, rot),
- Markierungsfarben (Sprühdosen oder Farbreste oder dicke Permanentmarker).

im rechten Winkel zueinander, wird die Messung besonders genau. Der gefundene Standort, z.B. eines erhaltenswerten Baumes, wird dann im Gartenplan eingetragen. Umgekehrt wird rechtwinklig zueinander mit Hilfe zweier Maßbänder ausgemessen, wo ein geplanter Baum gepflanzt werden soll und an dieser Stelle ein Pflock eingeschlagen. Ein kritischer Blick aus dem Fenster oder von der Terrasse kann gegebenenfalls eine leichte Korrektur nötig machen. Kennzeichnen Sie den gefundenen Punkt im Plan genau und geben Sie ihm eine Nummer auf dem Plan, die Sie auch mit einem

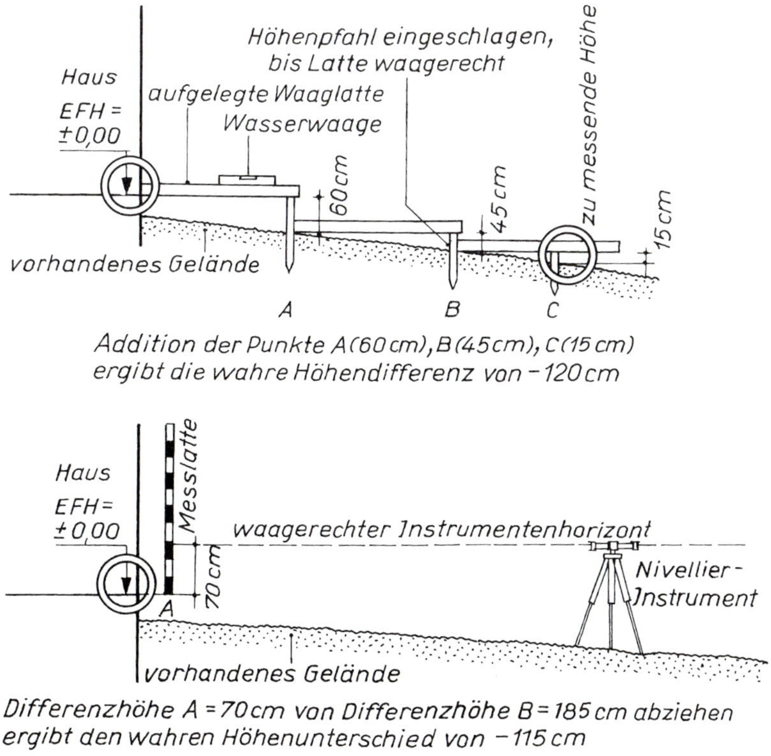

Ermittlung von Höhendifferenzen mit einfachen Mitteln (oben) und einem Nivelliergerät (unten) (nach WIRTH 2001a).

Werkplanung und Bauleitung selbst erbringen

Bei einfachen topografischen Verhältnissen können Sie selbst oder ein guter Gartenbaubetrieb ohne weitere detailliertere Pläne bauen und pflanzen. Bei schwierigen Geländeverhältnissen wird dagegen eine detaillierte Werkplanung benötigt, die nur ein Landschaftsarchitekt leisten kann. Er überwacht auch die Ausführung und kontrolliert die Abrechnung des ausführenden Gartenbauers, der in der Regel selbst keine Planung macht. Wenn Sie in Eigenleistung bauen wollen, müssen Sie diese Architektenleistungen selbst erbringen, alle Materialentscheidungen allein treffen und die Kosten kalkulieren. Wie genau Ihre Werk- beziehungsweise Ausführungspläne sein müssen, entscheiden Sie dabei selbst.

Die Materialmengen und -kosten für kleine Gartenteile können leicht selbst berechnet werden.

wasserfesten Marker auf den Pfosten schreiben. Je mehr Messpunkte entstehen, die Sie auch für Kontrollmessungen verwenden können, desto genauer wird jede weitere Messung. Überprüfen Sie auch die Lage des Zisternendeckels, von Lichtschächten und Regenfallrohren, denn sie befinden sich nicht immer genau dort, wo sie vom Architekten geplant wurden.

Anschließend müssen die Höhendifferenzen gemessen werden. Als Nullpunkt gilt in den Architektenplänen die Höhe des Fußbodens im Erdgeschoss. Falls der Belag noch fehlt, müssen Sie dies berücksichtigen. Sie können aber auch die Höhe einer fertigen Terrasse oder eines Zisternendeckels als Nullpunkt wählen und dies in Ihrem eigenen Plan vermerken.

Ist der Garten klein, können mit einer Richtlatte, einer Wasserwaage, einem Zollstock und einzelnen Pfosten die Höhendifferenzen ermittelt werden. Bei größeren Gärten lohnt sich die Anschaffung oder das Ausleihen eines Nivelliergerätes. Wer mit komplizierten Höhendifferenzen überhaupt nicht zurechtkommt, sollte einen Vermessungsingenieur hinzuziehen.

Sollen die Markierungspfosten als Hilfe für Anschüttungen beziehungsweise Abgrabungen genutzt werden, müssen sie an Stellen eingeschlagen werden, wo sie die Arbeiten möglichst wenig behindern. Dazwischen gespanntes farbiges Kunststoffseil kann die Geländeveränderung auf einer Strecke sichtbar machen. Geplante Abgrabungen werden mit einem Minus vor der Höhendifferenz, Aufschüttungen mit einem Plus vermerkt. Der Böschungswinkel kann mit einer zwischen zwei Pfosten angenagelten Dachlatte gekennzeichnet werden.

Reihenfolge der Arbeiten und Materialmengen für eine Hofumgestaltung

1 Alte Beläge entfernen und entsorgen:
- 76 m² Asphalt lockern,
- Kübel liefern lassen,
- 6 m³ Asphalt abfahren und entsorgen.

2 Mauern sanieren:
- 48 m² alten Putz abschlagen,
- 2 m³ Putzreste abfahren und entsorgen,
- 48 m² Ziegelmauer reinigen,
- unbekannte Strecke Fugen ausbessern.

3 Hofunterbau:
- falls noch brauchbar, 76 m² Schotterbett ebnen und abrütteln,
- 3 m³ Splitt liefern lassen und verteilen, ansonsten
- alten Unterbau entfernen und entsorgen,
- 16 m³ Schotter liefern lassen, verteilen und abrütteln.

4 Erhöhtes Beet bzw. Wasserbecken:
- 9 m² Bodenplatte gießen,
- Beet mit Ziegeln als 12 m² Sichtmauerwerk aufmauern,
- 12 lfd. Meter Randabdeckung befestigen,
- Fugen wasserfest abdichten oder Becken mit Folie auskleiden.

5 Pergola bauen:
- 11 Pfostenfundamente ausheben und ausgießen,
- 11 Pfostenschuhe montieren,
- Pergolaholz liefern lassen, zuschneiden, lasieren und aufbauen,
- Endlasur nach Montage vornehmen.

6 Pflastern:
- 30 m² Pflastern mit Granitsteinen 8 × 10 cm im einfachen Verbund in Splitt,
- davon 60 lfd. Meter mit Betonkeil versehen,
- Splitt einkehren.

7 Kiesbeete schaffen:
- 8 m³ Kies liefern,
- 43 m² Kiesfläche auffüllen und abrütteln.

8 Pflanzbeete mit Erde füllen:
- 3 m³ Pflanzerde liefern lassen,
- ca. 15 m² Pflanzbeete tiefgründig lockern und befüllen.

9 Pflanzarbeiten und Mulchdecke:
- 30 Kletterpflanzen liefern lassen, pflanzen, festbinden und angießen,
- Mulchdecke (Kies) ausbringen.

10 Gartenmöbel:
- 2 Parkbänke, 1 Tisch sowie 2 große Kübel liefern lassen und aufstellen,
- Kübel mit Erde befüllen und bepflanzen.

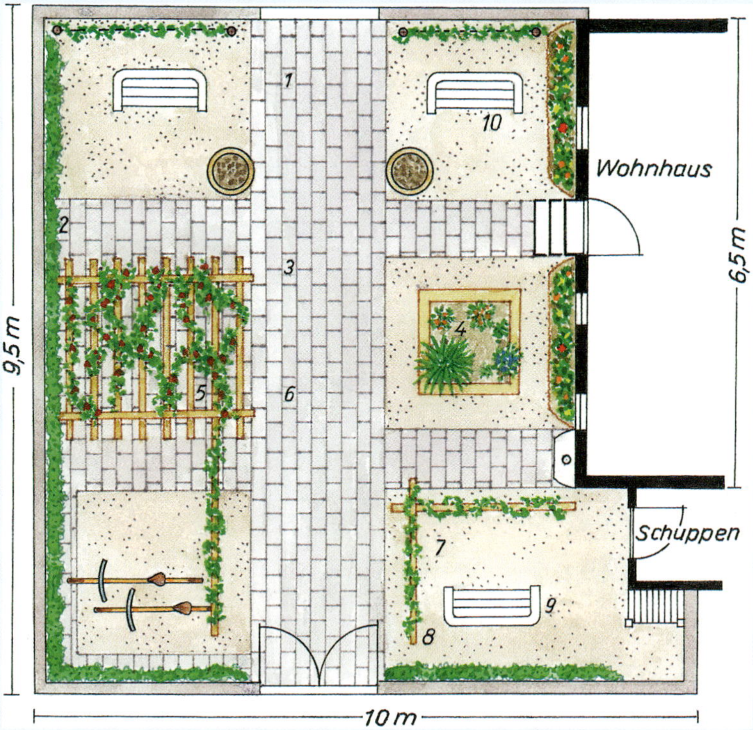

TIPP

Lassen Sie immer möglichst viel Material zusammen anliefern, das spart Speditionskosten und Sie können beim gleichen Händler nach Rabatten fragen. Bedenken Sie (und besprechen Sie mit dem Lieferanten) vor der Lieferung aber auch, wie die Materialien abgekippt und wo sie gelagert werden sollen, damit Ihnen zu früh gelieferte Materialien nicht im Wege sind. Sprechen Sie sich wegen Lieferung und Lagerung auch mit Nachbarn ab.

Betrachten Sie die markierte Baustelle anschließend kritisch von allen Seiten und vom Haus aus und vergessen Sie nicht, jeden Messpunkt mit seiner Höhe über (+) beziehungsweise unter (−) dem Nullpunkt im Plan einzutragen. Eine Liste der Messpunktnummern mit Erläuterungen als Legende zum Plan hilft, die Übersicht zu behalten.

Materialmengen und Kosten kalkulieren

Materialmengen für Flächen, z.B. die Terrasse, können aus einem guten Plan ermittelt werden. Mengen für Schüttgüter, wie Erde, Schotter und Sand, sind aus der Fläche und der benötigten Dicke der Schicht zu berechnen. Oft werden sie in Tonnen bestellt beziehungsweise geliefert, sodass Sie die Umrechnungsfaktoren kennen oder erfragen müssen. Die Kosten für Materialien setzen sich aus den Material- und den Lieferkosten zusammen. Es gibt dabei immer Preisabstufungen nach Mengen beziehungsweise Entfernungen. Wer Arbeiten an Firmen vergeben möchte, sollte vorher zwei oder drei Kostenvoranschläge von Firmen einholen. Geklärt werden muss hierbei jedoch, wer das Material bestellt beziehungsweise holt. Lassen Sie die Mengenberechnungen immer von der ausführenden Firma machen, denn sie ist dann auch für zu viel oder zu wenig geliefertes Material und dessen Qualität verantwortlich.

Einen Zeitplan erstellen

Bevor Sie Material bestellen, sollten Sie sich einen guten Zeitplan für die anstehenden Arbeiten machen. Neben Ihren persönlichen Prioritäten nach Wichtigkeit der Baumaßnahmen, müssen Sie bedenken, dass für viele Arbeiten eine genaue Reihenfolge eingehalten werden muss und dass nicht alle Arbeiten bei jedem Wetter ausführbar sind (siehe Seite 65). Ein guter Zeitplan hilft auch, die Arbeiten Schritt für Schritt zu planen und alles dazu Notwendige zu bedenken. Sie können sich auch eine Liste mit den benötigten Materialien, Werkzeugen und dem geschätzten Zeitaufwand machen. Eine übersichtliche grafische Darstellung der anfallenden Arbeiten, des Zeitverlaufs, des Materialbedarfs und seiner Lagerung könnte für Sie so ähnlich aussehen, wie die Grafik für das Beispiel einer Hofumgestaltung zeigt.

Vergessen Sie dabei nicht, dass Sie für die eine oder andere Arbeit neben dem passenden Werkzeug eine oder mehrere Hilfskräfte benötigen könnten. Nichts ist ärgerlicher, als wenn eine gut voranschreitende Arbeit stockt, weil ein Helfer fehlt. Wer keine Hilfe von Nachbarn, Freunden oder Verwandten annehmen möchte, kann sich auch nach einem Gartenbaubetrieb umsehen, der bereit ist, einzelne Schritte unter Mithilfe des Bauherrn auszuführen. Dies wird in der Regel nach Aufwand berechnet, da der Umfang der geplanten Mithilfe des Bauherrn vom Gartenbauer schwer zu kalkulieren ist. Besprechen Sie in einem solchen Fall aber immer die Haftungs-, Versicherungs- und Gewährleistungsfragen und halten Sie dies vertraglich fest.

Geländeveränderungen wirtschaftlich ausführen

Im Optimalfall wurde die Geländegestaltung zusammen mit dem Hausbau geplant und die richtige Menge an Boden, die nach dem Hausbau benötigt wird, vom Architekten berechnet. Die Firma, die Ihre Baugrube füllt, nimmt auch noch die nötigen Geländeanpassungen vor und Ihnen bleiben nur noch Feinarbeiten, die mit einer Schaufel zu leisten sind. Leider sieht die Wirklichkeit aber in den meisten Fällen anders

Oberboden (dunkel) und Rohboden (hell) müssen getrennt gelagert werden.

aus, sodass Sie noch eine Menge Erde zu viel, zu wenig oder am falschen Platz haben.

Geländeveränderungen sind unter Umständen eine Sache, die Sie nur einer Fachfirma überlassen sollten. Im ungünstigsten Fall müssen Sie einen Bagger bestellen, der größere Erdverschiebungen vornimmt. In diesem Fall müssen Sie vorher klären, ob überschüssiger Boden gelagert oder abgefahren wird, woher fehlende Erdmassen kommen, wo Erde verdichtet oder aufgelockert werden muss und auf welchen Wegen Bagger und Lastwagen fahren können, ohne den Boden weiter zu zerstören. Aber auch bei ebenen Grundstücken beziehungsweise wenn keine Geländeveränderungen anstehen, müssen Sie vor weiteren Gestaltungsmaßnahmen den Baustellenboden meist erst gründlich sanieren und dabei besonders alle Verdichtungen wieder auflockern.

Böden trennen und lockern

Beim Ausheben der Baugrube wurde der abgeschobene Ober- oder Mutterboden getrennt vom Unter- oder Rohboden gelagert. Für geplante Erdverschiebungen und Geländeveränderungen nach dem Hausbau eignet sich aber nur bindiger Rohboden, der dazu nicht mit Mutterboden vermischt werden darf. Für Geländeveränderungen nach dem Hausbau ist oft noch genügend Rohboden vorhanden oder Sie kalkulieren Abgrabungen und Anschüttungen so, dass sich die Mengen gegenseitig aufheben. Für Gefälle in nur einer Richtung können die benötigten Mengen anhand eines maßstabsgerechten Schnittbildes vom Gelände grafisch ermittelt werden. Gefälle in mehrere Richtungen oder komplizierte Formen von Hängen und Wällen sind schwieriger zu berechnen. Erfahrene Baggerfahrer beziehungsweise Gartenbauer können aber oft sehr gut optisch abschätzen, welche Mengen für welche Maßnahme benötigt werden. Achtung: Gelockerter Boden hat ein um ein Drittel höheres Volumen als im gewachsenen beziehungsweise im eingebauten Zustand.

Durch Baumaschinen und gelagertes Baumaterial verdichteter Boden hat dagegen ein geringeres Volumen und muss wieder gelockert werden, wenn Sie in Zukunft Spaß an Ihrem Garten haben möchten. Besonders lehmige Böden sind ohne Auflockerung nach dem Hausbau unbrauchbar für jegliche Pflanzung, denn sie enthalten kaum offene Poren für Luft und Wasser. Gehölze können in diesem Fall nicht wachsen und stehen in Herbst

TIPP

Lesen Sie aus dem gelagerten Rohboden beziehungsweise während Abgrabungen und Erdverschiebungen große flache Steine heraus, sparen Sie sich gegebenenfalls den Kauf von Steinen für den Bau von Trockenmauern. Falls Sie das Gestein nicht kennen, fragen Sie Ihren Architekten oder Ortsansässige, ob es genügend hart und frostfest für den Trockenmauerbau ist.

Richtige Oberbodenlagerung

Vor dem Baubeginn muss der Oberboden abgeschoben und in Mieten gelagert werden. Diese dürfen nicht höher als 1,5 m sein, damit sich der belebte Boden nicht verdichtet. Die Miete darf nicht begangen oder befahren werden. Sie kann mit einer Gründüngung eingesät werden, aber auch die spontan keimenden Wildkräuter schützen ihn. Die Lagerung sollte nicht länger als ein bis zwei Jahre dauern. Erst wenn alle Baustellenarbeiten abgeschlossen und der Unterboden ausreichend gelockert ist, kann der Oberboden wieder aufgebracht werden.

und Winter mit den Wurzeln im stauenden Wasser, Rasen vernässt und auf Wegen und Plätzen bilden sich Pfützen.

Häufig wird der Oberboden einfach über den verdichteten Unterboden geschoben, was zwar ordentlich aussehen mag, aber eine klare Täuschung ist. Der Oberboden kann sich nämlich mit dem verdichteten Unterboden nicht verzahnen, sodass er bei starkem Niederschlag oder Tauwetter an Böschungen abreißen und abrutschen kann. Auch für Sie wird ohne Bodenlockerung jede Maßnahme, z.B. das Graben eines Pflanzlochs oder das Setzen eines Pfostens, zur Tortur, sodass Sie darauf keinesfalls verzichten sollten. Beim Lockern müssen die Maschinen natürlich rückwärts arbeiten oder bereits ausgehobene und geschotterte Wege benutzen, um den Boden nicht weiter zu verdichten.

L-Steine aus Beton sind eine preiswerte Methode der Abstützung.

Wälle aufschütten und verdichten

Für alle Anschüttungen muss der verwendete Rohboden verdichtet werden, damit er nicht im Laufe der Jahre auf seine natürliche Dichte zusammensackt. Bei aufgeschütteten und schlecht verdichteten Terrassen können solche Setzungen häufig beobachtet werden.

Je nach Bodentyp muss der Baggerfahrer dazu die Erde in aufgefüllten Schichten von 30 bis 50 cm mit der Schaufel zusammendrücken. Für kleinere Flächen kommt oft ein Rüttler oder Handstampfer zum Einsatz. Trotz fachgerechter Verdichtung sollten Sie aber mit den Pflasterarbeiten auf Anschüttungen noch ein bis zwei Jahre warten.

Mit bindigem Boden und geeignetem Gerät lassen sich Geländemodellierungen wunderbar ausführen. Sie sollten jedoch in Form, Neigung und Höhe zur Umgebung passen. „Feldherrenhügel" mit 45° Böschung vor dem Haus sehen selten schön aus und lassen sich auch nur schwer bepflanzen und pflegen. Konkave Buckel kommen in der Natur wegen der allgegenwärtigen Erosion nicht vor und konvexe Hänge laufen am Fuß immer sanft aus. Mit überschüssigem Rohboden können Sie Lärmschutzwälle am Grundstücksrand herstellen. Wenn die zur Verfügung stehende Breite für einen zweiseitig angeböschten Wall nicht ausreicht, sollten Sie den Wall zur Straßenseite mit einer Stützmauer abfangen. Sie können diese als Trockenmauer bauen oder preiswerte Beton-Mauerscheiben beziehungsweise Beton-L-Elemente verwenden, die gut zu den üblichen Betonpflastersteinen öffentlicher Gehwege passen.

Mit überschüssigem Rohboden können Sie auch sanfte Hügel formen, einen Hang für Kinder mit abenteuerlichen Aufstiegen und einer Rutsche bauen. Modelliertes Gelände sieht oft wesentlich interessanter aus als eine ebene Fläche, allerdings sind immer die Proportionen zu beachten, damit auch wirklich ein natürliches Bild entsteht.

Falls Ihnen Erde fehlt, lohnt es sich, in der Nachbarschaft oder auf der Gemeindeverwaltung nachzufragen, ob jemand ein Zuviel an Bodenaushub bei Ihnen abladen möchte. Der Geber spart so die Deponie- und Sie die Materialkosten.

Unterschiedliche Steinformate lassen die hohe Trockenmauer leicht wirken.

Besondere technische Anforderungen stellen Böschungen dar, die an Gebäude oder frei stehende Mauern grenzen. Hier müssen einerseits die Drucklasten auf die Mauer durch das Erdreich berücksichtigt werden, die besonders beim Einbau und der stoßweisen Verdichtung der Erde auftreten, andererseits muss die Mauer mittels Isolieranstrichen oder -platten vor Nässe und zusätzlich vor mechanischer Beschädigung geschützt werden. Außerdem muss für eine geeignete Dränage und Entwässerung hinter der Mauer gesorgt werden, damit Wasser aus dem Erdreich abfließen und gefrierendes Wasser sich ausdehnen kann.

Steile Böschungen an Gebäuden oder Mauern sehen nicht nur unschön aus, sie lassen sich auch kaum begrünen und pflegen. Oft setzt sich auch der Hang noch und ein Stück der Mauer oder des Isoliermaterials wird sichtbar. Nachträglich aufgefüllte Erde kann aber nicht liegen bleiben, sondern rutscht immer wieder herunter, sodass solche Lösungen immer nach „Pfusch am Bau“ aussehen. Deshalb sollten Sie diese vermeiden und die Höhendifferenz lieber mit hintereinander gestaffelten Mauern abfangen. Dazu muss die jeweils darunter liegende Stufe immer genau so hoch sein, dass sie am Fuß der höher liegenden endet. So entstehen ebene Beete, die mit Erde aufgefüllt, bepflanzt, gemulcht und gepflegt werden können. Mit solchen Treppenbeeten können Sie auch Hän-

TIPP

Bedenken Sie bei der Gestaltung von Böschungen immer die nachfolgende Pflege der Bepflanzung, die umso schwieriger wird, je steiler ein Hang ist.

Trockenmauern sehen begrünt am schönsten aus.

Höhengestaffelte Abtreppungen lassen sich mit Natursteinen leicht selbst bauen.

ge gliedern, die Gefälle in zwei Richtungen aufweisen. Die Mauern verlaufen dann rechtwinklig oder abgerundet und enden mit einer Flanke im Gelände.

Hänge langfristig sichern

Steile Hänge im Garten sollten aus optischen und begrünungstechnischen Gründen immer mit Mauern oder Palisaden abgetreppt werden, damit nutzbare ebene Flächen entstehen. Bei großen Niveauunterschieden sehen mehrere stufenförmig hintereinander angeordnete Mauern besser aus als eine einzige hohe. Außerdem sind sie leichter auszuführen. Die statischen Anforderungen an eine Böschungssicherung wachsen mit der Höhe der Mauer im Quadrat, solange das dahintergefüllte Erdreich nicht höher als die Stützmauer ist. Ist das gestützte Erdreich als Hang ausgebildet, müssen auch diese Erdmassen hinzugerechnet werden, z.B. bei 45° Hangneigung die halbe Höhe des Hanges.

Mauern müssen aber noch andere statische Bedingungen erfüllen: Sie müssen sich selbst tragen, dürfen nicht kippen und auf ihrem Fuß nicht gleiten. Sie müssen deshalb frostfrei gegründet werden und die Bindigkeit des hinterfüllten Erdreichs muss richtig eingeschätzt werden, da Schubkräfte und Wasserableitung in verschiedenen Bodentypen unterschiedlich stark wirken. Hohe Stützmauern bedürfen außerdem einer fachgerechten Entwässerung und sollten immer vom Ingenieur geplant, vom Statiker gerechnet und nur vom Fachmann gebaut werden.

Die meisten Stützmauern können bis etwa 80 cm Höhe auch vom Laien ohne Maschineneinsatz aus Palisaden oder als Trockenmauern gebaut werden. Auch Pflanzelemente aus Beton für so genannte Grünwandsysteme können in Eigenleistung aufgestellt werden. Sie sind recht preiswert, sehen aber hässlich aus und sind schwer zu begrünen. Meist dienen sie als Verlegenheitslösungen bei schlechter Geländeplanung und vergessenen Mauern. Diese Betonelemente sollten Sie keinesfalls einfach übereinander stapeln, das sieht besonders plump aus. Bei versetzter Anordnung lassen sie sich bepflanzen, was ihren Anblick zumindest im Sommer erträglicher macht. Allerdings können sie auch nicht einfach mit Erdresten vom Aushub gefüllt werden, sondern es ist für ausreichende Dränage zu sorgen und das Pflanzsubstrat wie bei einer Kübelbepflanzung auf die gewünschte Bepflanzung abzustimmen (siehe Teil 3). Dabei wird jeder Kübel zunächst befüllt, bevor der nächste darüber gesetzt werden kann. Da die Pflanzelemente unten offen sind, ist das gar nicht so einfach. Achtung: In trockenen Ecken und unter Dachüberständen wächst natürlich auch im besten Substrat nichts.

Die rechteckigen Beton-Fertigelemente sind meist schwerer und können nur mit Maschinen von Fachfirmen gesetzt werden, die alle notwendigen statischen Voraussetzungen kennen.

Trockenmauern werden ohne Mörtel mit großen Steinen aufgeschichtet und sind in der Herstellung sehr teuer. Bis etwa 80 cm Höhe kann sie der Laie aber mit Geduld, Körperkraft und Ge-

TIPP

Bauingenieure planen gern ein vorkragendes Mauerfundament, damit die Mauer nicht kippen kann. Weil darüber aber keine größeren Pflanzen wachsen und auch Rasen schlecht gedeiht, sollten Sie auf einer L-förmigen Fundamentverbreiterung in den Hang hinein bestehen. Die Auflast der Erde sichert hier die Mauer von hinten gegen Kippen.

Möglichkeiten der Böschungssicherung

Böschungssicherung	Material	Empfohlene Höhe im Garten	Bemerkungen	Bepflanzung (Pflanzort*)
Gegossene Mauer, Mauerscheiben	Beton, Sichtbeton	bis 2 m	Bau nur vom Fachbetrieb	Gehölze (MF), überhängende Gehölze (MK), Selbstklimmer (MW)
Gemauerte Mauer	Betonstein, Klinker, Ziegel, Naturstein	bis 2 m	Bau nur vom Fachbetrieb	s.o.
Hinterbetonierte Mauer	Beton, davor Sichtmauerwerk s.o.	bis 2 m	Bau nur vom Fachbetrieb	s.o.
Trockenmauer	Naturstein	bis 1,2 m	Laie oder Gartenbauer	Stauden (MS), Zwerggehölze, Gräser, Farne (MK, MF)
Trockenmauersysteme	vorgefertigte Betonsteine	bis 1,5 m	Laie	s.o.
Gabionen/ Drahtschotterkörbe	Naturstein im Drahtkorb	bis 2 m, gestuft auch höher	Fachfirma mit Spezialmaschine	Kletterpflanzen (MW)
Pflanzelemente/ Grünwandsysteme	vorgefertigte Betonelemente	bis 2 m, gestuft auch höher	Laie, Helfer und Maschine empfehlenswert	Zwerggehölze, Gräser, Farne und Stauden in den Kübeln
U- und L-Steine	Beton	bis 1,5 m	Fachfirma	überhängende Gehölze (MK)
Palisaden, Stelen, Steinsäulen, Schwellen	Beton und Naturstein	bis 1,5 m	Fachfirma	hohe Gräser und Farne (MF)
Holzschwellen und -palisaden	Eiche, Lärche, Robinie	bis 1,5 m	Laie	überhängende Gehölze (MK), Gräser, Stauden (MF), Kletterpflanzen an Drähten (MW)
Stahlwände	Corten-Stahl	bis 1,5 m	Fachfirma	überhängende Gehölze (MK)

* MF = Mauerfuß, MK = Mauerkrone, MS = Mauerspalte, MW = Mauerwand

Gabionen (Drahtschotterkörbe)

Eine im Garten noch wenig bekannte und preiswerte Methode ist die Verwendung von Gabionen, auch Drahtschotterkörbe genannt. Sie sehen schlicht und gut aus und lassen sich mit Kletterpflanzen beranken. Die rechteckigen Gitterboxen oder Drahtgeflechtkörbe werden in der Regel im Maß von 1 m × 1 m × 2 m befüllt geliefert und übereinander gestapelt. Auch hier ist eine gestufte Höhenstaffelung mit schmalen Erdstreifen dazwischen die beste Möglichkeit einer dauerhaften Begrünung. Gabionen können aber auch mit Kletterpflanzen begrünt werden, die am Mauerfuß gepflanzt werden. Alle Schlinger und Winder benutzen das Gitter der Körbe als Rankhilfe, wenn ihnen Boden- und Klimabedingungen zusagen. Zwischen die Steine können Sie, im Gegensatz zur aufgeschichteten Trockenmauer, nichts pflanzen. Für besondere Geländesituationen können die Drahtkörbe aber auch vor Ort gebogen, befüllt und miteinander verdrahtet werden. Bei der Befüllung wird zwischen aufgeschichtetem, teilgeschichtetem (z.B. nur die Ansichtsseite) und geschüttetem Natursteinmaterial unterschieden, wobei letztere Variante die preiswerteste ist.

Rechts: Zyklopenmauern können nur mit Hilfe von Maschinen aufgeschichtet werden, kosten aber nicht viel, wenn heimische Steine Verwendung finden.

schick selbst aufschichten und so viel Geld sparen. Es eignen sich alle frostfesten Natursteine, die von Natur aus flach geformt sind (z.B. Schiefer) oder entsprechend ausgesucht beziehungsweise behauen wurden. Je maßhaltiger die Steine sind, desto teurer sind sie in der Anschaffung, aber umso schneller und einfacher geht das Aufschichten. Jeder Stein muss gut liegen und bei Bedarf mit kleineren Steinen verkeilt werden. Alle Fugen bleiben offen, das heißt, es wird auch keine Erde oder Lehm verwendet. Die sparsame Bepflanzung einiger Mauerfugen erfolgt während des Baus mit speziell dafür kultivierten Kleintopfstauden und lehmigem Substrat. Neben der Mauerfugenbepflanzung gibt es noch andere geeignete Pflanzen für den Mauerfuß und die Mauerkrone. Die Auswahl der Pflanzen erfolgt nach Himmelsrichtung und anderen Standortbedingungen. Bepflanzte Trockenmauern fügen sich sehr schön in den Garten ein und bereichern ihn, denn sie stellen besondere Lebensräume für Pflanzen und Tiere dar.

Übereinander gestapelte Betonpflanzelemente sehen meist nach Flickwerk aus.

Natursteine für den Trockenmauerbau sind sehr teuer. Geeignete Steine fallen aber manchmal beim Abriss von alten Scheunen oder Hausfundamenten an. Halten Sie die Augen auch beim Ausheben von Baugruben offen, wo in manchen Gegenden große flache Steine zutage treten.

Säulen aus Beton (runde Betonsäulen werden manchmal auch Betonpalisa-

Böschungssicherung flach geneigter Hänge

Flache Hänge können mit Steinen (siehe Bild), aber auch allein durch eine geeignete Bepflanzung gesichert werden.
Bis diese Pflanzen ein ausreichend dichtes Wurzelwerk gebildet haben, kann der Hang aber auch vorübergehend mit Faschinen, Flechtwerken und Buschlagen gesichert werden. Beim Faschinen- und Flechtwerksbau ist zwischen ausschlagfähigem und totem Material zu unterscheiden. Ersteres sind Bündel von drei- bis vierjährigen Weiden-, Erlen- oder Haselruten, die, zusammengebunden oder miteinander verflochten, quer in den Hang gelegt werden und bei ausreichender Erdfeuchte neu austreiben. Nach einigen Jahren ist der Hang durch ihr Wurzelwerk dauerhaft gesichert. Bei Faschinenbau mit totem Material muss gleichzeitig eine Bepflanzung erfolgen, die den Hang nach der Verrottung der Faschinen sichert.
Beim Buschlagenbau werden dazu bewurzelungsfähige verzweigte Triebe von Weiden senkrecht zum Gefälle und leicht schräg in Bündeln in den Hang gelegt und wieder abgedeckt. Beim Heckenlagenbau werden bereits bewurzelte Pflanzen verwendet. Die Pflege der hangsichernden Gehölzpflanzung beschränkt sich auf Radikalschnitte (oder abwechselndes auf den Stock setzen) im Abstand von fünf bis zehn Jahren.
Bei der Verwendung von Rollrasen oder Wiesensaatgut zur Hangsicherung müssen Sie dagegen immer die notwendige regelmäßige Pflege bedenken, die am Hang sehr schwierig und kräftezehrend ist.

TIPP

Planen Sie bei Böschungssicherungen immer gleichzeitig Ort, Verlauf und konstruktiven Anschluss für die Höhenüberwindung, z.B. als Treppe oder Rampe, sowie den Wegeverlauf mit. Das erspart Ihnen Geld und Ärger durch nachträgliches „Anflicken" sowie Umwege im Garten.

den genannt) sind bis zu einer Länge von etwa 100 cm handhabbar, ergeben aber nur eine Stützhöhe von etwa 65 cm, da sie zu etwa einem Drittel ihrer Gesamtlänge eingebaut werden müssen. Für höhere Säulen wird eine Maschine gebraucht. Runde Steinsäulen mit halbmondförmigen Aussparungen lassen sich leicht senkrecht und auch in kurvigem Verlauf in Magerbeton setzen. In der Höhe gestaffelt eingebaut, können mit senkrechten Betonsäulen auch Hangneigungen in zwei Richtungen gut abgefangen werden. Gleiches gilt auch für rechteckige, senkrecht gestellte Natursteinschwellen oder -säulen. Quer gelegt, können diese im Gegensatz zu runden Säulen auch übereck eingebaut werden sowie als Stufen für eine in die Mauer integrierte Treppe dienen.

Die Verwendung von druckimprägnierten Rundhölzern als Palisaden sollte wegen deren geringen Haltbarkeit zur Hangabstützung vermieden werden. Selbst mit Betonfundament und Folie oder Dachpappe als Dichtungsbahn auf der Hangseite verrotten sie nach 10 bis 15 Jahren an allen Stellen mit Bodenkontakt. Wesentlich haltbarer sind Palisadenmauern aus rechteckigen, senkrecht gestellten Holzschwellen. Heimisches Lärchen-, Eichen- oder Robinienholz ist dagegen ohne chemische Behandlung mit Erdkontakt 20 bis 30 Jahre haltbar. Wird der Erdkontakt durch konstruktiven Holzschutz zusätzlich vermieden, indem die Hölzer in ein Schotter-Splitt-Fundament gesetzt werden und die Hangseite dräniert wird, halten sie noch wesentlich länger.

Böden richtig beurteilen

In ebenen Gärten beziehungsweise nachdem die Geländeform endgültig modelliert ist, müssen Sie sich nun Gedanken über die richtige Bodenvorbereitung für die nachfolgende Oberflächengestaltung machen. Dazu sollten Sie Böden erkennen und beurteilen können. Eine gute Bodenvorbereitung kann Ihnen später viel Ärger und Pflegearbeit ersparen, denn nachträgliche Korrekturen lassen sich nur aufwändig und oftmals unter Zerstörung von Gartenteilen ausführen. Deshalb ist es sehr wichtig, dass der gelockerte Boden verbessert beziehungsweise an die Bedürfnisse der geplanten Pflanzen angepasst wird. Für alle den Boden verändernden Maßnahmen müssen Sie ihn jedoch vorher fachgerecht beurteilen.

Bodenarten erkennen

Bisher wurde nur zwischen Ober- beziehungsweise Mutterboden und Unter- beziehungsweise Rohboden sowie verdichtetem oder gelockertem Boden unterschieden. Dabei ist noch nichts über die Zusammensetzung beider Bodenarten bekannt. Sowohl die physikalische Struktur als auch die chemische Zusammensetzung und der biologische Zustand von Ober- und Unterboden sind wichtige Faktoren für das Pflanzenwachstum. Kleinere Stauden und Gräser begnügen sich mit den obersten 20 bis 30 cm Boden, während Gehölze mit ihren Wurzeln tief in den Unterboden eindringen, um sich dort mit Wasser und Mineralien zu versorgen.

Die physikalische Bodenstruktur ist für die Versorgung der Pflanzenwurzeln mit Luft und Wasser verantwortlich. Entsprechend ihrem Anteil an gröberen und feineren Partikeln teilt man die Bodenarten grob in Sand-, Lehm- und Tonböden sowie humose Böden ein. In der Regel kommen sie nicht rein, sondern in gemischter Form vor. Mit gemischten Korngrößen weisen sie ein günstiges Verhältnis luftführender Grob- und wasserführender Feinporen auf. Kommen organische Teilchen hinzu, steigt das Quell- und Wasserhaltevermögen.

Beim Ausschachten können Sie die Bodenverhältnisse optisch recht gut selbst am Bodenprofil beurteilen: bewurzelter Mutterboden (dunkel), Rohboden (hell).

Beurteilung von Böden nach ihrer physikalischen Struktur

- Sandige Böden rieseln durch die Finger, sind nicht formbar, trocknen schnell aus, sind leicht zu bearbeiten und arm an Nährstoffen.

- Lehmiger Boden klebt an den Fingern, ist formbar, hält das Wasser lange fest, neigt beim Austrocknen zu Rissbildung und ist schwer zu bearbeiten.

- Humose Böden sind locker in ihrer Struktur, dunkel gefärbt, haben ein hohes Wasserspeichervermögen, duften nach Pilzen und sind leicht zu bearbeiten.

Eine erste physikalische Beurteilung kann auch der Laie mittels einfacher Fingerprobe abgeben.

In der Regel kommen in der Natur, wie bereits gesagt, keine der oben genannten Reinformen vor, sondern immer Mischungen mit verschiedenen Anteilen an Sand, Lehm und Humus. Die Schlämmprobe zeigt die Anteile der Fraktionen gemäß ihrem spezifischen Gewicht. Dazu wird ein Standzylinder (ein hohes zylindrisches Glas ist ebenso verwendbar) etwa zur Hälfte mit der Bodenprobe und der Rest mit Wasser aufgefüllt. Dann wird gut geschüttelt. Anschließend muss das Glas einen längeren Zeitraum ruhig stehen. Nach Ablauf einer bestimmten Zeit wird die Schichtung der sich absetzenden unterschiedlichen Korngrößen erkennbar und deren Anteile können abgemessen werden (siehe Seite 77).

Die chemische Zusammensetzung des Rohbodens wird von den vorkommenden Gesteinsarten bestimmt. Beim Mutterboden hat aber auch der biologische Zustand des Bodens Auswirkungen auf pH-Wert, Mineralstoffgehalt und Anteil an organischen Substanzen.

Roh- und Oberboden können Sie in getrennten Proben von einem Bodeninstitut analysieren lassen, es gibt aber auch einfache Methoden für Laien. Den pH-Wert können Sie selbst ausreichend genau ermitteln, indem Sie einige Teelöffel der jeweiligen Schicht mit destilliertem Wasser vermischen und anschließend ein Teststäbchen aus der Apotheke hineinhalten. In der Regel werden Sie einen pH-Wert zwischen 6,5 und 8 ermitteln, was als leicht sauer bis leicht alkalisch und damit optimal für die meisten Gartenpflanzen angesehen werden kann. Saure Böden (Werte unter 6,0) können mit Kalk (z.B. Algenkalk) neutralisiert werden. Alkalische Böden sind ein Glücksfall und sollten nicht neutralisiert werden, denn auf ihnen wachsen die schönsten Blütenpflanzen. Der Mineralstoffgehalt lässt sich nicht so leicht selbst ermitteln, es gibt aber Testsets mit genauen Anleitungen, die auch der Laie benutzen kann.

Entscheidend für den biologischen Zustand des Bodens ist sein Anteil an Lebewesen, besonders der Mikroorganismen. So sorgen in einer Hand voll Mutterboden Millionen von Bakterien und Pilzen, aber auch höhere Tiere, wie Würmer und Gliederfüßer, für den Abbau organischer Stoffe in pflanzenverfügbare Mineralstoffe. Zum Bodenleben gehören auch die Pflanzenwurzeln selbst, die durch Ausscheiden von Schleimstoffen gebundene Mineralien lösen, denn die Nährstoffe im Boden sind an die Ton-Humus-Komplexe, Verbindungen von Tonteilchen und verrotteten organischen Substanzen, gebunden. Bevor Sie Ihren Gartenboden verdammen oder verbessern, sollten Sie deshalb wissen, um welchen Boden es sich handelt.

Beim Kauf von Mutterboden ist meist unbekannt, wo dieser herkommt und wie stark er mit Samen unerwünschter Wildkräuter und Pflanzenschutzmitteln verunreinigt ist. Mischen Sie sich lieber selbst eine humose Pflanzerde aus eigener lehmiger Aushuberde, Sand und sterilem Deponiekompost zu etwa gleichen Teilen.

Untergründe richtig vorbereiten

Für die anschließende Verteilung des Bodens muss klar sein, an welcher Stelle Wege und Plätze und wo Pflanzflächen geplant sind. Für Pflasterflächen und wassergebundene Decken brauchen Sie keine gute Erde, sondern einen wasserdurchlässigen Unterbau aus grobem Schotter. Gleiches gilt für Magerstandorte, wie Schotterrasen und Steingärten. Aber auch viele Wildpflanzen bevorzugen magere Standorte, sodass nährstoffreicher Oberboden nur an Stellen benötigt wird, die intensiv bepflanzt werden sollen.

Verteilen Sie den empfindlichen Mutterboden erst kurz vor beziehungsweise bei der Bepflanzung und nur dort, wo viele Nährstoffe gebraucht werden, z.B. für Gehölzpflanzungen und im Nutzgarten. Decken Sie die Fläche so lange mit einer dunklen Folie oder starker Pappe ab, bis sie dicht bepflanzt und gemulcht wird. Das verhindert das Keimen unerwünschter Samen. Sie können aber auch gleich eine dicke Mulchschicht aufbringen und später für die Pflanzung stellenweise beiseite schieben.

Der Rohboden ist modelliert und gelockert, Wege und Plätze sind ausgehoben, der abgeschobene Oberboden liegt bereit. Jetzt besteht Ihre Arbeit darin, den passenden Unterbau für Wege und Plätze sowie die richtige Bodenzusammensetzung für die Pflanzungen herzustellen. Es lohnt sich auch hier, erst gründlich nachzudenken und einen Arbeitsplan zu machen, damit die gleiche Erde nicht mehrmals auf die Schaufel genommen werden muss und so viel Energie und Zeit vergeudet wird.

Standzylinder mit Schlämmprobe.

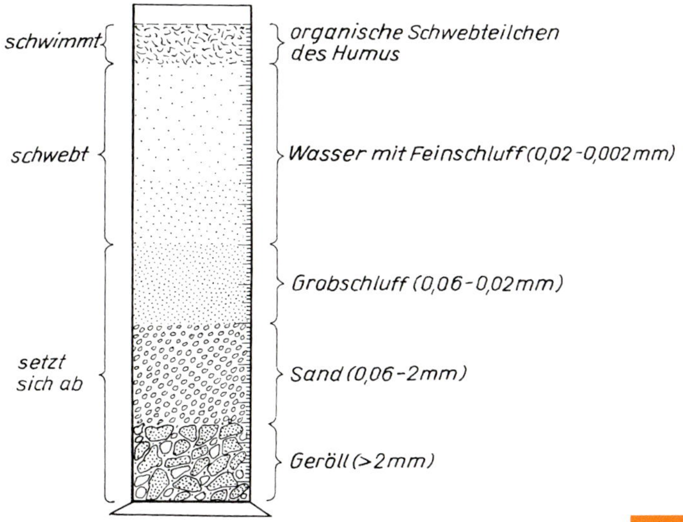

Zum Verständnis sei hier ein Beispiel genannt: Sie wollen die Terrasse pflastern. Dazu müssen Sie als Vorarbeit 16 m^2 Terrasse 30 cm tief auskoffern. Die 5,3 m^3 Rohboden müssen gelagert beziehungsweise an anderer Stelle eingebaut werden. Das Planum unter der Terrasse muss verdichtet, gegebenenfalls muss auch eine Entwässerung eingebaut werden. Dann müssen die Zuschlagstoffe, hier Schotter, auf einem Weg, der dadurch verdichtet wird, herangefahren werden. Die anschließende Bearbeitung ist hier das Abrütteln der Schotterschicht. Die gelagerte Erde wird an anderer Stelle, eventuell mit Zuschlagstoffen gemischt, wieder verwendet.

Im Falle einer Heckenpflanzung sieht der Arbeitsplan anders aus: Sie müssen den Pflanzgraben ausheben und das Material seitlich lagern. Der Boden im Graben muss gelockert werden. Die Zuschlagstoffe, wie Kompost, gegebenenfalls Mutterboden und Hornspäne, müssen herangeschafft und unter den ausgehobenen Rohboden gemischt werden. Vorher sind größere Steine herauszulesen. Der Graben kann nun mit der Mischung aus Rohboden und Humus teilweise wieder gefüllt werden, der Rest abgefahren oder an einer anderen Stelle wieder verwendet werden. Oder Sie verwenden den Rohboden gleich an anderer Stelle und füllen nur Mutterboden in den Pflanzgraben ein, Zuschlagstoffe, außer den Hornspänen, entfallen dann. Allerdings müssen Sie nach der Pflanzung eine dicke Mulchschicht aus Holzhäcksel oder Rindenschrot aufbringen, um das keimende Unkraut aus dem Mutterboden halbwegs zu unterdrücken.

Erden sinnvoll verbessern

Der Rohboden hat als Trag- und Wasserleitschicht Auswirkungen auf alle darüber gebauten Gartenteile, auch unbegrünte, wie Gebäude, Wege und Plätze. In gewachsenem Boden werden Fundamente gegründet, Pfosten eingeschlagen und Entwässerungen verlegt. Alle Unterbauten von Wegen und Plätzen müssen in Aufbau und Schichtdicke an die Bodenverhältnisse angepasst werden. Große Gehölze wurzeln im Rohboden, aber auch viele kleinere Pflanzen sind von den Bedingungen des Unterbodens abhängig.

Mittels Bodenverbesserung müssen die vorhandenen Böden mit mehr oder weniger großem Aufwand für einen bestimmten Zweck angepasst werden.

TIPP

Verdichtete lehmige Böden können auch mit einer Gründüngung gelockert und auf die Bepflanzung vorbereitet werden. Dies hat außerdem den Vorteil, dass die gesäten Pflanzen unerwünschtes Unkraut unterdrücken. Abgefrorene Gründüngungspflanzen liegen im Winter als schützende Mulchdecke über dem Boden und verhindern das Verschlämmen.

Zuschlagstoffe für verschiedene Bodentypen und Pflanzungen

Pflanzung	Zuschlagstoffe	Einarbeitung
Sandige Böden		
Wiese, Magerrasen	nicht nötig	ggf. Mulden auffüllen
Rasen	etwas Kompost	in oberste 20 cm unterharken
Stauden	etwas Kompost	unterharken, mulchen
Gehölze	viel Kompost	im Pflanzloch mit der Erde mischen
Nutzgarten	viel Kompost	etwa 30 cm tief unterharken, mulchen
Lehmige Böden		
Wiese, Magerrasen	viel Sand	unterfräsen
Rasen	Sand	unterfräsen
Stauden	etwas Sand und Kompost	unterfräsen
Gehölze	etwas Kompost	im Pflanzloch mischen
Nutzgarten	viel Kompost	unterfräsen oder -graben

Gründüngungspflanzen und ihre Wirkung (nach Stein 1999, ergänzt)

Pflanzenname	Saattermin (winterhart)	Saatmenge/m²	Geeignet für Bodenarten	Bemerkungen
Acker-Bohne (*Vicia faba* var. *minuta*)	2 bis 7 (–)	20 g	alle	Tiefwurzler, Stickstoffsammler
Gelbe Lupine (*Lupinus luteus*)	4 bis 8 (–)	20 g	leichte	Tiefwurzler, Stickstoffsammler
Echter Buchweizen (*Fagopyrum esculentum*)	5 bis 6 (–)	10 g	saure	Bienenweide
Erd-Klee (*Trifolium subterraneum*)	5 bis 7 (–)	3 g	alle	Hummelweide, auch Untersaat für Beerensträucher
Futter-Esparsette (*Onobrychis viciifolia*)	3 bis 8 (–)	4 bis 5 g	lehmige	Stickstoffsammler
Deutsches Weidelgras (*Lolium perenne*)	3 bis 8 (+)	8 bis 10 g	alle	viel Wurzelmasse
Acker-Senf (*Sinapis arvensis*)	4 bis 9 (–)	10 g	schwere, lehmige	schnellwüchsig, nicht auf sandigen Böden verwenden
Inkarnat-Klee (*Trifolium incarnatum*)	5 bis 6 (+)	3 bis 4 g	leichte	Stickstoffsammler
Luzerne (*Medicago sativa*)	4 bis 8 (+)	2 g	schwere, lehmige	Stickstoffsammler, Tiefwurzler
Öl-Rettich (*Raphanus sativus* var. *oleiformis*)	8 bis 9 (–)	4 g	alle	Tiefwurzler, einige Sorten helfen gegen Nematoden
Persischer Klee (*Trifolium resupinatum*)	4 bis 8 (+)	4 g	alle	Stickstoffsammler
Büschelschön (*Phacelia tanacetifolia*)	4 bis 9 (–)	1,5 g	alle	wächst schnell
Futter-Erbsen (*Pisum sativum* ssp. *sativum* Arvense-Gruppe)	4 bis 9 (–)	25 g	alle	Stickstoffsammler
Winter-Roggen (*Secale cereale*)	6 bis 11 (+)	15 g	alle	guter Erosionsschutz im Winter
Serradella (*Ornithopus sativus*)	5 bis 8 (+)	20 bis 25 g	alle	Stickstoffsammler
Winter-Raps (*Brassica napus*)	7 bis 9 (+)	2 g	alle	viel Pflanzenmasse
Winter Futter-Wicke (*Vicia sativa*)	9 bis 10 (+)	15 g	alle	guter Bodendecker
Sommer Futter-Wicke (*Vicia sativa*)	6 bis 7 (–)	18 g	alle	Stickstoffsammler
Spinat (*Spinacia oleracea*)	3 bis 9 (+)	10 g	alle	essbar
Studentenblume (*Tagetes patula* in Sorten)	5 bis 7 (–)	1 g	alle	gegen Nematoden

(–) = nein, (+) = ja

Dazu wird in erster Linie die physikalische Zusammensetzung mittels verschiedener Zuschlagstoffe verbessert oder der Boden wird durch mineralische Schüttstoffe, wie Schotter oder Kies, in einer vorgegebenen Schichtdicke ersetzt. Da wir im Garten die unterschiedlichsten Bauwerke, Flächen und Vegetationen auf kleinstem Raum unterbringen wollen, müssen wir vorher zu jedem die passenden Bodenbedingungen schaffen. Dabei ist aber immer der Aufwand zu bedenken. Meist ist es ökonomischer, eine Pflanzung an die gegebenen Bodenverhältnisse anzupassen, als mit viel Energie- und Materialeinsatz einen Boden zu verändern.

Umgestaltungen vergnüglich organisieren

Eingewachsene Gärten und vom Bau unberührte Gartenteile haben den Vorteil, dass der Boden in der Regel gesund und nicht durch Baumaschinen zerstört ist. Die Ausführung von Gartenumgestaltungen in bebauten und umzäunten Grundstücken ist allerdings oft dadurch erschwert, dass keine beziehungsweise nur sehr kleine Maschinen auf das Grundstück kommen. So ist häufig nur ein Arbeiten mit Muskelkraft möglich. Wer die erhaltenswerten Gartenteile möglichst schonen will, muss auch hier einen genauen Arbeitsplan aufstellen. Da der Garten gleichzeitig genutzt wird, müssen auch noch die Jahreszeiten beachtet werden. Außerdem sollte auf die Tiere im Garten Rücksicht genommen werden, das heißt, der Frühling eignet sich nicht unbedingt zum Fällen von Bäumen oder Roden von Hecken.

Bevor Sie entscheiden, ob Sie einen Gartenbaubetrieb beauftragen, mit Freunden und Verwandten arbeiten oder alles allein machen, sollten Sie deshalb eine genaue Bestandsaufnahme der erforderlichen Arbeiten machen.

Eine preiswerte Gründüngung lockert den Boden und bereitet ihn auf die Bepflanzung vor.

Gartenrenovierungen planen

Machen Sie sich einen genauen Bestandsplan aller erhaltenswerten (fett oder farbig gezeichnet) und aller zu ändernden Gartenteile. Listen Sie diese mit Größen- beziehungsweise Massenangaben auf. Überlegen Sie genau, welche Erdmassen und Materialien an anderer Stelle verwendet werden sollen. Bereiten Sie die Baustelle so vor, dass Sie kein Teil zweimal aufladen und abkippen müssen. Dazu ist ein genauer Zeitplan unerlässlich. Es ist hilfreich, die einzelnen Gartenteile mit Nummern oder Projektnamen zu versehen und nach der Priorität ihrer Umgestaltung zu ordnen. In einer Liste können Größe der Fläche, Masse anfallender beziehungsweise benötigter Materialien, Kosten, Anzahl benötigter Helfer und Maschinen sowie die günstigste Jahreszeit eingetragen werden. Schonen Sie alle erhaltenswerten Gar-

tenteile und bedenken Sie alle Fahrwege. Auch das Fahren mit einer beladenen Schubkarre verdichtet den Boden. Erde und Sand werden am besten auf einer ausgebreiteten Folie abgelagert, Steine auf Brettern oder Paletten. Auch abgestochene Grassoden können einige Zeit im Halbschatten feucht gelagert und danach wieder verwendet werden. Erhaltenswerte Bäume müssen auch im Wurzelbereich geschützt werden. Abgrabungen und Verdichtungen in einem Bereich, der in etwa dem Kronendurchmesser entspricht, schädigen die Gehölze meist irreparabel. Deshalb ist es zu empfehlen, den Wurzelbereich mit mehreren Pflöcken und rotweißem Signalband abzugrenzen. Der Stamm kann mit einer Bastmatte umwickelt werden oder Sie stellen mehrere Bretter darum und binden diese zusammen.

Beim Fällen von Gehölzen müssen Länge und Fallrichtung genau bestimmt werden. Ein direkt auf den Boden auftreffender Stamm hinterlässt oft tiefe Rinnen und Bodenverdichtungen bis im Umkreis und in der Tiefe von einem Meter. Dies kann durch das Auslegen einer dicken Schicht Äste und Zweige, die zuvor abgeschnitten wurden, verhindert werden.

Die meisten Materialien, die bei Umgestaltungen anfallen, lassen sich im Garten sinnvoll wieder verwenden und müssen nicht aufwändig entsorgt werden. Wer dies bei der Planung bedenkt, kann viel Zeit und Geld sparen (siehe Teil 4).

Falls Sie Pflanzen umsetzen wollen, kann es sinnvoll sein, sie zur Blütezeit mit einem Namensschild zu versehen, damit Sie im Herbst beziehungsweise Winter noch wissen, um welche es sich handelt.

Aktionen mit Freunden ausführen

Viele Arbeiten können Sie selbst beziehungsweise mit Hilfe einiger Familienmitglieder oder Freunde ausführen. Dass alle benötigten Materialien und Werkzeuge zur Verfügung stehen, wenn diese zum Helfen anrücken, ist ebenso selbstverständlich, wie bereitgestellte Getränke und eine zünftige Mahlzeit. Ein gut vorbereiteter und organisierter Arbeitstag kann viel Spaß machen und Sie sparen dabei eine Menge Geld. Bedenken Sie aber auch das Risiko von Unfällen auf der Bau-

Eine gemeinsame Aktion mit Freunden schont den Geldbeutel und macht viel Spaß.

TIPP

Das Fällen von großen Gehölzen sollten Sie immer einem Fachbetrieb überlassen, der für eventuell auftretende Schäden an Ihrem Haus und Nachbargebäuden haftet. Trotz der Kosten dafür kann das wesentlich billiger sein, als Schäden an Gegenständen oder gar Personen, denn Ihre eigene Haftpflichtversicherung übernimmt Sach- und Personenschäden durch selbst gefällte Bäume in der Regel nicht.

Für schonende Gartenumgestaltungen ohne Möglichkeiten für den Maschineneinsatz sind Helfer besonders willkommen.

TIPP

Es lohnt sich kaum, schwere Erdarbeiten selbst in Handarbeit zu übernehmen oder die Kräfte seiner Freunde zu verschleißen. Der Rücken beschwert sich schnell über die ungewohnte Arbeit und es können sogar bleibende Schäden entstehen. Ein geübter Gärtner hat dagegen mit Spezialmaschinen in einigen Stunden erledigt, wozu Sie Wochen der Handarbeit benötigen.

stelle, besonders wenn Kinder dabei sind. In diesem Fall sollte eine geeignete Person mit der Aufsicht betraut werden, für Ihre erwachsenen Helfer sollten Sie unbedingt eine Versicherung abschließen.

Am leichtesten finden Sie Helfer, wenn Sie ihnen das geplante Projekt genau schildern. Ein lustiger Titel mit der Ankündigung eines deftigen Essens kann nicht schaden. Geben Sie den Zeitraum der Arbeit ebenso an wie mitzubringende Geräte und Tipps für die richtige Kleidung. Bereiten Sie die Baustelle gut vor, indem Sie Geräte, Stromversorgung, Wasser und (alkoholfreie) Getränke bereitstellen. Teilen Sie Ihre Helfer ein und binden Sie jeden mit ein. Auch für bereitwillige Freunde mit Rückenproblemen oder „zwei linken Händen" lassen sich verantwortungsvolle Aufgaben finden. So sollte eine erwachsene Person immer für die Sicherheit zuständig sein und herumliegende Geräte aufsammeln, Kabel sichern und den Verbandskasten bereithalten. Natürlich muss auch für ein gutes Essen gesorgt sein. Zu schwer sollten die Speisen aber nicht sein, da die Helfer nach einem üppigen Mahl manchmal nur schwer wieder zur Arbeit zu motivieren sind. Ein Imbiss am frühen Mittag und Kuchen am Nachmittag sind auch relativ problemlos vorzubereiten.

Sie sollten sich jedoch mit den Eigenleistungen nicht übernehmen und Verwandte und Freunde nicht überfordern. Falls Sie aus Zeitgründen, wegen fehlender Helfer oder aus Geldmangel an Grenzen des Machbaren stoßen, müssen Sie überlegen, welche Arbeiten zurückgestellt werden können. So kann z.B. das Pflastern von Wegen und Plätzen aufgeschoben werden, für einige Zeit ist es auch einmal vertretbar, auf der Schotterschicht zu fahren beziehungsweise zu laufen. Dort, wo durch fehlendes Feinplanum und Pflastersteine die Höhenanschlüsse nicht stimmen (in der Regel etwa 10 cm), können Sie eine Rampe aus Schotter oder Schalbrettern errichten.

Mitgebrachte Werkzeuge sollten mit dem Namen des Besitzers wasserfest beschriftet werden, damit es hinterher keine Verwechslungen gibt.

Aufträge an Profis vergeben

Nicht immer spart es wirklich, wenn Sie alles selbst machen. In vielen Fällen ist eine Auftragsvergabe an einen Fachmann rationeller als die Durchführung in Eigenregie. Dies gilt besonders, wenn es sich um technisch schwierige Projekte, die Fachwissen voraussetzen oder den Einsatz von Maschinen, deren Handhabung Übung erfordert, handelt. Die generelle und oft geäußerte Unzufriedenheit mit Handwerkern sollte Sie nicht davon abhalten, sich nach einem geeigneten Gartenbaubetrieb umzusehen. Meist sind es Verständigungsprobleme zwischen Auftraggeber und Ausführendem, die zu Ärger führen. Dabei zeigt sich oft, dass Bauherren, die über keinerlei

Fachwissen und handwerkliche Erfahrungen verfügen, mehr klagen als solche, die mit den Schwierigkeiten des Bauens praktisch vertraut sind.

Aber auch andere Arbeiten können oftmals aus Termingründen nicht selbst durchgeführt werden und natürlich ist auch der beauftragte Gärtner an viele äußere Gegebenheiten gebunden. So können manche Erdarbeiten nur bei abgetrocknetem Boden, Gehölzpflanzungen meist nur im Herbst und Mauerarbeiten nur an frostfreien Tagen durchgeführt werden. Außerdem sind die Auftragsbücher guter Gartenbauer für die günstigen Jahreszeiten schon lange im Voraus voll, sodass sich langfristige Planung und Auftragsvergabe immer lohnen. Das Fällen großer Bäume sollten Sie immer einem Spezialbetrieb überlassen, weil es in der Regel billiger kommt als ein zerstörtes Dach beim Nachbarn. In Kostenvoranschlägen von Gartenbaubetrieben sind auch die Entsorgungskosten aufgeführt. Überlegen Sie vorher, ob anfallendes Material nicht sinnvoll im eigenen Garten verwendet werden kann, sparen Sie diese Kosten sowie weitere für neues Material. So können gerodete Bäume zu Kompostbehältern, Schaukelgerüsten, Wegeinfassungen oder Feuerholz verarbeitet werden. Planen Sie das vorher, kann der Gärtner beim Fällen gleich die passenden Stücke zuschneiden.

Je besser Sie sich, auch über Arbeiten, die Sie nicht selbst ausführen wollen, informiert zeigen, desto reibungsloser funktionieren Verständigung, Auftragsvergabe und Abwicklung der Baustelle mit einem Fachbetrieb.

Kostenvoranschläge werden in der Regel nach den Flächen (in m^2), dem Volumen oder Gewicht (in m^3 oder t), den Längen (in m oder lfd. Metern) sowie Stückpreisen erstellt. Haben Sie einen eigenen Garten- beziehungsweise Umgestaltungsplan, können Sie die veranschlagten Kosten gut nachvollziehen. Manche Arbeiten werden aber auch nach Aufwand – das sind die tatsächlichen Arbeitsstunden multipliziert mit den Arbeitskräften – berechnet. Dies ist aber nur üblich, wenn der Gartenbauer nicht genau abschätzen kann, was auf ihn zukommt. Zusätzlich fallen immer Materialkosten sowie Baustelleneinrichtungskosten, Maschinenkosten und Entsorgungsgebühren an. Auch Strom- und Wasserverbrauch gehen zu Ihren Lasten, jedoch keine vom Gärtner verursachten Pannen.

In Neubaugebieten kann es sich lohnen, eine Gartenbaufirma gemeinsam mit einem oder mehreren Nachbarn zu bestellen. Die Verträge müssen zwar einzeln ausgestellt werden, aber durch die Einrichtung einer gemeinsamen Baustelle und gleichzeitige Anlieferungen sowie die Größe des Auftrags kann das Angebot für jeden Einzelnen deutlich günstiger ausfallen.

TIPP

Holen Sie immer mindestens zwei Kostenvoranschläge ein und vergleichen Sie die Leistungen und Preise genau. Nicht immer ist der billigste Anbieter auch der beste, sodass Sie nach Referenzbaustellen fragen sollten, wo Sie sich bei der Bauherrschaft über deren Erfahrungen mit dem Unternehmer informieren können.

Technisch schwierige Arbeiten sollten Sie ausgebildeten Fachleuten überlassen.

Befestigte Flächen ohne Umwege

Die Wegbreite wird davon bestimmt, ob es sich um einen Haupt- oder Nebenweg handelt.

Nachdem alle Geländeveränderungen und Bodenvorbereitungen im Garten ausgeführt wurden, steht die Gestaltung von Wegen, Treppen und Plätzen an. Es gibt eine Vielzahl von Bauweisen und Materialien für die Oberflächen- und Randgestaltung, sodass es anfangs nicht einfach ist, eine Wahl zu treffen. Bleiben Sie auch hier dem Motto des Buches treu und entscheiden Sie sich für eine solide, zeitlose und pflegeleichte Bauweise. Wenn die Funktion die Form bestimmt, die Nutzer das Maß sind und das Material zu Haus und Umgebung passt, stimmen meist auch die Proportionen und der Stil.

Wege und Treppen vernünftig bauen

Wege erschließen verschiedene Gartenteile und Funktionsbereiche, sie trennen unterschiedliche Oberflächen voneinander ab und geben einem Garten ein charakteristisches Gesicht.

In Gärten mit Höhenunterschieden benötigen Sie Rampen und Treppen als Sonderformen von Wegen, die den Garten ebenfalls als Gestaltungselement prägen. Sie müssen sich in Größe und Verlauf sowohl dem Geländeverlauf als auch ihrem Nutzungszweck anpassen. Bei allen ästhetischen und nützlichen Überlegungen darf jedoch nie der Sicherheitsaspekt aus den Augen gelassen werden. So gehören Geländer und Beleuchtung ebenso zu Rampen und Treppen wie eine griffige Oberfläche und das richtige Stufenmaß.

Ebene Gehwege sinnvoll anlegen

Im ebenen Gelände sind Wege am einfachsten zu bauen. Für die Planung muss allerdings vorher entschieden werden, ob es sich um einen Haupt- oder Nebenweg handelt. Die Nutzung entscheidet maßgeblich über die Breite, die Wegeführung und das Belagsmaterial eines Weges, ästhetische Überlegungen beeinflussen seinen Verlauf, seine Oberflächengestaltung

und Farbe. Rationell denkende Gartenbesitzer kalkulieren vor dem Bau auch Pflege, Mehrfachnutzung und Randgestaltung mit ein.

Für einen häufig benutzten Hauptweg sollte man eine Breite von mindestens 120 cm kalkulieren, damit zwei Personen nebeneinander gehen beziehungsweise sich begegnen können. Führt dieser Weg an einer Hecke oder Mauer vorbei, müssen Sie mindestens 30, besser 50 cm davon abrücken, um genügend Bewegungsfreiheit für die Arme zu schaffen. Für seltener benutzte Nebenwege genügt meist eine Breite von 40 bis 60 cm, um alleine darauf zu gehen. Sie sollten aber Verbreiterungen als Ausweichstellen und zum Abstellen von Geräten, Körben oder Schubkarren einplanen.

Die Größe eines Weges wird aber auch von seiner Länge bestimmt. Je größer der Garten und damit je länger ein Weg ist, desto großzügiger sollte auch die Wegbreite sein. Ist der Garten klein, kann mit variierenden Wegbreiten mehr optische Tiefe und damit ein größerer Garten vorgetäuscht werden. Ist der Garten lang und schmal, kann ein diagonal verlaufender Weg eine größere Grundstücksbreite vortäuschen.

Eine rationelle Wegeführung wird vom Ausgangs- beziehungsweise Zielort bestimmt und verbindet beide auf kürzester Strecke miteinander. Da dies jedoch unnatürlich aussieht, sollten Sie im Garten eher die buddhistische Weisheit „der Weg ist das Ziel" zum Gestaltungsprinzip erheben. Wege mit leicht geschwungenem oder seitlich versetztem Verlauf fügen sich besser in Pflanzflächen ein, sie verleiten zum Entdecken und Verweilen und sind damit organischer als gerade verlaufende.

Durch die feste Oberflächengestaltung und den Unterbau eignen sich Wege auch hervorragend zum Abgrenzen verschiedener Flächen im Garten. So kann ein Weg beispielsweise zwischen Staudenbeet und Rasen verlaufen und verhindern, dass Letzterer in das Beet wuchert. Oder er trennt eine Kiesfläche von einer Pflanzfläche und verhindert so die Durchmischung von Erde und Steinen.

Wenig belastete Gehwege im ebenen Garten kommen meist ohne Kante aus. Bei stärker belasteten Fahrwegen und Gehwegen mit Quergefälle müssen die Pflastersteine seitlich gegen das Verrutschen gesichert werden. Dies kann auf verschiedene Weise geschehen:

- bei gerade beziehungsweise rechtwinklig verlaufenden Wegen mit Fertigteilen als Kante (eine veraltete und ziemlich hässliche Methode, die zudem die Pflege erschwert),

Treppen, Wege und Plätze sollten in Form, Größe und Belagsmaterial gut aufeinander abgestimmt werden und zum Haus passen.

TIPP

Bestimmen Sie die endgültige Wegbreite erst, wenn Sie das Oberflächenmaterial gewählt haben, damit Sie Steine oder Platten nicht aufwändig zuschneiden müssen.

- mit passenden höheren Pflastersteinen (Palisaden), die tiefer in das Schotterbett beziehungsweise in Magerbeton gesetzt werden und mit der Pflasteroberfläche abschließen,
- mit einer unsichtbaren Magerbetonschulter, welche die äußere Steinreihe seitlich stützt,
- mit einem 30 cm breiten Bankett aus wassergebundener Wegdecke.

Bei der Auswahl der Wegoberfläche muss neben der Belastbarkeit auch ihre Durchlässigkeit für Wasser berücksichtigt werden, denn jede versiegelte Fläche braucht ein Gefälle und eine Entwässerung. Totalversiegelungen, wie Asphaltdecken und Platten auf Betonflächen, sind im Garten in der Regel unnötig und hässlich, aber auch viele Betonpflaster werden ohne oder mit zu geringem Fugenabstand gelegt. Dabei ist das Fugenbild bei allen Stein- und Plattenbelägen ein wichtiger Gestaltungsfaktor, den man nicht außer Acht lassen sollte. Fugen sind aber auch wichtig, um die natürlichen Hebungen und Setzungen des Bodens im Verlauf der Jahre und der Jahreszeiten auszugleichen.

Üblich sind Fugen von 5 bis 40 mm, die mit verschiedenen Materialien gefüllt werden können. Je kleinteiliger ein Pflaster ist, desto höher ist sein Fugenanteil. Bei hohem Fugenanteil und breiten Fugen kann die Wasserdurchlässigkeit bis zu 50 % betragen. Dränpflastersteine aus Beton können ohne Fugen verlegt werden, trotzdem lassen sie das gesamte anfallende Wasser (bis zu 50 l Wasser/m² in einer Stunde) versickern. Ökopflaster werden über breite Fugen entwässert, die zur Befestigung des losen Fugenmaterials jedoch begrünt werden sollten. Dazu gibt es spezielle Grasmischungen, die besonders tritt- und trockenresistent sind.

Bei Fahrwegen und Stellplätzen wird die Substratmischung aus je einem Drittel Splitt, Sand und Kompost nur bis knapp unterhalb der Steinoberkante gefüllt, damit die Wurzeln der Fugenbegrünung beim Überfahren nicht zerdrückt werden (siehe dazu auch Tabelle auf Seite 44).

> Verzichten Sie für intensiv genutzte Wege und Plätze lieber auf breite unbegrünte Fugen. Diese entwässern zwar gut, sind aber unangenehm zu begehen und zu pflegen. Beim Kehren muss darauf geachtet werden, dass das Fugenmaterial nicht herausgekehrt wird, und beim Säubern mit Wasser, dass es nicht ausgeschwemmt wird.

Die Auswahl an Materialien für Pflasterflächen ist inzwischen so groß, dass es schwer ist, den Überblick zu behalten. Für Hausgärten eignen sich Klinker, Natur- und Betonsteine, die alle im

Musterflächen für Weggestaltungen findet man auch auf Fertighausausstellungen.

Oberflächengestaltung und Unterbau von Wegen und Plätzen

Befestigte Fläche	Belastungsart	Belagsart	Unterbau-stärke	Bemerkungen
PKW-Stellplatz, Zufahrt Garage	Druckbelastung, Scherkräfte beim Einbiegen	Natur- und Betonsteine (6 bis 8 cm Dicke), Rasenfugenpflaster, wassergebundene Decke, Schotterrasen	30 bis 50 cm (je nach Bodenart)	Randbefestigung, Gefälle, Entwässerung meist nur bei Pflaster ohne breite Fuge nötig
Eingangsbereich	Tritt, ggf. schwere Lasten auf Rollen und Rädern (Anlieferungen)	Natur- und Betonstein, Klinker, Dränstein	20 bis 30 cm	Randbefestigung, Gefälle und Entwässerung (außer bei Dränstein)
Hauptterrasse am Haus	Tritt, Gartenmöbel, Kübel, Rollen	Natur- und Betonstein, Klinker, Platten, Holzdielen	15 bis 25 cm	Randbefestigung und Gefälle nur bei Pflaster und Platten nötig
Kleine Nebensitzplätze	Tritt, Gartenmöbel	Natur- oder Betonstein, Klinker, Kies, Splitt, Holzdeck, Rindenmulch	10 bis 15 cm	Keine Randbefestigung, Gefälle und Entwässerung meist nicht nötig
Wasserzapfstellen	Tritt, ggf. Regentonne	Natur- oder Betonstein, Fugenpflaster, Dränstein, Kies	25 bis 30 cm	Entwässerung oder Sickerschacht, Einfassung empfehlenswert
Hauptwege	Tritt, fahrbare Gartengeräte	Pflaster, wassergebundene Decke, Kies, Rindenmulch	10 bis 15 cm	Ggf. bodenbündige Einfassung bei Pflaster, leicht erhöhte bei losem Material
Nebenwege	wenig Tritt	Rasen, Schotterrasen, Kies, Holzpflaster, Rindenmulch	10 cm	fließender Übergang in angrenzende Flächen meist ausreichend

Sand- oder Splittbett verlegt werden. Betonsteine und Klinker sind gleichmäßig hoch und regelmäßig geformt, was das Verlegen erleichtert. Natursteinwürfel und -bruchplatten sind dagegen unterschiedlich groß und dick, sodass sie einzeln mit dem Hammer in das Splittbett geklopft und so in der Höhe angepasst werden müssen. Sie ergeben ein interessanteres und natürlicher wirkenderes Fugenbild als regelmäßig geformte Pflastersteine. Eine Kombination von zwei oder allen drei Steinarten kann sehr interessant aussehen und z.B. ein modernes Haus mit einem naturnahen Garten optisch gelungen verbinden. Je unterschiedlicher die Steingrößen, -formen und -materialien sind, die Sie verwenden wollen, desto genauer muss das Verlegemuster vorher geplant werden.

Oberflächenstruktur und -farbe haben für die Sicherheit und Pflege eine entscheidende Bedeutung. Helle Flächen können auf der Südseite stark blenden, glatte bei Nässe rutschig werden. In schattigen Gartenecken veralgen und vermoosen gesägte und polierte Natursteine, Klinker und Holz sehr schnell und werden so rutschig. Raue Oberflächen sind zwar auch bei Nässe griffig, nehmen aber schnell Schmutz auf und sind nur mit Kraftaufwand zu kehren.

TIPP

Bei Baustoffhändlern und in Steinwerken können Sie sich gepflasterte Musterflächen anschauen. Prüfen Sie die Farbe und Oberfläche immer sowohl an einem sonnigen trockenen als auch an einem trüben nassen Tag, da Farbe und Griffigkeit bei unterschiedlichem Wetter sehr verschieden wirken können.

Rationell, umweltfreundlich und gut zu pflegen: Offenporige Wege und Plätze

Wassergebundene Decken aus verdichtetem kalkhaltigem Splitt, Brechsand oder Wandkies sind eine preiswerte, pflegeleichte und meist völlig ausreichende Wegbefestigung. Der Weg kann direkt in angrenzende Flächen übergehen oder mit einer Natursteinkante eingefasst sein. Er kann mit einer dünnen Kies- oder Splittschicht abgestreut und so in Farbe und Material an andere Flächen oder Bauten angepasst werden. Dies erfordert jedoch in der Regel eine Randeinfassung, damit sich der Kies nicht verläuft. Wassergebundene Wegdecken werden mit einem Quergefälle von mindestens 2 % oder einer leichteren Wölbung gebaut, damit das Regenwasser besser abläuft und sich keine Pfützen bilden. Das Längsgefälle darf 7 % nicht überschreiten, damit keine Erosion auftritt.

Holzpflaster besteht aus quer gesägten Rund- oder Kanthölzern (Stirnholz) und wird in gleicher Weise in ein Sand- oder Splittbett verlegt wie ein Steinpflaster. Es sieht besonders schön in Verbindung mit naturnaher und üppiger Bepflanzung in halbschattigen und schattigen Lagen aus. Leider hat es dort den Nachteil, schnell von Algen und Moosen besiedelt zu werden, sodass es bald rutschig wird. Es kann wegen des großen Fugenanteils ohne Gefälle gebaut werden.

Holzschwellenwege werden aus Hartholzschwellen, die in das Schotterbett verlegt werden, gebaut. Quer zur Wegrichtung verlaufend, können sie einen schmalen Weg optisch verbreitern oder eine Treppe in den Weg einbinden. Gegen Rutschgefahr können Sie eine dünne Schicht Sand aufstreuen oder die Fugen mit Sand bestreuen, der sich beim Drüberlaufen auf das Holz verteilt. Auch festgenagelte feine verzinkte Drahtgitter haben sich als rutschhemmende Auflage bewährt.

Für die Berechnung der Wegbreite sollte auch immer der Platz für die Pflanzen Berücksichtigung finden.

Holzpflaster wird mit scharfem Sand verfugt und ist so bei Nässe weniger rutschig.

Holzdielenwege werden wie Holzdecks ohne Gefälle gebaut und eignen sich quer zur Laufrichtung verlegt gut für Brücken, Treppen und abgestufte Wege. Bei Verwendung geriffelter Hölzer wird die Rutschgefahr gemindert.

Holzhäcksel und Rindenmulch sind preiswerte organische, das Unkraut unterdrückende Schüttgüter für Nebenwege, die langsam verrotten und deshalb alle paar Jahre etwa 5 cm dick wieder aufgefüllt werden. Angrenzend an Gehölzpflanzungen kann man sogar auf eine Einfassung verzichten.

Splitt- und Kiesoberflächen eignen sich gut für Nebenwege und -plätze. Als Materialien kommen alle Hartgesteine der Korngrößen 12 bis 32 mm

Geriffelte wetterfeste Holzdielen bilden eine schöne und angenehme Oberfläche.

Schotterrasen ist eine kostengünstige und umweltfreundliche Alternative der Befestigung von Wegen und Plätzen. Er besteht wie die wassergebundene Decke aus einer 5 bis 15 cm hohen Tragschicht aus grobem Splitt der Korngröße 0 bis 16 oder 0 bis 22 mm. Vor dem Verdichten wird in deren Oberfläche etwas Kompost eingeharkt und anschließend eine spezielle Samenmischung eingesät. Bei entsprechend dickem Unterbau eignet sich Schotterrasen auch für stark belastete Stellplätze und Fahrwege. Er kann ohne Kante direkt in begrünte Flächen übergehen und an abgesenkten Stellen leicht wieder aufgefüllt werden.

Rindenmulch oder Holzhäcksel sind preiswerte Beläge für Nebenwege.

vor, die nur etwa 20 mm dick aufgetragen werden dürfen, damit man beim Gehen nicht darin versinkt. Außerdem müssen sie gut abgerüttelt und verdichtet werden. Für feine Splitte muss auf den Unterbau aus grobem Schotter erst ein in der Korngröße abgestuftes Gemisch aufgetragen und abgerüttelt werden, damit der Splitt nicht in den Hohlräumen verschwindet. Auch hier kann in der Regel auf Quergefälle verzichtet werden.

Rasenwege sind für Nebenwege geeignet, wenn der Rasen fachgerecht angelegt wurde und nicht vernässt. Sie sollten großzügig und geschwungen zwischen den Gehölz- beziehungsweise Staudenpflanzungen hindurchführen. Bei häufigem Begehen verdrängt eine niedrige pflegeleichte Trittpflanzengesellschaft die Gräser.
Rasenpfade sind in eine Wiese gemähte Wege, die in ihrer Breite und im Verlauf jedes Jahr neu variiert werden können.
Rasengittersteine sollten Sie vermeiden, denn sie lassen sich nur sehr schlecht begehen und pflegen. Besser ist es, ein Pflaster mit breiten Fugen zu wählen und diese mit Fugensaatgut einzusäen.

Verzinkte Gitterroste auf den Holzschwellen verhindern das Ausrutschen bei Nässe.

TIPP

Wenn Sie eine bestehende Treppe nur gelegentlich mit der Schubkarre überwinden möchten, helfen passend zugeschnittene und auf die Stufen gedübelte Hartholzkeile von 10 bis 15 cm Breite. Breitere werden auch als Auslaufkeile für Gartenbrücken verkauft.

Praktische Rampen berücksichtigen

In unebenem Gelände haben Sie die Wahl zwischen ansteigenden Wegen oder Treppen. Ab einem Gefälle von mehr als 6 % sollten Treppenstufen eingeplant werden. Für Rollstühle, Kinderwagen, Fahrräder, Schubkarren und anderes fahrbares Gerät ist dann eine zusätzliche Rampe zu bauen. Bei Gärten am Hang gibt das Geländerelief meist die Wegführung vor. Je steiler es ist, desto schwieriger sind Planung und Bau, denn neben dem Weggefälle müssen auch Geländeneigung, Kurvenverlauf, Hangentwässerung und Statik der Stützmauern bedacht werden. Sie können daher nur vom Fachmann geplant und gebaut werden.

Kleinere Gehwege und Rampen an weniger steilen Hängen können jedoch auch vom Laien ausgeführt werden, wenn er zu den bereits erwähnten Grundlagen zum Wegebau noch die technischen Besonderheiten der Entwässerung am Hang berücksichtigt. Da das Wasser bei Hangwegen ohne Quergefälle gleichmäßig breit den Weg hinunterfließt, muss es in regelmäßigen Abständen in Querrinnen über der gesamten Wegbreite aufgefangen und abgeleitet werden. Dazu werden die Entwässerungsrinnen mit leichtem Gefälle am besten zur Hangseite hin eingebaut, wo sie in unterirdische Entwässerungsrohre oder Sickerschächte münden. Der Weg wird mit einer niedrigen Kante eingefasst, damit das Wasser nicht an den Seiten hinabläuft und die Böschung ausspült.

Bei Hangwegen mit Quergefälle benötigen Sie nur eine wasserführende Kante an der Hangseite, die jedoch etwas höher gebaut sein muss. In regelmäßigen Abständen werden hier Gullys eingebaut, durch die das Wasser in die Entwässerungsrohre geleitet wird. Da so kein Wasser an die Hangseite gerät, sind keine Böschungserosionen zu erwarten. Diese Bauweise ist der erstgenannten vorzuziehen, weil der Weg nicht auf voller Breite überspült wird.

Auch für die Auswahl von Oberflächenbelägen für Hangwege verursacht

Die gepflasterte Rampe mit wenig Steigung, Entwässerungsstreifen und Mähkante ist behindertengerecht.

die Erosion durch Wasser Einschränkungen. Lose Belagsmaterialien können meist auf schwach geneigten Wegen verwendet werden und machen oft eine Entwässerung überflüssig. Wassergebundene Decken sollten nur mit Entwässerung und Quergefälle gebaut werden. Feste Steinbeläge müssen auch bei Nässe rau und griffig sein. Bei steilen Wegen sind Steinformate, die sich miteinander verklammern gut geeignet. Auf eine Randbefestigung ist aber in keinem Fall zu verzichten. Holz- und Graswege eignen sich nicht für Wege am Hang, denn beide werden bei Nässe schnell rutschig, außerdem erodieren Letztere leicht und lassen sich zudem kaum pflegen.

Vergessen Sie beim Bau von Rampen und Hangwegen niemals den Handlauf, der aus Sicherheitsgründen an der Hangseite verlaufen sollte. Sind kleine Kinder oder Rollstuhlfahrer im Haus, sollten Sie noch eine zweite niedrigere Querstrebe als Absturzsicherung einplanen.

Wege an steilen Hängen sollten in Serpentinen verlaufen und sich an den Hang schmiegen. Wegkehren können gerundet als vorgeschobene Bastionen oder als in den Hang eingezogene Nischen gebaut werden. Beide bieten willkommene Ruhepunkte, wenn sie als ebene Flächen geplant werden. Im ersten Fall steht eine Stützmauer unter der Kurve, die ein Hinaustreten aus dem Hang und vielleicht eine schöne Aussicht erlaubt. Im zweiten Fall bildet eine Mauer im Hang eine geschützte Nische, die als Sitzplatz genutzt werden kann. Wege für Rollstuhlfahrer sollten mindestens 1,2 m breit sein und dürfen höchsten 6 % Gefälle aufweisen. Der Kurvenradius sollte nicht zu eng sein und auf die oben geschilderte Art Ruheplätze erlauben. Ein niedriges Geländer oder eine Mauer an der Hangseite muss Abstürze verhindern.

Befahrbare Trassen oder Rampen für Kinderwagen oder Fahrräder, die in Treppen eingebaut wurden, sind oft zu steil und nur schwer befahrbar. Besser ist es, Sie bauen eine zusätzliche Rampe mit angenehmem Gefälle neben oder unabhängig von der Treppe. So lässt sich die Wegstrecke meist verlängern und damit flacher gestalten.

Kfz-Fahrwege im Hang und zur Garage müssen vom Architekten so geplant werden, dass sie auch im Winter genutzt werden können.

Treppen schön und praktisch gestalten

Bei mehr als 6 % Längsgefälle sollten Sie sich für den Bau einer Treppe entscheiden, da das Gehen auf steileren Wegen sehr schwierig und unangenehm ist. Treppenstufen können aber auch in einen Hangweg integriert werden, sodass sich eine Kombination aus Stellstufen und Weg ergibt. Die Abstände zwischen den Stufen sollten so gewählt werden, dass eine gerade Zahl von Zwischenschritten entsteht. Auf diese Weise wechselt das Bein für den Schritt auf die Stufe, was als angenehmer empfunden wird als eine Belastung immer des gleichen Beines. Führen Sie mehrere Stufen ein, sieht eine ungerade Anzahl von Stufen schöner aus als eine gerade. Nach drei, fünf oder spätestens sieben Stufen sollten Sie auch bei einer Treppe ein ebenes Zwischenpodest einplanen. Ist dieses mit einem seitlichen Versatz oder Richtungswechsel der Treppe verbunden, wird der Aufstieg als weniger anstrengend empfunden als bei einer langen geraden Treppe.

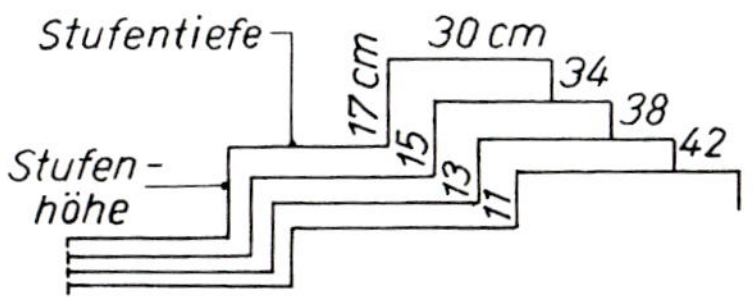

Eine einfache Formel zur Ermittlung der Stufenhöhe lautet: Stufenhöhe (cm) × 2 + Stufentiefe (cm) = 64 cm (die Stufentiefe ist die Länge der Auftrittsfläche und sollte mindestens 30 cm betragen) (nach Wirth 2002).

TIPP

Auf Architektenplänen zeigt der Pfeil auf der Treppe immer aufwärts und die Pfeilspitze markiert die oberste Stufenvorderkante.

Zwischenpodeste lockern auf und machen die Treppe angenehmer zu begehen.

TIPP

Falls sich das Gartengelände noch nicht vollständig gesetzt hat, ist es sinnvoll, erst eine provisorische Holztreppe aus waagerechten Brettern, die an Holzpfosten geschraubt werden, zu bauen. Die Stufen werden mit gestampfter Erde gefüllt und der Auftritt wird mit Splitt oder Rindenmulch abgedeckt.

Treppen in öffentlich zugänglichen Bereichen, z.B. Hauszugängen, mit mehr als fünf Stufen und einer Absturzhöhe von über einem Meter, müssen mit einem Handlauf versehen werden. Sind sie breiter als 1,5 m, muss ein zweiter Handlauf montiert werden. Verschieben Sie die Montage nicht, denn wenn sich jemand verletzt, kann es teuer werden.

Treppen können auf unterschiedliche Art und Weise gebaut werden. Unterschieden werden Stell-, Leg- und Blockstufen, gewendelte und gerade Treppenverläufe, Treppen mit oder ohne Wangen. Für den Treppenbau im Garten kommen Beton, Betonstein, Naturstein, Klinker, Holz und Stahl beziehungsweise Kombinationen dieser Materialien in Betracht. In Verbindung mit einem gepflasterten Weg aus Betonstein bietet es sich an, die passenden Formsteine oder Fertigstufen zu wählen. Aber auch für viele Natursteine stehen Größen, die sich als Treppenstufen eignen, zur Verfügung.

Vor dem Bau einer Treppe wird die Geländeneigung vor Ort bestimmt. Aus dem Verhältnis von der Länge der Böschung zu ihrer Höhe ergibt sich die Steigung, die nun in eine Stufenanzahl umgerechnet wird. Aus dem Schrittmaß ergibt sich die Stufenhöhe, aus der wiederum die Auftrittstiefe resultiert: Je höher eine Stufe ist, desto schmaler kann die Auftrittsfläche ausfallen, da die Schrittlänge mit zunehmender Steigung kürzer wird.

Mit der errechneten Stufenanzahl sollten Sie nun Planungsvorschläge zeichnen, die sich am Gelände orientieren. Es gibt meist mehrere Lösungen, die alle besser sind als eine lange schmale Treppe, die auf direktem Weg zwei Punkte miteinander verbindet. Breite Treppen wirken auch in kleinen Grundstücken immer großzügiger als kleine. Sehen Sie in einer Treppe nicht nur eine Notwendigkeit, sondern auch ein Gestaltungselement, das zwei Gartenteile harmonisch miteinander verbinden kann. Dies kann über den Verlauf der Treppe, ihre Form und auch die verwendeten Materialien geschehen. Kombinieren Sie beim Treppenbau Materialien, die sich auf den angrenzenden Wegen, am Haus und im Garten befinden. Mehr als drei unterschiedliche Beläge sollten Sie jedoch nicht verwenden. Für das Geländer sind schlichte Rohre aus Edelstahl oder runde Holzstangen am besten geeignet.

Stufen und ihre Bauweisen

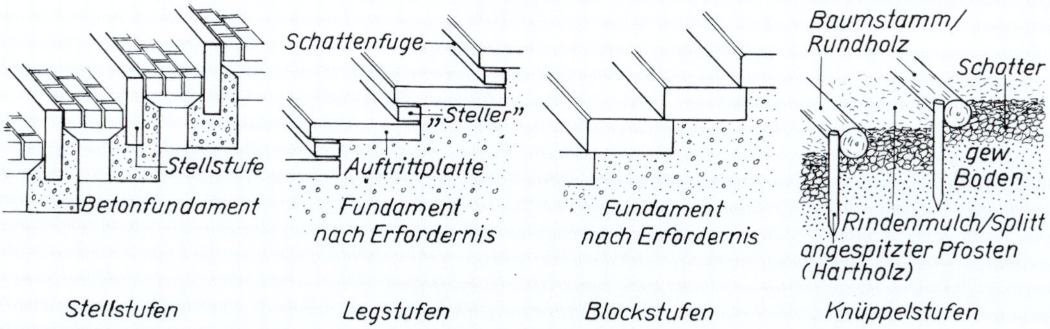

Stellstufen bestehen aus senkrechten Platten, Palisaden, Kanten- oder Bordsteinen. Die Auftritte können gepflastert oder mit losem Material gefüllt sein.

Legstufen bestehen aus einer Auftrittsplatte und Unterlegsteinen. Sie können aus Natur- oder Kunststeinen gebaut werden. Die Auftrittsplatte wird mit 2 bis 5 cm Überstand auf die Unterlegsteine gelegt. Durch den Schattenwurf des Überhangs wirken Legstufen leichter als die anderen Stufenarten.

Blockstufen bestehen aus Natur- oder Kunststeinblöcken, die so aufeinander liegen, dass die obere Stufe wenige Zentimeter auf der unteren liegt. Blockstufen wirken schwer, liegen aber dauerhaft stabil.

Knüppel- oder Stammstufen bestehen aus waagerecht gelegten Stammstücken oder Rundhölzern aus Hartholz, die seitlich mit angespitzten Pfosten gehalten werden. Die Pfosten können verdeckt hinter dem Auftritt mit dem Stamm verschraubt oder vor dem Stamm eingeschlagen werden. In diesem Fall müssen sie außerhalb der Auftrittsbreite liegen. Die obersten 5 bis 10 cm der Auftrittsfläche können mit Kies, Splitt oder mit Rindenschrot gefüllt sein. Eine wasserdurchlässige Schotterschicht darunter erhöht die Lebensdauer der Hölzer.

Nutzflächen zweckmäßig befestigen

Neben Wegen und Treppen müssen auch Plätze im Garten befestigt werden, damit sie bei jedem Wetter gut nutzbar sind. Nutzungsart, -intensität und Druckbelastung eines Platzes entscheiden neben seiner Größe und seinem Aussehen über die Befestigung. Neben den üblichen Versiegelungen mit Pflaster gibt es auch hier weniger umweltbelastende Alternativen der Belagswahl. Ein weiteres Kriterium sind Form und Design der Fläche sowie der Preis für Materialien und Herstellung. Bedenken Sie aber immer auch die Übergänge zu angrenzenden Flächen und den Aufwand für die Pflege des Platzes.

Eine Treppe aus senkrechten Brettern und Mulchbelag kann einfach selbst gebaut werden.

Autostellplätze umweltfreundlich planieren

Die Bereitstellung von Stellplätzen für PKW ist Pflicht für jeden Hausbesitzer. Je nach Bauordnung und Anzahl der

Ein großer ebener Stellplatz kann vielseitig genutzt werden, sieht schöner aus und lässt sich besser pflegen als eine Fahrspur (Foto Seite 96 oben) aus unterschiedlichen Materialien.

Wohneinheiten ist der Platz für ein bis mehrere PKW auf dem Grundstück einzuplanen. Wer eine Garage oder ein Carport baut, wird meist die Zufahrt als zweiten Stellplatz benutzen. Die Mindestbreite für einen PKW-Stellplatz beziehungsweise eine Zufahrt beträgt 2,30 m, für die Länge eines Stellplatzes sollten Sie mindestens 4,50 m einplanen. Die meisten PKW benötigen allerdings etwas mehr Breite, damit bequemes Aussteigen möglich ist und 1 bis 2 m mehr an Länge, besonders um das Fahrzeug zu entladen.

Die meist sehr hohen Quadratmeterpreise rechtfertigen es eigentlich nicht, Stellplätze nur zum Parken von Fahrzeugen zu nutzen. So kann ein Stellplatz tagsüber auch zum Ball- oder Tischtennisspielen von den Kindern genutzt werden, wenn er eben angelegt wurde und eine geeignete Oberfläche hat.

TIPP

Verwenden Sie für den Unterbau von Pflasterflächen besser Splitt als Sand, denn Letzteren nutzen Ameisen gern zum Nestbau unter den Platten und befördern ihn im Sommer immer wieder aus den Fugen.

Bei der Wahl des Belages können Sie sich zwischen offenporigen und versiegelten Flächen entscheiden. Da Letztere immer eine Entwässerung benötigen und Versiegelungen in Neubaugebieten mit Ausgleichsmaßnahmen kompensiert werden müssen, ist es sowohl eine Kostenfrage als auch ein Gebot des Umweltschutzes, auf Totalversiegelungen zu verzichten.

Dies gilt natürlich nicht für überdachte Stellplätze unter Carports oder abgeschleppten Dächern, wo das Regenwasser aufgefangen und im günstigsten Fall in eine Zisterne geleitet wird. Hier eignen sich alle Pflasterarten von 6 bis 8 cm Dicke, die ohne Fugen verlegt werden und für das Gewicht Ihres PKW geeignet sind. Da es unter dem Dach meist recht dunkel ist, sollten Sie sich für helle Farben entscheiden und auf Sand- oder Splittfugen verzichten, da dies beim Kehren unter dem Dach zu unangenehmer Staubentwicklung führt.

Für offene Stellplätze eignen sich alle offenporigen Beläge, Pflaster mit breiten Fugen und Dränpflaster mit hohem Abflussbeiwert. Die Belastbarkeit der Fläche ist dabei vom Unterbau abhängig, der aus einer mindestens 30 cm dicken Schotterschicht bestehen muss. Offenporige Beläge, wie wassergebundene Decke, Splitt- und Kiesplätze, haben den Nachteil, dass das Material an den Schuhen verbleibt und heruntergefallene Gegenstände (z.B. Schrauben und Muttern beim Reparieren des Autos) schwer wiederzufinden sind. Auf Rasengittersteine und Ökopflaster mit besonders breiten Fugen sollten sie aus diesem Grund verzichten, zumal Erstere auch sehr schlecht zu begehen und zu pflegen sind. Dränpflaster aus Betonstein hat den Vorteil, dass es ohne Fugen verlegt wird und eine sehr raue Oberfläche hat, die auch bei Reif- und leichter Eisglätte noch griffig ist. Außerdem ist es preiswert und sehr leicht zu verlegen. Leider gibt es noch nicht viele Farben und Formate zur Auswahl. Es kann aber auch mit Natursteinen kombiniert werden, wodurch die Fläche aufgelockert wird. Eine lange schmale Zufahrt wirkt z.B. mit

Die umweltfreundliche Variante: Dränpflaster

Auf den Unterbau, einer gut verdichteten Schicht aus grobem Schotter, wird die Splittschicht aufgetragen und mit einer Richtlatte abgezogen. Eingelegte Rohre erleichtern das Nivellieren. Sie werden nach dem Glätten wieder vorsichtig herausgenommen. Auf Gefälle und Entwässerung kann man bei Dränpflaster komplett verzichten.

Die Dränsteine werden im Mauerverband und ohne Fugen zwischen die Längsbänder aus Naturstein gelegt. Da Letztere in der Höhe variieren, müssen sie vorher in einen vorbereiteten Graben in das Splittbett gelegt und festgeklopft werden, was einige Zeit und Geduld erfordern kann.

Hier wurde auf eine Randeinfassung verzichtet, sodass Platz für ein in der Breite variierendes Beet bleibt. Auf diese Weise wirkt die Pflasterfläche trotz ihrer Größe nicht so streng und fügt sich besser in die naturnahe Umgebung ein.

farbig abgesetzten Querbändern kürzer und breiter, ein kurzer breiter Platz kann mit eingefügten Längsbändern optisch verlängert werden. Auch für die Anschlüsse an die Haus- oder Garagenwand, um Stützpfosten und Zisternendeckel herum oder als Beeteinfassung sehen kleinformatige Natursteine schöner aus als zugeschnittene Betonsteine.

Eine besonders umweltbewusste und attraktive Oberfläche für Stellplätze ist der Schotterrasen. Er wird mit Spezialsamenmischungen eingesät, sieht aus wie ein Magerrasen und kann gut mit anderen Grünflächen kombiniert werden. Setzungen in den Fahrspuren können ganz leicht wieder aufgefüllt und in der Höhe angeglichen werden. Schotterrasen eignet sich

Das Pflastern oder Befestigen nur einer Fahrspur ist eine ziemlich hässliche und unsinnige Variante. Durch die vielen Grenzflächen und Streifen unterschiedlicher Oberflächen wird der Platz pflegeintensiv und ist für andere Zwecke nicht nutzbar. Alle Übergänge stellen zudem Stolperfallen dar und eine lange Zufahrt wirkt durch die parallel verlaufenden Streifen noch länger.

auch zum Bespielen, denn er trocknet bei feuchter Witterung schnell wieder ab. Mit trittfesten Kräutern begrünt, duftet er beim Befahren und Betreten.

Vorgärten ökonomisch nutzen

Einen Vorgarten können Sie als Ziergarten anlegen und damit Besucher willkommen heißen. Er kann aber auch als Nutzgartenteil gesehen werden, denn hier wird in der Regel das Auto abgestellt und der Müll aufbewahrt, hier werden Kinderfahrzeuge abgestellt, Schuhe gesäubert und Einkäufe in das Haus transportiert. Je nachdem, ob Sie ein Reihenhaus, eine Doppelhaushälfte oder ein frei stehendes Einfamilienhaus haben, können Sie das Praktische mit dem Schönen verbinden. Für die Planung sollten jedoch die praktischen Erwägungen immer im Vordergrund stehen.

Es kann durchaus kostengünstiger sein, den Vorgarten mit allen Einrichtungen gleich vom Architekten mit planen und vom Bauträger mit bauen zu lassen, als später selbst zu basteln. Außerdem ersparen Sie sich viel Schmutz im Haus, wenn der Eingangsbereich von Anfang an befestigt wird.

Am Anfang der Vorgartengestaltung steht die Frage, ob Sie einen Zaun oder eine Mauer benötigen, um unliebsame Besucher auszusperren. Eine solche

Ein sonniger Vorgarten kann auch als Sitzplatz genutzt werden, wenn er entsprechend gestaltet wurde.

Absperrung bedingt gleichzeitig ein oder mehrere Tore, die gegebenenfalls mit einer elektrischen Leitung für Beleuchtung, Türdrücker oder Sprechanlage ausgestattet werden müssen. Auch die Installation des Briefkastens muss bedacht werden.

Vorgärten werden häufig durch einen oder mehrere Wege zur Haustür zergliedert, wodurch kleine pflegeintensive Flächen entstehen. Fassen Sie deshalb möglichst alle Pflasterflächen zusammen. Achten Sie darauf, dass diese gut gekehrt werden können und dass Sie den Schmutz nicht mühsam aufsammeln müssen. Wenn Sie in der Regel mit dem Fahrzeug nach Hause kommen und deshalb einen Weg vom Stellplatz zur Haustür bevorzugen, prüfen Sie, ob nicht auch Fußgänger diesen Weg nehmen können. Das spart Ihnen eine weitere Pflasterung und gegebenenfalls auch eine weiteres Tor. Bei sehr kleinen Vorgärten ist es auch überlegenswert, ob nicht das Verhältnis von befestigten zu Grünflächen umgedreht, also der ganze Platz gepflastert wird und an geeigneten Stellen Aussparungen für Pflanzen geschaffen werden. Dies ist erheblich pflegeleichter als mehrere Wege, die den Vorgarten durchkreuzen und einen Flickenteppich aus Beeten entstehen lassen.

Der Weg zur Haustür sollte möglichst nicht direkt darauf zulaufen. Ein kleiner Versatz und ein Podest in etwa zwei Metern Abstand zur Tür sind sowohl für Sie als auch für Besucher psychologisch angenehmer. Dies gilt besonders für Stufen, die man niemals ohne ein größeres Podest vor der Haustür enden lassen sollte. Eine Überdachung über dem Hauseingang verbindet das Drinnen und Draußen auf angenehme und praktische Weise. Wer eine Bank darunter stellt, kann hier Einkäufe abstellen, ohne sich nach dem Öffnen der Tür erneut bücken zu müssen, Schuhe im Sitzen ausziehen und kleinere Hausarbeiten, wie das Schuheputzen, verrichten. Ein Schirmständer und Kleiderhaken unter dem Vordach ermöglichen das Abtropfen von Schirm und Regenkleidung nach einem Regenguss.

In Vorgärten müssen meist auch die Mülleimer untergebracht werden. Wurde früher nur eine Tonne benötigt, sind es heute drei bis vier. Zusätzlicher Stauraum für Altglas und andere Wertstoffe muss bedacht werden. Bemessen Sie deshalb den Platz für die Entsorgungseinrichtungen großzügig und an einer Stelle, die Sie trockenen Fußes bequem erreichen können. Ein gemauerter Schrank für Mülltonnen, kombiniert mit einer Beleuchtung, Schließanlage und dem Briefkasten sieht besser aus, als mehrere kleine Einheiten, die an verschiedenen Stellen im Vorgarten platziert sind.

Erst wenn im Vorgarten alle notwendigen Einrichtungen gebaut und aufgestellt sind, sollten Sie sich Gedanken über die Bepflanzung machen. Dabei wird in der Regel aus Platzgründen auf flächige Begrünungen in Form von Rasen oder Staudenbeeten verzichtet. Meist sehen auch einzeln stehende Gehölze oder kleine Gehölzgruppen besser aus und sind zudem wesentlich pflegeleichter. Wer nur ganz wenig Platz hat, sollte eine Fassadenbegrünung bedenken, die im Vorgarten oft

TIPP

Arbeiten Sie immer vom Haus zur Straße hin. Setzen Sie deshalb den Zaun zuletzt, damit er Fahrzeuge bei der Materialanlieferung und Maschinen beim Bau nicht behindert.

TIPP

Bei Reihen- und Doppelhäusern können Sie sich mit dem Nachbarn auf eine große selbst gebaute Müllbox auf der Grenzlinie einigen und so viel Platz und Geld sparen. Manche Gemeinden lassen auch gemeinsame Mülltonnen zu.

Selbst Mülltonnen im Vorgarten müssen nicht hässlich aussehen, wenn sie so hübsch versteckt werden.

Der Vorgarten als Spielplatz

Für Familien mit Kindern eignet sich der Vorgarten manchmal besser zum Spielen als der hintere Gartenteil. Die ebenen Pflasterflächen der Stellplätze können als Hartplatz zum Roller- und Rädchenfahren sowie für Ballspiele genutzt werden und unter dem Carportdach kann eine Schaukel angebracht werden. Auf das flache Dach von Garage oder Carport lässt sich ein „Baumhaus“ mit Rutschenabgang montieren oder Sie planen von vornherein einen Spitzboden als Kinderhaus mit ein. Ein Spielplatz im Vorgarten hat auch den Vorteil, dass die Kinder über die Haustür und den Windfang in das Haus gelangen, um dort die Toilette aufzusuchen. Eine Bank vor der Haustür erleichtert das Ausziehen, eine Wasserstelle das Säubern schmutziger Schuhe. Ein kindgerechter Vorgarten lässt sich außerdem leichter wieder umgestalten als ein Spielplatz im hinteren Gartenteil, der dann oft nicht mehr mit Fahrzeugen und Maschinen erreichbar ist.

sehr wirkungsvoll ist und dem Haus ein unverwechselbares Aussehen verleiht. Dazu müssen bei der Pflasterung ausreichend große Pflanzflächen ausgespart werden, die sich aber nicht im Regenschatten des Dachüberstands befinden dürfen (siehe Teil 3). Ein gut gestalteter Vorgarten kann aber auch mit nur einem einzigen passenden dekorativen Gehölz, einem Strauch oder einem schlanken kleinen Baum einladend aussehen, wenn die Bodenbeläge und alle praktischen Einrichtungen miteinander und mit dem Haus harmonieren.

Arbeitsplätze praktisch einrichten

Neben dem Vorgarten gibt es noch andere Nutzflächen im Garten, die praktisch und pflegeleicht gestaltet werden sollten. Dies gilt z.B. für den Nutzgar-

Ein hübscher Arbeits- oder Hobbyplatz muss nicht in einer dunklen Gartenecke versteckt werden.

ten, wo Sie einen Platz für den Geräteschuppen, einen Pflanztisch und die Kompostbehälter brauchen. Der eine oder andere Gartenbesitzer benötigt einen Platz zum Holzlagern und -hacken, die Kinder eine Fläche zum Basteln, die Hobbygärtner einen Tisch zum Pikieren, Umtopfen und Sträuße binden. Auch Wasserstellen und Regentonnen benötigen einen befestigten Platz, ebenso wie Frühbeete und Gewächshäuser. Mit einem gut durchdachten, sauberen und praktisch gestalteten Arbeitsplatz macht jedes Hobby doppelt so viel Spaß.

Bedenken Sie bei allen anfallenden Arbeiten deren sinnvolle Reihenfolge, und planen Sie den Arbeits- beziehungsweise Hobbyplatz entsprechend. Vorbilder dafür liefert z.B. die ergonomische Küchenplanung, bei der darauf geachtet wird, dass alle notwendigen Geräte griffbereit und die Wege zwischen den Funktionsbereichen auf ein Minimum reduziert sind.

Der Bodenbelag für den Arbeitsplatz sollte dabei aber nicht nur nach praktischen Gesichtspunkten ausgewählt werden, sondern sich auch an der Bepflanzung und sonstigen Gartengestaltung orientieren. So eignet sich um die Holzgestelle für den Kompost herum Rindenschrot gut. Dieses passt auch zur Hecke, mit der Sie den Kompost abschirmen und die ihn vor praller Sonne schützen sollte. Nach dem Umsetzen des Kompostes kann Rindenschrot leicht wieder gerecht und gegebenenfalls aufgefüllt werden. Ein Betonpflaster würde im Vergleich dazu immer deplatziert und schmutzig aussehen. Unter einer Wasserstelle dagegen sehen ein Natursteinpflaster oder eine Kiesfläche sauber, passend und schön aus. Hier bekommen Sie keine nassen Füße, wenn das Wasser einmal verschüttet wurde.

Neben dem passenden Untergrund gilt es auch, die richtigen Maße zu finden. Planen Sie einen Platz zu eng, macht das Arbeiten keinen Spaß, ist er zu groß geraten, dominiert er gegebenenfalls den Garten. Für Arbeitstische, selbst gebaute Frühbeete und Gewächshäuser sollten Sie, wie auch bei Arbeitsplätzen im Haus, auf die richtigen ergonomischen Maße achten. Dies sind Arbeitshöhen im Sitzen und Stehen, Platz zum Umdrehen, für Gerätschaften und Behälter. Fassen Sie möglichst viele Funktionsbereiche zusammen, so ersparen Sie sich eine Menge unnötiger Wege. Ein Arbeitsplatz mit Gerätehaus, Wasserstelle, Kompostplatz, Pflanztisch und anderen Funktionsbereichen muss nicht hässlich oder nüchtern aussehen. Er kann mit einem begrünten Rankgitter, einer Pergola, einem Flechtzaun oder

Selbst die Gartengeräte lassen sich zugleich praktisch und schön aufbewahren.

TIPP

Linkshänder haben oft andere Bedürfnisse als Rechtshänder! Dies sollten Sie bei allen Arbeits- und Aufbewahrungsplätzen, aber auch Türgriffen und Gartengeräten berücksichtigen.

Platzbedarf für verschiedene Funktionsbereiche

Funktionsbereich (incl. ebenem Arbeitsraum)	Mindestplatzbedarf (Länge × Breite bzw. Tiefe in cm)	Geeignete Höhe (in cm)	Empfohlener Untergrund	Bemerkungen
Wasserhahn, Wasserbecken	60 × 60	80 bis 90	Pflaster mit Entwässerung	Absperrhahn für Winter einbauen, Schlauchhalter, Entwässerung
Regentonne	100 × 100	80 bis 100	Pflaster oder Kies	Ablasshahn in 45 cm Höhe, Entwässerung
Komposttonne	100 × 200	ca. 80	gelockerte Erde	Kaninchendraht am Boden
Kompostsilo mit Lagerplatz	200 × 200	ca. 80	gelockerte Erde	Weg für Schubkarre
Hochbeetkasten (angelehnt bzw. frei stehend)	beliebig × 60 (bzw. 120)	80 bis 95	Dränageschicht	Dicke der Umrandung berücksichtigen
Arbeitstisch (für stehende Arbeiten)	80 × 60	85 bis 95	Pflaster, Rindenmulch	mit „Barhocker" auch Arbeiten im Sitzen möglich
Geräteschrank auf Terrasse	100 × 60 bis 100	180 bis 200	Pflaster	Türen 10 cm über Boden anbringen
Gerätehaus, Gewächshaus	200 × 200	Seiten 200, Giebel 250	Pflaster	Weg und Abstellplatz davor einplanen
Holzlager für 1 Festmeter geschnittenes Kaminholz	200 × 30 (50 mit Dachüberstand)	200	Leisten als Abstandshalter zum Boden	befestigter Platz für Holzkorb und Hackklotz

TIPP

Für den Bau von Arbeits- und Hobbyplätzen können Sie manchmal übrig gebliebenes und/oder gebrauchtes Material von Bau- beziehungsweise Umgestaltungsmaßnahmen verwenden und so viel Geld sparen.

mit Sträuchern abgeschirmt werden. Umrahmt von einem Nutzgarten im Bauerngartenstil und mit bäuerlichen Gerätschaften und Gefäßen dekoriert, fügt er sich in jeden naturnah gestalteten Garten ein.

Für begeisterte Gartenbesitzer sind die Übergänge zwischen Arbeits- und Hobbyplatz fließend. Was oft am Anfang nach notwendiger Gartenarbeit aussah, kann schnell zum Hobby werden, das Sie nicht mehr missen möchten. Ein gut gestalteter Funktionsbereich trägt ganz wesentlich dazu bei.

Ruheplätze durchdacht konstruieren

Terrassen am Haus erweitern den Wohnraum im Sommer. Bei schönem Wetter findet hier ein Großteil der Aktivitäten statt – es wird gegessen, geruht, gelesen, Hausaufgaben werden gemacht, Spiele gespielt, Wäsche getrocknet und gefaltet und vieles mehr. Umso wichtiger ist es, dass diese kurze Zeit im Jahr von allen Familienmitgliedern im Freien angenehm genutzt werden kann. Dazu muss die Terrasse groß genug und praktisch eingerichtet sein. Der eine Bewohner möchte Sonne, der andere Schatten, ein kleiner Schauer soll nicht stören und die Nachbarn müssen nicht alles sehen und hören können. Terrassen am Haus, besonders wenn sie überdacht oder an einen Wintergarten gekoppelt sind, stellen aber auch gestalterisch einen wichtigen Übergang zwischen Haus und Garten dar, sodass sie mit dem Haus zusammen geplant und gebaut werden sollten.

Oft sind jedoch noch zusätzliche Sitzplätze wünschenswert, damit Sie sich zu jeder Tages- und Jahreszeit angenehm im Garten aufhalten können.

Hausterrassen praktisch nutzen

Die Lage der Terrasse ist in vielen Fällen bereits durch den Zugang vom

Haus vorgegeben. Architekten wählen meistens die Südseite und einen Zugang vom Wohnzimmer für die Terrasse. Dies muss jedoch nicht die optimale Entscheidung sein, denn der Sonnenstand ändert sich im Verlauf des Jahres beträchtlich. Bedenken Sie auch Ihren Lebensrhythmus, denn wenn Sie erst abends nach der Arbeit die Terrasse aufsuchen, ist Ihnen zumindest im Sommer mit einer West- oder Südwestlage besser gedient.

Himmelsrichtung, Sonnenstand, Windverhältnisse, Belagsmaterialien, die Mauern des Hauses und die Bepflanzung des Gartens beeinflussen zusammen das Kleinklima auf der Terrasse, das sich ganz erheblich von dem der Umgebung unterscheiden kann. Zu diesen äußeren Faktoren kommt die Größe Ihrer Familie und ihr Lebensstil hinzu. Manche möchten die Terrasse allein genießen, andere teilen sie gern mit einem großen Familien- oder Freundeskreis. Der eine Hausbesitzer isst im Sommer am liebsten draußen, ein anderer möchte es sich erst nach dem Essen mit einem Buch in einer Liege draußen bequem machen. Wenn Sie nur einmal im Jahr, z.B. für eine Familienfeier, eine große Terrasse benötigen, ist es nicht notwendig, dafür den ganzen benötigten Platz zu befestigen. Planen Sie die Terrasse so, dass sie sich nach Bedarf durch Nutzung der angrenzenden Fläche, z.B. den Rasen, ohne störende Kanten und Stufen erweitern lässt.

Hausterrassen sollten stets vom Fachmann geplant und gebaut werden, denn die fachgerechten Anschlüsse an Haus, Wege und Treppen erfordern spezielle Kenntnisse und Geräte. In manchen Wohnsiedlungen gibt es auch spezielle Vorschriften für Größe und Grenzabstände von Terrassen, die Sie beim Bauamt erfragen sollten (für Pergolen und Überdachungen gelten

TIPP

Terrassen auf aufgeschütteten Hügeln dürfen erst gepflastert werden, wenn sich der Erdhügel gesetzt hat. Dies kann, je nach Gründlichkeit der Verdichtung beim Anböschen, bis zu vier Jahre dauern. Wer nicht abwarten kann, riskiert Senken, Pfützen und Schäden an Aufbau, Entwässerung und Belagsmaterial. Wer nicht so lange warten will, kann tiefe Fundamente als Unterbau für ein Holzdeck gießen lassen.

Im Sommer ersetzt die Terrasse Ess- und Wohnzimmer.

Platzbedarf für Terrassenmöblierung (Angaben in cm)

A

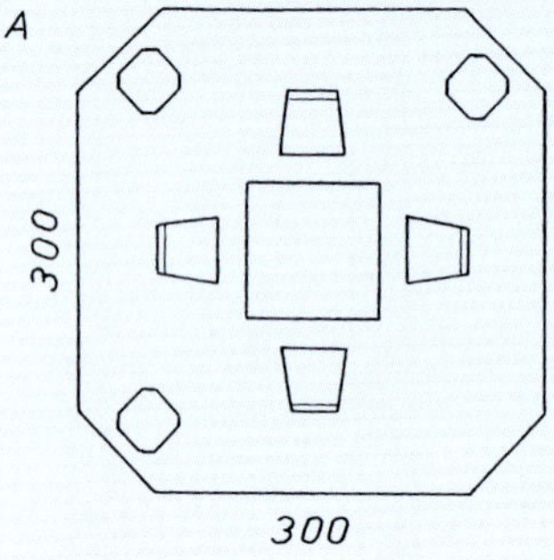

Für Nebensitzplätze oder Pavillons reichen meist wenige Quadratmeter befestigte Fläche, zumal kein Platz für einen Durchgang zwischen Haus und Garten zu berücksichtigen ist. Allerdings muss genügend Freiraum zum Zurückschieben der Stühle bleiben (9 m²).

B

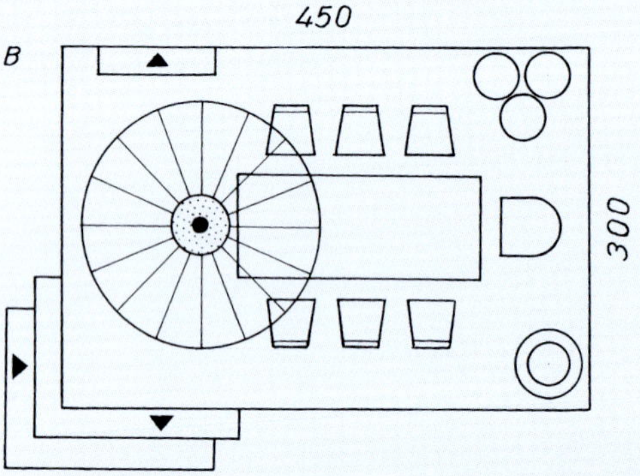

Eine Terrasse am Haus muss mindestens Platz für einen Tisch mit Stühlen, einen Sonnenschirm und den bequemen Durchgang zum Garten bieten (13,5 m²).

C

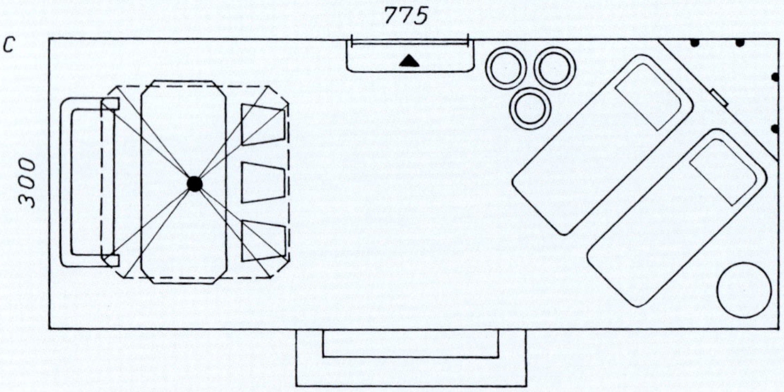

Wer zu zweit ein Sonnenbad auf der Terrasse genießen möchte, ohne dafür den Tisch wegräumen zu müssen, muss etwa den doppelten Platzbedarf vorsehen. Ein Eckschrank bietet Stauraum für die Liegen im Winter und ist zudem Sichtschutz. Eine Ecktruhe kann als Ablage oder Sitzmöglichkeit und als Stauraum für Polster genutzt werden (23 m²).

sie überall). Wenn Sie sich für Platz und Größe der Terrasse entschieden haben, müssen Sie Überlegungen zu Belagsmaterial anstellen (siehe Tabelle auf Seite 104). Hier spielen sowohl die Haltbarkeit der Baustoffe als auch deren Preis, Farbe, Format, Bearbeitung und vieles mehr eine entscheidende Rolle. Gerade weil die schönen Tage im Jahr in unseren Breiten gezählt sind, hat die Terrasse einen besonderen Wert und muss daher besonders gut geplant und gebaut werden.

Ein wichtiger Punkt ist die Entwässerung der Terrasse. Außer bei Holzdielen, Dränpflaster und losem Belagsmaterial muss für ein Gefälle von mindestens 2 % vom Haus weg gesorgt sein, damit Wasser abfließen kann. Dieses kann in eine Entwässerungsrinne, eine Rigole oder ein angrenzendes Beet geleitet werden. Auch Stufen, Licht- und Belüftungsschächte im Terrassenbereich erschweren den Bau. Bei Reihenhäusern ist zudem ein Sichtschutz zum Nachbarn einzuplanen und auch der Pflanzstreifen für die Kletterpflanzen sollte nicht vergessen werden.

Bei unebenem Gelände bereitet die Treppe zur Terrasse beziehungsweise von der Terrasse in den Garten meist Probleme. Bei steilen Gärten ist es sogar sinnvoller, die gesamte Terrasse in mehrere großzügige Stufen zu untergliedern als eine kleine Treppe am steilen Hang anzuschließen.

Terrassenmöbel mit Bedacht auswählen

Eine Terrasse wird erst mit der passenden Möblierung zum gemütlichen Sitzplatz. Da es eine Fülle von Formen, Materialien und Materialkombinationen gibt, können hier nur einige wichtige Prinzipien für die Auswahl der Möbel angesprochen werden.

Die Form ist zwar Geschmackssache, hat aber auch etwas mit Bequemlichkeit zu tun. Sitzen Sie erst ausführlich Probe und wählen Sie die Polster mit Bedacht aus. Leider sind die bequemsten Stühle und Sessel meist auch die größten, die jedoch die meiste Zeit des Jahres verstaut werden müssen (Stauraum für Möbel und Kissen bereitstellen!). Bedenken Sie, dass zusammenklapp- beziehungsweise stapelbare Möbel weit weniger Platz beanspruchen. Dazu kommen noch Standfestigkeit (Achtung bei Terrassenbelägen mit Fugen) und Gewicht. Vielleicht muss auch nicht für jeden Gast ein Gartenstuhl bereitstehen, sondern diese können mit den Ess-

Oben: Holzdielen auf der Terrasse schaffen eine wohnliche Atmosphäre und sind leicht selbst zu bauen.

Unten: Eine Terrasse muss nicht groß sein, wenn man sie ohne Stufe zum Garten baut und so problemlos auf den ebenen Rasen erweitern kann.

Beläge für Terrassen

Material	Kosten	Selbstbau	Pflege
Betonplatten	mittel	schwer	leicht
Betonpflaster	mittel	mittel	leicht
Natursteinplatten	hoch	schwer	leicht bis mittel
Natursteinpflaster	hoch	schwierig	mittel
Kombinationen Beton- und Naturstein	mittel bis hoch	schwierig	mittel
Klinkerpflaster	mittel	schwierig	leicht
Holzdielen (eine Verlegerichtung)	gering	leicht	leicht
Holzdielen (wechselnde Verlegerichtung)	gering	mittel	leicht bis mittel
Wassergebundene Decke	mittel	nur Fachbetrieb	mittel
Lose Materialien (Kies, Splitt, Holzhäcksel)	gering	leicht	mittel bis schwierig

TIPP

Bedenken Sie für jedes Gartenmöbel, das Sie anschaffen wollen, sein Gewicht, die Handlichkeit, den benötigten Lagerraum und den Transport dorthin. Klappbare Möbel und solche mit Mehrfachnutzen sparen viel Platz.

Sonnenschutz

Ein mobiler Sonnenschirm bietet Schatten, wo man ihn braucht.

Auf vielen Südterrassen wird zumindest im Sommer eine Schattiereinrichtung benötigt. Sonnenschirme beanspruchen Platz, sind aber variabel einsetzbar. Sie benötigen allerdings einen schweren Standfuß, damit sie bei Wind nicht kippen, was jedoch ihre Mobilität einschränkt.

Fest montierte Markisen lassen sich nach Bedarf ein- und ausrollen und sind sehr praktisch. Damit sich darunter die Hitze nicht staut, sollten Sie auf helle Farben und luftdurchlässiges Gewebe achten. Automatisch gesteuerte Schattiersensoren ersparen zwar das lästige Kurbeln, können aber auch sehr nerven, wenn sie zu sensibel eingestellt sind und die Markise bei jedem Wölkchen einfahren lassen.

An Seilen aufgespannte Sonnensegel sind eine weniger häufig anzutreffende Alternative zu Schirmen und Markisen. Diese können Sie sich aus Markisenstoff zuschneiden und mit Ösen versehen. Sonnensegel können auch als Sicht-, Wind- und Regenschutz dienen und sind einfach zu verstauen. Noch praktischer sind Sonnensegel aus verrottungsfestem Pulyurethan-Gewebe (PU-Gewebe), die luft- und wasserdurchlässig sind. In ihnen bilden sich keine Wassersäcke, die eine stabile Konstruktion erfordern, unter ihnen kein Hitzestau. Zum Schattieren von Kinderspielplätzen oder Kleintiergehegen können sie sogar den ganzen Sommer im Freien bleiben, ohne dass der Rasen darunter verdorrt.

tischstühlen kombiniert werden? Statt eines großen schweren Tisches ist es auch möglich, mehrere kleine handliche Tische gleicher Bauart nach Bedarf zur Tafel zusammenzurücken. Denkbar sind außerdem Tischlerplatten und Tischböcke beziehungsweise demontierbare Tischbeine, die beim Lagern im Winter weit weniger Platz beanspruchen.

Manche Gartenmöbel aus Metall oder Tropenholz können Sie auch das ganze Jahr über im Freien lassen, allerdings altern sie dann wesentlich schneller. Plastikhauben sind nur eine vorübergehende Lösung für einige Regentage und sehen meist hässlich aus. Die Sitzpolster müssen immer trocken und mäusesicher, am besten im Haus verstaut werden. Für kleinere Möbel eignen sich Terrassenschränke, die gleichzeitig als Sichtschutz dienen. Ist die Terrasse teilweise überdacht, können leichte Klappstühle und -tische gewählt werden, die an die Hauswand unter den Dachüberstand gehängt werden können.

Wer sich gern auf der Terrasse sonnt, sollte vor der Anschaffung einer sperrigen Sonnenliege über die Möglichkeit eines Holzdecks nachdenken. Hier können Sie sich direkt auf den Boden legen oder sie legen ein Polster unter. Wer es gern höher mag, kann eine feste Sitzbank oder eine nützliche Truhe als Sonnenliege nutzen.

Sitzplätze regensicher überdachen

Mit einer Terrasse, die zumindest teilweise überdacht ist, erweitern sich die Möglichkeiten spontaner Nutzung beträchtlich. Manchmal ist eine (Teil-) Überdachung in Form eines Hauseinschnittes oder eines Balkons bereits vorhanden, meist muss sie jedoch erst noch gebaut werden. Dazu bieten sich verschiedene Konstruktionen an, die mit Spezialglas oder -kunststoff bedacht werden können. Der Bau einer Pergola beziehungsweise einer Überdachung am Haus ist in der Regel genehmigungspflichtig und gehört in die Hand eines Fachmanns. Da die Konstruktion einerseits mit dem Haus fest verbunden sein, sich aber andererseits auch selbst tragen muss, sind viele statische und bautechnische Dinge zu beachten.

Bei der Planung sollten Sie sich jedoch unbedingt mit beteiligen, denn Größe und Eindeckung des überdach-

Eine feste Überdachung hat den Vorteil, dass man Gartenmöbel regensicher unterstellen kann, verdunkelt aber auch die Zimmer dahinter.

TIPP

Beachten Sie bei allen Anbauten immer die Grenzabstände und holen Sie vorher die Genehmigung beim Bauamt und gegebenenfalls die Zustimmung der Nachbarn ein.

TIPP

Pergolen aus Fertigbauteilen sind mit ein oder zwei Helfern einfach aufzubauen. Sie eignen sich jedoch meist nicht für den Anbau an das Haus, können aber gut mit einem Nebengebäude oder einer Sichtschutzwand kombiniert werden. Frei stehende Konstruktionen müssen ausreichend stabil im Boden verankert und mit Diagonalstreben gegen Verwindung gesichert werden.

TIPP

Melden Sie alle nachträglich gebauten Nebengebäude, besonders überdachte Pergolen bei Ihrer Gebäudeversicherung, denn auch hier können Schäden durch Sturm, Feuer und Hagel eintreten.

ten Terrassenbereichs haben wesentlichen Einfluss auf seine Nutzung. Klären Sie also erst, wie viel Platz Sie z.B. zum Unterstellen von Möbeln oder eines Wäscheständers benötigen. Soll der Platz auch zum Sitzen oder Arbeiten dienen, sollten Sie eine durchsichtige Dachbedeckung wählen. Bedenken Sie aber auch, dass der Lichteinfall in Fenster durch Vorbauten stark gemindert wird. So eignet sich meist der an das Wohnzimmer grenzende Terrassenteil gut, da dieser Raum meist abends genutzt wird. Dagegen sollten Sie sich den Essbereich nicht verdunkeln. Bei frei stehenden Einfamilienhäusern ist es daher meist sinnvoller, die Terrasse um die Ecke des Hauses zur West- oder Nordseite zu erweitern und dort die Überdachung zu bauen.

Wer direkt von der Küche oder dem Hauswirtschaftsraum auf die überdachte Terrasse treten kann, sollte über eine Sommerküche nachdenken. Hier können Sie im Sommer grillen, das Essen mit dem Gaskocher zubereiten, aber auch zu anderen Jahreszeiten Gemüse vorputzen oder Gerichte mit starkem Geruch zubereiten. Zu einer praktischen überdachten Außenküche gehören eine gemauerte Spüle mit Wasseranschluss und Arbeitsplatte, ein Platz zum Aufstellen eines Gasgrills oder -kochers und Ablage- beziehungsweise Aufhängemöglichkeiten für das Kochgeschirr. Alle verwendeten Materialien müssen frostfest und für den Außenbereich geeignet sein. Das Wasser sollte von innen absperrbar sein. Achtung: Vor dem ersten Frost müssen die Wasserhähne entleert werden.

Eine gemauerte Sommerküche mit großzügigem Wasserbecken kann auch zum Putzen von Gemüse, zum Kühlen von Getränken, zum Erfrischen, für Kneipp-Armbäder, ein Wasserspiel und andere erfrischende Möglichkeiten im heißen Sommer genutzt werden. Im Winter können Sie darin kleinere frostempfindliche Pflanzen einschlagen oder sogar die Fische aus dem Gartenteich überwintern, wenn Sie eine Pumpe benutzen und darauf achten, dass das Wasser nicht einfriert.

Wer seine überdachten Außenbereiche selbst bauen möchte, tut dies am preiswertesten und einfachsten in Form von Dachabschleppungen. Meist können die außen sichtbaren Dachsparren mit parallel geführten Sparren verlängert werden. Für Licht sorgen

Sichtschutz

Bei Reihenhausbebauung und Doppelhaushälften wird häufig ein Sichtschutz auf der Terrasse benötigt. In exponierter Lage kann er auch als Windschutz dienen. Selbst gebaute Lösungen sehen meist schöner aus als vorgefertigte Elemente. Sie können begrünt werden, wenn Sie die Bedürfnisse der Kletterpflanzen beim Bau mit berücksichtigt haben. Schöne Sichtschutzwände aus Holz können auch einen attraktiven Hintergrund für farbenfrohe Gartenmöbel und Kübelpflanzen abgeben.

Dachflächenfenster oder, preiswerter, einige passende Glasziegel, sodass keine Anschluss- und Dichtigkeitsprobleme entstehen. Soll die Dachrinne nicht ummontiert werden, so können Sie die neue Eindeckung unterhalb des Dachrandes beginnen lassen. Zum Säubern der Rinne muss diese jedoch mit Hand und Werkzeug erreichbar bleiben.

Freisitze im Garten bauen

Wer mehrere Sitzplätze im Garten hat, kann flexibel auf äußere Einflüsse reagieren. Vermeiden Sie aber, allzu viele Pergolen und Gartenhäuschen aufzustellen, sonst sieht der Garten aus wie ein Ausstellungs- oder Kleingartengelände. Der richtige Platz für einen Freisitz ergibt sich meist erst, wenn Sie eine Weile in Ihrem Garten gelebt haben. So wird es unter einem Baum erst gemütlich, wenn seine Krone eine gewisse Größe erreicht hat.

Schön gestaltete Sitzplätze sind aber immer auch ein Blickfang und müssen deshalb zum Gartenstil passen. Dabei ist es keineswegs notwendig, immer neue Materialien zu verwenden. Oft schafft eine alte verwitterte Bank mehr Atmosphäre als eine neue glänzende. Neue Gartenhäuschen und Pergolen können Sie auch mit Kletterpflanzen begrünen und ihnen so ein romantisches Flair geben.

Richtig geborgen fühlen Sie sich auf einem Freisitz nur, wenn ein Schutz im Rücken vorhanden und nach vorn ein freier Blick möglich ist. Bei kleinen Gärten wird deshalb häufig der Platz für den Freisitz an das untere Gartenende mit Blick auf das Haus gelegt. Eine Hecke oder begrünte Sichtschutzwand im Rücken verschafft ihm den nötigen Halt und Ihnen Geborgenheit.

Überdachungen können Blicke von oben abschirmen und als Sonnen- beziehungsweise Regenschutz dienen. Schöner sind jedoch begrünte, halb offene Konstruktionen, wie Lauben aus Holz oder Metall. Wildrosen und Clematis als Kletterpflanzen schaffen eine romantische Atmosphäre an sonnigen Plätzen, Geißblatt und Wilder Wein eine natürliche an halbschattigen, Efeu und Schling-Knöterich eine verwilderte an schattigen Orten.

Als Untergrund für Freisitze sollten Sie eine Pflasterung aus Natursteinen, eine Kies- oder Splittschicht oder Rindenmulch wählen. Lauben können auch einfach in einer Wiese stehen, ein gemähter Rasenpfad dient als Weg. Mit der Wegführung und -gestaltung zum Freisitz können Sie dem Garten ein besonderes Gesicht geben. Diagonal verlaufende Wege „weiten" den Garten optisch, unsichtbar hinter einer Hecke verschwindende geben ihm mehr Tiefe. Ein Freisitz, der etwas versteckt im Garten liegt, kann ein willkommener Rückzugsort für einzelne Gartenbewohner werden.

Planen Sie den Freisitz nicht als geselligen Essplatz, denn es ist sehr mühsam, alles Geschirr und die Speisen von der Küche zu transportieren. Ein kleiner Tisch als Ablage für ein Buch oder ein Getränk ist meist völlig ausreichend.

Eine wetterfeste Bank am richtigen Platz wirkt zu jeder Jahreszeit.

TIPP

Freisitze im Garten sollten zum Entspannen einladen. Verzichten Sie deshalb auf alle Materialien, die nur frisch geputzt schön aussehen. Auf Flohmärkten können Sie preisgünstig alte Gartenmöbel und Lauben erstehen, die auch einem neuen Garten eine zeitlose Atmosphäre und Ihnen Entspannung statt Putzarbeit verschaffen.

Auch im Winter sieht die kleine Bankpergola hübsch aus und kann zum Sitzen genutzt werden.

Wollen Sie im Sommer grillen, ist bei Reihenhäusern meist nur ein vom Haus entfernt gelegener Freisitz dafür geeignet. Hier müssen aber unbedingt die Windverhältnisse beachtet werden, damit der Rauch weder Sie noch die Nachbarn belästigt. Ein gepflasterter Platz mit einem darüber gestellten Dreibeingrill reicht meist völlig aus. Gemauerte Grills sind komfortabler, da sie mit einem Rauchabzug versehen werden können, wodurch Sie den Zug besser steuern können. Eine zusätzliche Arbeitsplatte erleichtert die Zubereitung und das Servieren von Speisen, ein Wasserhahn das Kühlen von Getränken und Säubern des Platzes. Zu einem Grillplatz gehört aber immer auch ein trockener überdachter Platz für das Holz, das bis zu zwei Jahre gelagert sein muss, bevor es verbrannt werden darf.

Bevor Sie einen Grillplatz bauen, sollten Sie unbedingt sorgfältig die vorherrschenden Windverhältnisse zur passenden Jahres- und Tageszeit prüfen, damit der Rauch keine Nachbarn belästigt und auch nicht in Ihr Fenster zieht.

Wer seinen Garten auch bei Dunkelheit nutzen möchte, muss sich Gedanken über eine praktische und ansprechende Beleuchtung machen. Dazu gilt es zu bedenken, dass Nachbarn nicht durch grelle Lampen und Strahler belästigt werden dürfen. Auch für viele Tiere sind Lampen störend, für Nachtfalter sogar meist eine tödliche Falle. Vermeiden Sie deshalb eine ständige Beleuchtung des Gartens und schalten Sie die Lampen nur bei Bedarf an. Energiesparlampen und gelbe Glühbirnen enthalten weniger kurzwellige Strahlung und sind deshalb für Insekten nicht so attraktiv. Auch für Menschen ist ihr sichtbares Spektrum angenehmer. Alle Lampen, die einen Weg oder Platz beleuchten, sollten nur nach unten strahlen. Kugellampen sind deshalb weniger geeignet, zumal sie den Fußgänger blenden und im Sommer viele Insekten anlocken.

Selbstverständlich müssen alle Lampen, Leuchtmittel, Kabel und Schalter für den Außenbereich zugelassen sein. Bei Gartenneu- oder Umgestaltungen können die Kabel für Lampen und Stromanschlüsse für 230 V gleich in 60 cm Tiefe mit in den Weg eingebaut werden. Wer dies vermeiden will, kann auf Lampen mit integriertem Solarpanel und Akku zurückgreifen, die einfach nur in den Boden gesteckt werden. Sie funktionieren natürlich nur dort, wo tagsüber genügend Sonne scheint. Auf Strahler, die Ihre Gartenlaube oder den Teich vom Haus aus ständig beleuchten, sollten Sie aus Natur- und Umweltschutzgründen verzichten. Am einfachsten und sichersten für den Laien sind Beleuchtungssysteme zu installieren, die mit einem Transformator bei 12 V funktionieren. Die Kabel können einfach in die Beete gelegt werden, und die Abzweigungen für die Lampen werden an der passenden Stelle angeklemmt. Diese Klemmstellen können beliebig verändert werden, da sich die feinen Einstiche selbst wieder verschließen. Es gibt

Sind Steckdosen und Aufhängemöglichkeiten vorhanden, kann man den Platz nach Bedarf ausleuchten.

Besonders Stufen und Treppen müssen gut beleuchtet werden.

TIPP

Elektrische Systeme mit 230 V Spannung dürfen im Außen- und Feuchtbereich nur vom Fachmann (Elektriker, Elektrotechniker) installiert werden. Prüfen Sie deshalb, ob nicht auch eine Niedervoltanlage ihren Zweck erfüllt.

dafür Lampen in verschiedenen Ausführungen mit Erdspieß oder Wand- beziehungsweise Bodenhalterung.

Es ist jedoch nicht einfach, ansprechende Außenlampen für jeden Gartenstil zu finden. Handwerklich Begabte können sich aber auch preiswert selbst Außenleuchten aus Holzpfosten und einfachen Feuchtraum- beziehungsweise Kellerlampen konstruieren. Probieren Sie die Wirkung jeder Lampe unbedingt erst sorgfältig aus, bevor Sie diese fest installieren.

Spielplätze kostengünstig gestalten

Die Bedürfnisse von Kindern und Erwachsenen sind oft schwierig zu vereinen: Während die Erwachsenen Ruhe, Erholung, Beschaulichkeit und Entspannung suchen, wollen Kinder sich austoben, auf Bäume klettern, Abenteuer erleben und ihre Umgebung erkunden sowie fortwährend umgestalten. Nicht jeder Garten ist groß genug, um die Bedürfnisse aller Bewohner gleichzeitig zu erfüllen. Aber mit etwas Fantasie, guter Planung und Mut zu unkonventionellen Lösungen ist auch in kleinen Gärten meist mehr möglich, als anfangs gedacht. Kinder sind gar nicht so anspruchsvoll, wie wir oft denken und begnügen sich mit wenig Platz, der ihnen dann aber auch ohne Einmischung ins Spiel überlassen werden sollte. Am kostengünstigsten ist es, ihnen einen Gartenteil optisch abzutrennen und jede Menge Material, wie Steine, Sand, Wasser, Holz und Werkzeug, zur Verfügung zu stellen. Sie werden staunen, mit wie viel Ausdauer, Kreativität, Ernsthaftigkeit und Spaß ihre Kinder bei der Sache sind.

Spielmöglichkeiten für die ganze Familie

Viele Gartenneulinge stellen sich die Familie im geselligen Beisammensein auf einer grünen Rasenfläche vor. Diese wird aber tatsächlich nur selten zum Spielen genutzt. Lediglich im Hoch-

Auf kleinem Raum können die Kinder hier spielen und ihre Tiere pflegen.

Mit zunehmendem Alter ändern sich die Vorlieben der Kinder.

sommer wird hier gelagert und geplanscht, wenn der Garten sehr groß ist, auch Federball gespielt. In der Regel landet der leichte windsensible Ball jedoch häufig im Nachbargarten oder den eigenen Hecken- und Staudenpflanzungen. Für ebene Rasenflächen sind daher wenig windanfällige Ballspiele, wie Indiaka, Bocchia und Krocket, geeigneter.

Viele gesellige Spiele, wie Tischtennis oder Boule, setzen statt Rasen eine große ebene und befestigte Fläche voraus. Meist ist die Garagenzufahrt beziehungsweise der Stellplatz dafür geeignet, allerdings nur, wenn sie eben angelegt wurden. Hier können die Kinder auch Hüpfspiele machen oder Murmeln rollen lassen. Oft ist auch Platz für das Bobbycar oder Dreirad der Kleinsten. Als Untergrund eignen sich offenporige Flächen ebenso wie gepflasterte, wobei Letztere sogar zum Malen mit Straßenkreide verwendet werden können. Wird der Platz von einer Pergola oder einem Carport überdacht, können Sie ihn auch zum Aufhängen einer Schaukel oder Hängematte verwenden. Sehr kleine Kinder sollten jedoch einen weichen Untergrund unter der Schaukel haben, damit sie sich beim Hinfallen nicht verletzten.

Es gibt aber auch Spiele, die mit wenig Platz auf der Terrasse auskommen. Dazu gehören z.B. das Gartenschach und alle anderen Brettspiele, die auf Schachfeldern gespielt werden. Ist die Terrasse mit quadratischen Platten im Schachbrettmuster belegt, können Sie jederzeit mit wetterfesten Spielfiguren spielen. Diese müssen keineswegs gekauft sein, sondern können aus Holz, Flaschen, Blumentöpfen oder Gasbetonsteinen selbst gebastelt werden und so die Terrasse sogar dekorieren. Gartenkegeln ist eine Variante des Kegelspielens, für die nur eine kleine ebene Fläche, z.B. ein befestigter Grillplatz, und eine Aufhängemöglichkeit benötigt wird. Auch dieses Spiel kann mit Holzkegeln leicht selbst gebastelt werden. Für Kinder können Sie auch ein Angelspiel in einem Wasserkübel

TIPP

Dient der Carport auch als Schaukelplatz, kann für kleinere Kinder vorübergehend eine alte, in Folie verpackte Matratze als Fallschutz untergelegt werden, die Sie platzsparend aufrecht an die Wand stellen und mit einer gespannten Kordel befestigen können, wenn das Auto untergestellt wird.

Diese Spielecke bietet vielerlei Möglichkeiten für kreatives Spiel.

oder -becken herstellen, an dem sie bestimmt viel Spaß haben werden. Auch Tast-, Riech- und Schmeckmemories können in dekorativen wetterfesten Gefäßen untergebracht und immer wieder mit Zutaten aus dem eigenen Garten variiert werden.

TIPP

Kostenbewusste, praktisch denkende und tolerante Eltern überlassen den Kindern einen Gartenteil im Rohzustand und geben ihnen jede Menge Baumaterial dazu. Nach einiger Zeit entwickeln die Kinder selbst Ideen zu dessen Gestaltung und sind damit Jahre kreativ beschäftigt.

Betrachten Sie jede Fläche Ihres Grundstücks auch mit den Augen Ihrer Kinder und gestalten es möglichst vielseitig nutzbar. Stellen Sie den Kindern zudem Naturmaterialien und Reste vom Bau zur Verfügung, können Sie viel teures Spielmaterial sparen.

Kreativplätze für Kinder

Der schönste Spielplatz für Ihre Kinder war das Grundstück in der Bauphase. Hier konnten sie von den Hügeln abgelagerter Erde hinunterrutschen, in Wasserlöchern matschen und mit herumliegenden Steinen und Holzresten spielen. Das war zwar teilweise nicht ungefährlich und die Kinder sahen immer aus wie kleine Ferkel, aber es hat ihnen jede Menge Spaß gemacht. Jetzt sind sie traurig, weil ihre Erdhügel verschwinden und langweiliger Rasen gesät werden soll, den sie viele Wochen noch nicht einmal betreten dürfen. Die Erwachsenen sind dagegen froh, dass die Schmutzphase vorbei ist und versuchen, die Kinder mit versprochenen Anschaffungen, wie einer Schaukel oder Rutsche, zu trösten. Das kostet aber Geld und beschäftigt die Kinder längst nicht so intensiv und ausdauernd wie die Baustellenlandschaft zuvor.

Ein vernünftiger Kompromiss ist eine gebaute Spiellandschaft, die schön aussieht und den Kindern Platz für eigene Kreativität lässt. Dazu grenzen Sie am besten einen Gartenteil optisch, z.B. mit einer Hecke oder einem Weidentunnel, vom Rest des Gartens ab. Die Kinder brauchen auf ihrem Spielplatz natürliche Elemente, wie Wasser, Sand, Erde, Lehm, Steine in allen Formen und Größen sowie Holz in roher und bearbeiteter Form. Für die Aufbewahrung eignen sich preiswerte Mörtelkübel (mit Wasserabzugslöchern), Eimer und Tonnen mit Deckel, Holzpaletten und stabile Weinflaschenkisten. Der Untergrund kann unterschiedlich gestaltet werden, er wird sich aber bald mit den Spielmaterialien vermischen, wenn nicht die Spielzonen klar voneinander abgeteilt werden. Als Abgrenzung können Baumstämme, Holzpalisaden, Flechtzäune, lebende Zäune und kleine Wälle mit robusten Heckensträuchern dienen. Alle Materialien müssen nicht ewig halten. Es reicht in der Regel, wenn sie fünf bis zehn Jahre ihren Zweck erfüllen und dabei langsam auf natürliche Weise verrotten.

Unbehandeltes preiswertes Weichholz hält in der Regel genauso lange, wie Kinder damit spielen (etwa zehn Jahre) und kann danach auf natürliche Weise verrotten. Chemisch behandelte und besonders kesseldruckimprägnierte Hölzer müssen Sie dagegen als Sondermüll entsorgen, was Geld kostet und die Umwelt belastet.

Rechts: Ein Baumhaus muss nicht im Baum befestigt sein, Hauptsache man schaut von oben auf die Erwachsenen hinunter.

Spielplatz im Vorgarten?

In Gärten frei stehender Einfamilienhäuser bietet sich manchmal der Vorgarten als Kinderspielplatz an, sofern er groß genug ist und nach Süden oder Westen zeigt. Die Lösung mag ungewöhnlich erscheinen, hat aber mehrere Vorteile: Die Kinder haben Kontakt zu den Nachbarskindern, die Garagenzufahrt kann als Hartplatz mit genutzt werden, sofern sie eben ist, vielleicht kann sogar auf eine Garage verzichtet oder zumindest das Garagen- oder Carportdach als „Baumhaus" genutzt werden. Ein Carport, ein Verbindungsbalken zwischen Haus und Garage oder ein großer Baum im Vorgarten können als Schaukelplatz dienen, sodass Sie sich den Kauf einer eigenen Konstruktion sparen können.

Ein nicht zu unterschätzender Vorteil ist auch, dass die Kinder und ihre Spielkameraden nicht verschmutzt über die Terrassentür in die Wohnung gelangen, sondern über den Windfang, wo sie die Gästetoilette benutzen können. Eine wetterfeste Truhe oder Tonne nimmt das Spielzeug auf, die Fahrzeuge und Geräte lagern unter dem Carport oder in der Garage.
Größere Vorgärten sind meist ungenutzte Gartenteile mit Verlegenheits- beziehungsweise Vorzeigebepflanzung. Warum sollen Sie nicht zeigen, dass hier Kinder wohnen? Auch eine spätere Umwandlung ist durch die Erschließung über die Straße wesentlich einfacher als im hinteren Garteneil.

TIPP

Wasserrutschen aus Plastikplane mit Schlauchanschluss sind im Sommer eine preiswerte Alternative zu fest installierten Rutschen. Ein leicht geneigter Hang reicht hierfür völlig aus und auch größere Kinder haben noch ihren Spaß.

In Gegenden mit viel Niederschlag und lehmigem Boden, beziehungsweise wenn Sie den Kindern Wasser zur Verfügung stellen, muss auf eine gute Dränage des Untergrundes geachtet werden. Dazu sollten Sie eine Schicht Schotter unter der Sandgrube einbauen und mit einem Dränagevlies bedecken. Darauf wird der Sand 40 bis 60 cm hoch eingefüllt. Die Ränder der Sandgrube müssen bei bindigem Boden nicht befestigt werden, wenn sie nicht zu steil ausgeformt wurden. Für die anderen Spielzonen ist Sand, feiner Rundkies oder Rindenmulch ein geeigneter Untergrund.

Wesentlich anregender als ebene Flächen sind Spielzonen mit Höhen und Tiefen. Überlegen Sie doch einmal, ob nicht ein kleiner Wall aufgeschüttet werden kann oder sich ein Hang im Garten als Spielzone eignet. Hier kann eine Rutsche eingebaut oder im Sommer eine Wasserrutsche aufgelegt werden. Stufen aus Steinen oder Knüppelholz dienen als Aufstieg und Klettermöglichkeit. Manchmal eignet sich auch ein alter Baum zum Klettern oder Sie bauen den Kindern eine Gartenhütte mit begehbarer Plattform als „Baumhaus", von dem sie herunterrutschen können.

Sinnvolle Spielgeräte im Garten

Eine freie Rasenfläche wird viel seltener zum Spielen genutzt, als man gemeinhin glaubt. Sie dient ausschließlich dem Liegen im Sommer, muss dafür aber von Frühjahr bis Herbst intensiv gepflegt werden. Ballspiele auf dem Rasen führen meist zu Konflikten mit den Beeten und unter Schaukeln nutzt sich die Rasenfläche schnell ab. Blumenwiesen haben zwar Zierwert für Kinder und Erwachsene, dürfen aber die meiste Zeit im Jahr nicht betreten werden. Am geeignetsten für Spiele sind deshalb immer noch magere Rasenflächen, wie Schotterrasen, mit wasserdurchlässigem trockenem Unterbau und trittfestem Bewuchs.

Schaukeln können unter Balkonen, Carports oder Pergolen hängen, sofern genügend Breite und Platz zum Schwingen vorhanden ist. Sie können auch einen Balken zwischen Haus und Garage oder zwei hohen Torpfosten anbringen. Selbstverständlich müssen die statischen und dynamischen Belastungen berücksichtigt werden. Da Schaukeln zu zweit mehr Spaß macht als allein und ein doppelt breiter Schaukelplatz auch später noch für eine Hängematte oder Schaukelbank genutzt werden kann, lohnt sich der Bau

oder Kauf einer großzügigen Schaukel eher, auch wenn es anfangs etwas teurer kommt.

Selbst gebaute Konstruktionen sollten gut geplant und vielseitig sowie für lange Zeit verwendbar sein. Ein Kombispielgerüst mit An- und Ausbaumöglichkeiten muss gut durchdacht werden, ist aber eine sinnvolle Investition, da auch eine späte Nutzung möglich ist, wenn die Kinder zu Jugendlichen heranwachsen beziehungsweise nachdem sie aus dem Hause sind.

Das selbst gebaute Kombigerüst bietet viele Spiel-, aber auch Erweiterungs- und Umwidmungsmöglichkeiten, wenn die Kinder größer werden.

Rationelle Umwandlungsmöglichkeiten von Spielgeräten

Schaukelgerüst	→	Bankschaukel/Hängemattengestell/Pergola/Bauholz
Kombispielgerät	→	Kinderhaus/Gartenhaus/Pergola/Grillplatz
Baumhaus	→	Lagerplatz/Vogelbeobachtungsstation/Tierquartier
Kinderhaus	→	Tierstall/Gartenhaus/Gewächshaus/Hochbeet
Sandkiste	→	Auslauf für Kleintiere/Beetkasten/Frühbeet/kleiner Gartenteich

3 Begrünen

3

Pflanzen für alle Standorte

Naturnahe Pflanzungen bieten bei genauem Hinsehen immer wieder Überraschungen.

Erst nach der Planung und Gestaltung aller Bauwerke und der anschließenden Bodenvorbereitung erfolgt die Bepflanzung des Gartens. Die Anordnung der Pflanzen muss jedoch von Beginn an Teil des Gartenplanes und Gestaltungskonzeptes sein. Die Verwendung von Pflanzen setzt gewisse Grundkenntnisse ihrer Gestalt und Entwicklung, ihrer Lebensweise und Bedürfnisse sowie der Pflanz- und Pflegetechnik voraus. Intelligente Begrünung heißt aber nicht, auf möglichst viele Pflanzen zu verzichten, denn dort, wo nichts wächst, siedeln sich ganz von selbst Pionierpflanzen (meist unerwünschte Unkräuter) an. Es heißt auch nicht, aus dem Pflanzencenter einige preiswerte Samentüten und Allerweltspflanzen mitzunehmen und irgendwo auszusäen beziehungsweise einzupflanzen, damit der Garten möglichst schnell grün ist. Intelligente Begrünung heißt vielmehr, solche Pflanzen auszuwählen, die standortgerecht und langlebig sind, dauerhaft ohne viel Pflege auskommen, zueinander passen und das Aufkommen unerwünschter Pflanzen verhindern. Dies erfordert zwar anfangs etwas mehr Planungsaufwand, spart aber langfristig viel Zeit, Arbeit und Geld.

Große langlebige Gehölze bilden das Gerüst der Pflanzung, brauchen aber einige Jahre, um den ihnen zugewiesenen Platz auszufüllen, selbst wenn man große Exemplare mit Ballen pflanzt. Immergrüne Bäume und Sträucher schaffen Blickpunkte und Hintergründe auch im Winter, während uns die sommergrünen die Jahreszeiten anschaulich machen. Mit Zwerg- und Halbgehölzen lassen sich Hänge schnell und dauerhaft begrünen und Klettergehölze erschließen auch vertikale Flächen. Der häufig aus Ungeduld begangene Fehler, anfangs zu dicht zu pflanzen, ist alles andere als sinnvoll, wird doch mehr Geld ausgegeben als nötig und später haben Sie Arbeit mit dem Entfernen der überflüssigen Pflanzen.

Stauden bilden kein holziges Gerüst, bestechen aber durch ihre Blüte oder besondere Blattform, z.B. die Farne und Ziergräser. Mit Einjährigen schaffen Sie von Anfang an schöne Blickpunkte im Garten, aber auch bei vielen Mehrjährigen dauert es nicht lange, bis ein Beet begrünt ist. Mit unterschiedlichen Rasen- und Wiesentypen sowie Bodendeckern lassen sich überall grüne Flächen gestalten, die den Boden bedecken und attraktiv sind.

Große Gehölze weitsichtig auswählen

Durch ihren aufrechten Wuchs bilden Bäume und Sträucher, aber auch Kletterpflanzen in Verbindung mit den Bauwerken ein vertikales Gerüst im Garten. Eine anfangs zweidimensional angelegte Planung erhält erst durch die dritte Dimension räumliche Gestalt. Mit Gehölzen wird ein Garten in „Zimmer“ gegliedert und Blickachsen entstehen. Bäume bieten Sicht- und Sonnenschutz, lassen die Lichtverhältnisse im Tages- und Jahresverlauf variieren, und wirken auf Klima und Bodenverhältnisse. Bäume und Sträucher schaffen aber auch Strukturen und Biotope für Tiere und beeinflussen damit den Lebensraum Garten. Da sich alle weiteren Pflanzen den Gehölzen unterordnen müssen, sollten Sie bei der Auswahl und Platzierung mit Bedacht vorgehen. Ihr langsames Wachstum verführt dazu, sie anfangs zu dicht zu pflanzen, was in den meisten Gärten zu Abholzungen nach 10 bis 15 Jahren führt. Diese Anfängerfehler können Sie aber vermeiden, wenn Sie das folgende Kapitel aufmerksam lesen.

Bäume und Sträucher richtig platzieren

Gehölze müssen sehr sorgfältig ausgesucht und platziert werden, denn einmal gepflanzt, lassen sie sich in der Regel nicht mehr umsetzen. Bei der Auswahl sollten Sie sich am zur Verfügung stehenden Platz orientieren. Dabei gilt immer die Endgröße des Gehölzes, bei sehr langsam wachsenden Bäumen unter Umständen auch die Höhe und Breite nach zehn Jahren. Außerdem sollte seine Wuchsform mit dem Gebäude- und dem gewünschten Gartenstil harmonieren.

Zunächst müssen Sie jedoch entscheiden, ob es sich um ein immergrünes oder sommergrünes Gehölz handelt und welchen Zweck es erfüllen soll. Der Baum oder Strauch muss für den Standort geeignet sein, auch an eine passende Begleitpflanzung sollten Sie denken.

TIPP

Bedenken Sie immer, dass ein zu groß gewordener Baum unter die Baumschutzsatzung fallen kann und unter Umständen nicht mehr gefällt werden darf.

Kurzsichtig gepflanzte Gehölze müssen oftmals nach 10 bis 20 Jahren wieder gefällt werden, was sehr aufwändig und teuer werden kann.

Kleine pflegeleichte Bäume, Ziergehölzstämmchen und Sträucher

Name	Endhöhe/ -breite (in m)	Wuchs	Standort	Bemerkungen
Baum-Hasel (*Corylus colurna*)	12/ 4	pyramidal-aufrecht	Sonne bis Schatten	dekorative essbare Nüsse
Blumen-Esche (*Fraxinus ornus*)	8 bis 12/ 3	sehr schlank	Sonne bis Halbschatten	weiße Blüte im Mai, schöne Herbstfärbung
Eberesche (*Sorbus aucuparia*)	10 bis 12/ 3 bis 4	schlank, aufrecht	Sonne bis Halbschatten	leuchtend rote Beeren und Herbstlaub
Fächer-Ahorn (*Acer palmatum* 'Garnet')	3/ 4 bis 5	schirmförmige Krone	Halbschatten bis Schatten, Boden feucht	leuchtend rotes Herbstlaub, sehr dekorativ, kalkscheu
Gold-Erle (*Alnus incana* 'Aurea')	10/ 3	schlank	Sonne bis Halbschatten	goldgelbes Laub, rotgelbe Rinde
Higan-Zierkirsche (*Prunus subhirtella* 'Autumnalis')	5 bis 7/ 3 bis 4	breit aufrecht, reich verzweigt	Sonne bis Halbschatten	weiße oder blassrosa Blüten von November bis April (sofern frostfrei)
Kupfer-Felsenbirne (*Amelanchier lamarckii*)	6 bis 8/ 3 bis4	eiförmig aufrecht	Sonne bis Halbschatten	weiße Blüte im April, kupferrote Herbstfärbung
Säulen-Weißdorn (*Crataegus monogyna* 'Stricta')	6/ 1 bis 2	sehr schlank	Sonne bis Halbschatten	rote Früchte im Herbst
Scheinbuche (*Nothofagus antarctica*)	5 bis 7/ 3 bis 4	bizarre Verzweigungen	Sonne bis Schatten	sehr dekorativer Wuchs, auch arme Böden
Stern-Magnolie (*Magnolia stellata*)	2 bis 3/ 2 bis 3	gedrungen	Sonne bis Halbschatten	hübsche sternförmige weiße Blüte
Weidenblättrige Birne (*Pyrus salicifolia*)	5 bis 8/ 3 bis 5	meist kurzstämmig, Zweige bogig herabhängend	Sonne bis Halbschatten	schöne Blüte im April, Früchte ungenießbar
Wild-Birne (*Pyrus pyraster* 'Beach Hill')	7/ 1 bis 2	sehr schlank	Sonne bis Halbschatten	schöne Herbstfärbung, Früchte ungenießbar
Zier-Apfel (*Malus sieboldii* 'Calocarpa')	4 bis 5/ 3 bis 4	runde ausgebreitete Krone	Sonne bis Halbschatten	weiße Blüte, rote essbare Früchte

TIPP

Erheben Sie nicht rechtzeitig gegen einen zu dicht gepflanzten Baum oder eine Hecke des Nachbarn Einspruch, tritt meist fünf Jahre nach der Pflanzung eine Verjährung in Kraft und Sie müssen mit dem Gehölz weiterleben, auch wenn es den ganzen Garten verschattet.

Bebilderte Kataloge und Fachbücher geben Auskunft über eine Vielzahl geeigneter Gehölze für Hausgärten. Ebenso kann der Besuch eines Botanischen Gartens hilfreich sein. Bedenken Sie auch immer den Aspekt des sommergrünen Gehölzes in den verschiedenen Jahreszeiten. So kann der Blattaustrieb im Frühjahr besonders reizvoll, die Blütenfarbe spektakulär sein. Die entfalteten Blätter im Sommer haben eine schöne Form und sorgen für lichten Schatten, bevor sie sich im Herbst prachtvoll verfärben. Nach dem Laubfall leuchten die Früchte und locken gefiederte Gäste an. Im Winter kann die Struktur der Rinde oder das Wuchsbild der Äste und Zweige einen besonderen Akzent setzen.

Große immergrüne Bäume und Sträucher können einen hässlichen Anblick wirkungsvoll verdecken, wirken aber auch leicht düster. Sie dominieren schnell einen kleinen Garten. Außerdem ist es nicht einfach, eine passende Begleitpflanzung zu finden, die in ihrem Schatten gedeiht. Mit kleinen immergrünen Gehölzen lassen sich dagegen skulpturale Effekte und dekorative Kontrastwirkungen erzielen, die den Garten besonders im Winter bereichern.

In Vorgärten kommen kleine mehrstämmige oder kleinkronige Bäume und Ziergehölzstämmchen besonders schön zur Geltung und bei Reihenhausbebauungen gibt der Hausbaum jedem Vorgarten ein unverwechselbares Gesicht. Neben dem Kronendurchmesser müssen Sie hier die Stammhöhe besonders beachten, damit der Lichteinfall in die Fenster nicht beeinträchtigt wird. Unter der Krone von Hochstämmen können Sie in der Regel hindurchgehen, währenddem Sie um die kleineren Halbstämme und Büsche herumgehen müssen, sodass diese, obwohl kleiner, mehr nutzbaren Raum beanspruchen. Aber auch die Pflanzabstände zu Nachbarn und zu öffentlichen Wegen müssen eingehalten werden, es sei denn, Sie einigen sich mit Ihren Nachbarn auf einen gemeinsamen Baum.

Bei Reihen- und Doppelhäusern ist ein gemeinsamer Baum auf der Grenzlinie oft die einzige Möglichkeit, ein größeres Gehölz in den Vorgarten oder Garten zu pflanzen und gleichzeitig Streit um Laubfall, überhängende Äste und Verschattung mit Nachbarn zu vermeiden.

Im hinteren Gartenteil können Sie den Baum nach anderen Aspekten aussuchen als im Vorgarten. Hier sind oft höhere und breitkronige Arten als Schattenspender sinnvoll, eventuell wird eigenes Obst gewünscht, Sie möchten bereits vorhandene Bäume ergänzen oder müssen grünordnerische Festsetzungen seitens der Behörde erfüllen. Mit der richtigen Platzierung eines charakteristischen Baumes können Sie auch die Umgebung in den Garten einbeziehen, den Blick zu einem schönen Ausblick hin- oder von einem hässlichen ablenken.

Dieser kleine Baum hat auch nach 30 Jahren genau die richtige Größe und ist vor dem Haus optimal platziert.

Die Pflanzabstände für Gehölze variieren in den verschiedenen Bundesländern, Landkreisen, Städten und Gemeinden und sogar in einzelnen Baugebieten, sodass Sie immer beim zuständigen Bauamt nachfragen müssen, welche Regeln für Ihr Grundstück beziehungsweise das gewählte Gehölz gelten.

Nicht nur die Arten- oder Sortenwahl beeinflusst das Gartenbild, auch die Wuchsform des Baumes ist entscheidend. So entsteht ein ganz unterschiedliches Bild, wenn z.B. eine ein- oder mehrstämmige Birke verwendet oder eine Trauerform einem aufrechten Wuchs vorgezogen wird.

Aber auch die Zusammenstellung mehrerer Bäume muss gut bedacht werden, so vermitteln beispielsweise paarweise angeordnete Bäume einen ganz anderen Eindruck als eine lockere Baumgruppe. Sowohl durch die Zusammenstellung der Arten und Sorten beziehungsweise Wuchsformen als auch durch die räumliche Anordnung der Bäume können Sie deshalb eine besondere Stimmung im Garten schaffen, der sich alle anderen Pflanzungen unterordnen müssen.

Da große Gehölze den Garten nicht nur durch ihr Aussehen, sondern auch durch klimatische und biologische Be-

TIPP

Suchen Sie teure Solitärgehölze sehr sorgfältig und nur bei Qualitätsbaumschulen aus. Sie sparen letztendlich nichts, wenn Sie Billigware kaufen, die sich schlecht oder gar nicht entwickelt.

TIPP

Schutz vor Wühlmäusen bietet ein engmaschiger Kaninchendraht, der um den Ballen geschlagen wird. Bei Wurzelware wird damit vor der Pflanzung die Pflanzgrube ausgekleidet.

Als Verbissschutz kann eine um den Stamm gebogene verzinkte Estrichmatte dienen, die optisch kaum auffällt.

einflussung ihre Umgebung nachhaltig prägen, müssen sie mit Bedacht gewählt werden.

Ein weiterer Aspekt bei der Auswahl ist der Laubfall, der im Herbst einige Tage bis Wochen für Arbeit sorgt. Oft werden immergrüne Koniferen in Gärten bevorzugt, in dem Glauben, sich so die Arbeit des Laubkehrens sparen zu können. Dies ist jedoch keineswegs der Fall, denn alle Nadelbäume verlieren ihre Blätter unentwegt, besonders im Sommer sowie bei starkem Wind und Regen, sodass öfter gekehrt werden muss als bei Laubbäumen. Zudem lassen sie sich schwer mit anderen Pflanzen kombinieren, da sie ihre Umgebung stark austrocknen. Auch Rasen ist in der Nähe von Koniferen pflegeintensiver als unter den meisten Laubbäumen, weil durch die den Boden versauernden Nadeln Moose die Gräser verdrängen.

Gehen Sie bei Ihren Planungen und Entscheidungen immer von der Endgröße des Gehölzes aus und zeichnen Sie diese auch so in den Plan. Markieren Sie den Baum im Grundstück, z.B. mit einem langen Pflock für die Stammhöhe und einem Gartenschlauch für den Kronendurchmesser. Ein großer Sonnenschirm kann einen Eindruck vom Schattenwurf des Baumes vermitteln und hilft bei der Standortwahl. Es lohnt sich, vor dem Pflanzen den vorgesehenen Platz von allen Standorten im Garten und allen Fenstern des Hauses aus kritisch zu überprüfen.

Pflanzen Sie große Gehölze nur im Herbst, und zwar nach dem Laubfall bis etwa Jahresende. Frühjahrspflanzungen leiden meist den ganzen kommenden Sommer unter Wassermangel und entwickeln sich auch bei guter Pflege nicht schneller, als wenn Sie bis zum Herbst gewartet hätten.

Das Pflanzloch kann schon vor dem Kauf des Baumes ausgehoben und vorbereitet werden, auch die Stützpfähle, Kokoskordel und Verbissschutz können Sie schon bereitlegen.

Lassen Sie den Pflanzschnitt in der Baumschule vornehmen. Wurde er vergessen, müssen Sie die Äste selbst einkürzen. Bei Hochstämmen sollten Sie dies vor der Pflanzung tun, solange der Baum noch am Boden liegt, da Sie nach der Pflanzung eine Standleiter benötigen.

Gehölze naturnah zusammenstellen

Gehölzgruppen wirken natürlicher als einzeln stehende Bäume und Sträucher, die besser zu Parkanlagen passen. Sie sind außerdem sehr pflegeleicht, da sich unter ihnen kaum Unkraut ansiedeln kann. Die Pflanzen

begrenzen sich in ihrer gegenseitigen Konkurrenz um Licht und Nährstoffe selbst im Wachstum, müssen also selten oder nie geschnitten werden. Für naturnahe Gehölzgruppen sollten Sie Bäume und Sträucher verschiedener Endgrößen auswählen, die zusammengepflanzt eine in der Höhe variierende Gruppe bilden. Wenn alle Pflanzen die gleichen Standortansprüche haben und sich in ihrer Wuchsform ergänzen, entsteht eine zufällig wirkende harmonische Anordnung. Die Gruppierung sollte zu allen Jahreszeiten ansprechend aussehen. Dies können Sie z.B. mit unterschiedlichen Blühzeitpunkten, verschiedenen Blattformen und -farben sowie attraktivem Fruchtbehang erreichen. Der Winteraspekt kann durch die Verwendung von einem oder mehreren immergrünen Gehölzen gesteigert werden. Aber auch immergrüne Gräser, Steine, Holzstücke und eine passende Mulchdecke am Fuße der Pflanzung ergänzen die Wirkung nach dem Laubfall.

Gehölzgruppen können als „Inseln" frei im Garten stehen, sodass sie von allen Seiten betrachtet werden können. Hier bietet sich ein kegelförmiger Aufbau mit einer hohen Leitpflanze in der Mitte und höhengestuften Gehölzen in konzentrischen Kreisen an. Zu Beginn kann solch eine Pflanzung sehr lückenhaft aussehen, da sie die jungen Gehölze in gebührendem Abstand voneinander pflanzen müssen. Steinsetzungen und Totholzstücke sowie eine Mulchdecke lassen sie aber bereits in diesem Stadium ansprechender aussehen.

Gehölze dürfen den Blick aus dem Fenster nicht versperren, sollten ihn aber auf eine schöne Aussicht lenken.

TIPP

Einjährige und mehrjährige Stauden können anfangs die Lücken zwischen den Gehölzen füllen.

Einen Baum fachgerecht pflanzen

1. Pflanzloch ausheben
Heben Sie das Pflanzloch etwa doppelt so tief und breit aus, wie der Wurzelballen beziehungsweise die Wurzeln groß sind. Die Erde am Boden und an den Seiten des Pflanzloches muss mit einer Grabgabel gut gelockert werden. Prüfen Sie auch, ob der Boden unterhalb verdichtet ist, indem Sie Wasser in das Pflanzloch gießen. Versickert es nicht langsam, sondern bleibt einige Zeit stehen, muss der Boden noch tiefgründiger, eventuell mit einer Eisenstange, gelockert werden. Bei sehr lehmigen Böden müssen auch die Seitenwände der Pflanzgrube mit einbezogen werden.
Den Aushub durchmischen Sie je nach Bodenqualität mit mehr oder weniger reifem Kompost. Abgestochene Rasensoden dürfen nicht mitverwendet werden, diese können Sie aber zum Formen eines Gießwalls nutzen, was am Hang besonders wichtig ist. Falls Sie die Wurzeln vor Wühlmäusen schützen müssen, sollten Sie nun das Pflanzloch mit einem Kaninchendraht auskleiden oder den Ballen damit umwickeln.

2. Baum einsetzen
Danach füllen Sie einen Teil der Erdmischung in das Pflanzloch und stellen den Baum probeweise darauf (bei Gehölzen ohne Ballen sollten Sie noch vorher die Wurzeln einkürzen und alle abgestorbenen Feinwurzeln entfernen). Er muss genauso tief gepflanzt werden, wie er zuvor in der Baumschule stand (das ist dem Stamm meistens anzusehen). Veredlungsstellen – das sind die Verdickungen zwischen Wurzelhals und Stamm – müssen knapp oberhalb des Bodens herausschauen, damit die Unterlage nicht austreibt.

3. Erde einfüllen
Hat der Baum die richtige Höhe, schlagen Sie je nach Stammhöhe und Windverhältnissen einen, zwei oder drei Stützpfähle neben dem Stamm in den gewachsenen Boden, ohne die Wurzeln zu beschädigen. Richten Sie nun den Stamm senkrecht aus und füllen Sie die Erdmischung bis etwa 3 cm unterhalb des gewachsenen Bodens auf, wobei Sie diese lagenweise um den Wurzelballen herum vorsichtig festtreten. Falls ein Verbissschutz nötig ist, wird dieser nun am Stamm angebracht und in der Höhe angepasst.

4. Anbinden und Angießen
Der Baum wird dann mittels eines Kokosstricks in einer achtförmigen Schlaufe am Pfahl beziehungsweise zwischen den Pfählen festgebunden (der Strick muss am Stamm beweglich bleiben und darf ihn nicht einschnüren). Das anschließende Angießen beziehungsweise Einschlämmen erfolgt mit einer Gießkanne oder einem Schlauch ohne Gießbrause. Dabei werden die feinen Bodenteilchen an die Wurzeln herangespült. Im Gießrand soll das Wasser einige Zeit stehen bleiben und langsam versickern. Wiederholen Sie den Vorgang einige Male nach der Pflanzung und, je nach Witterung und Bodenfeuchte, anschließend noch einige Wochen lang alle paar Tage (eventuell muss noch Erde nachgefüllt werden).
Nach dem letzten Einschlämmen sollten Sie auf die Baumscheibe einige Hände voll Hornspäne als Langzeitdünger streuen und eine dicke Mulchschicht aus Rindenschrot, Holzhäcksel oder Laub aufbringen, um keimendes Unkraut zu unterdrücken.

Zeitliche Entwicklung einer gemischten Gehölzpflanzung:
a) Draufsicht zum Zeitpunkt der Pflanzung,
b) Draufsicht der Pflanzung nach Ablauf von zehn Jahren.

Sommergrüner Baum (z.B. *Sorbus*, Ø 1,5 m *Acer*)
Immergrüne Säulenform (z.B. *Taxus*)
Breiter Strauch (z.B. *Cornus alba*)
Kahlfüßiger Strauch (z.B. *Euonymus*)
Immergrüner kugelförmiger Strauch (z.B. *Buxus*)
Zwerggehölze (niedrig, kompakt)

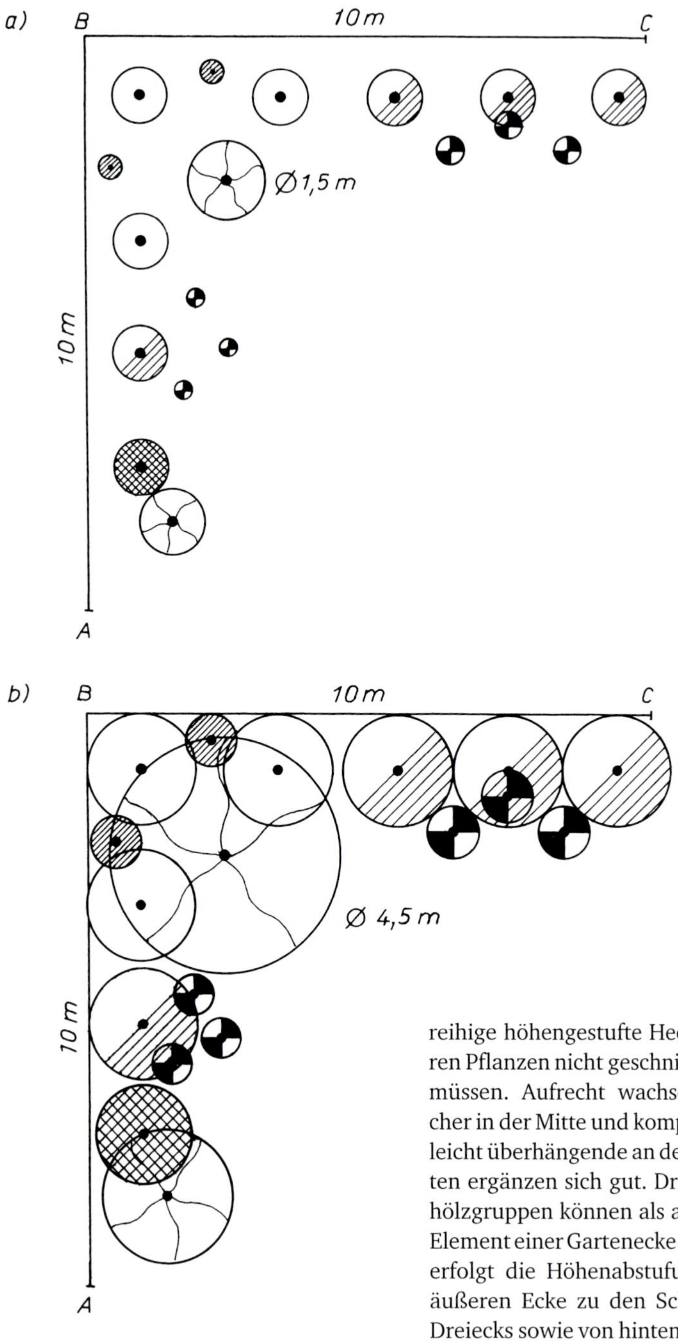

Gehölzgruppen mit Kulissenwirkung sollten nicht zu hoch werden, damit der dahinter liegende Raum nicht vollständig vom vorderen Gartenteil abgetrennt wird. Hier bieten sich dreireihige höhengestufte Hecken an, deren Pflanzen nicht geschnitten werden müssen. Aufrecht wachsende Sträucher in der Mitte und kompaktere oder leicht überhängende an den Außenseiten ergänzen sich gut. Dreieckige Gehölzgruppen können als abrundendes Element einer Gartenecke dienen. Hier erfolgt die Höhenabstufung von der äußeren Ecke zu den Schenkeln des Dreiecks sowie von hinten nach vorn.

Auch hier gilt, dass die Endgröße der Gehölze entscheidend für die Pflanzabstände ist. Die anfänglichen Lücken zwischen den Pflanzen können Sie mit Steinen, Holzstubben, Wurzelstücken, Reisigbündeln und einjährigen Stauden oder Kletterpflanzen füllen.

Die Gehölze in Gehölzgruppen sollten in ihrer natürlichen Wuchsform harmonieren und möglichst nicht geschnitten werden müssen, da zumindest die hinteren beziehungsweise inneren nur schwer erreichbar sind. Sie sparen sich viel Arbeit, wenn Sie immer die Endgröße und Wuchsform berücksichtigen.

Sparen Sie sich bei Neubaugrundstücken die Pflanzung von Heckenbegleitstauden in den ersten Jahren, denn die fehlende Bodengare verhindert ihr Gedeihen. Mulchen Sie die Gehölzpflanzung stattdessen zunächst mit Holzhäcksel oder Rindenkompost und kehren Sie in jedem Herbst alles anfallende Laub unter die Gehölze. So stellt sich der typische humose Boden nach einigen Jahren von selbst ein. Auch viele Frühjahrsblüher siedeln sich dann ganz von allein an.

Bei der Pflanzung von Gehölzgruppen ist es außerdem notwendig, sich über die angrenzenden Flächen Gedanken machen. Rasen wächst anfangs in das Beet hinein, kann aber mit einer dicken Mulchdecke unterdrückt werden. Sind die Pflanzen groß, schattieren sie ihr Beet ausreichend selbst und unterdrücken unerwünschte Wildpflanzen. Die anfallende Laubdecke lässt den Boden mit der Zeit gar und humos werden, sodass Sie nach einigen Jahren die typischen Frühblüher des Waldrandes unterpflanzen können. Auch eine bündig verlegte Kante oder ein Weg kann eine attraktive Abgrenzung zur Gehölzpflanzung sein.

TIPP

Bedenken Sie beim Pflanzen immer den ausreichenden Abstand zu einem Weg oder Platz. Bei Regen hängen die Zweige oftmals weit über und Sie werden nass, wenn Sie an der Hecke entlangstreifen. Manche überhängenden Gehölze bilden auch neue Wurzeln an Zweigen aus, wenn sie den Boden berühren, was sehr hinderlich beim Mähen ist.

Pflegeleichte Solitär- und Heckensträucher für sonnige Standorte

Name	Wuchsform (Höhe in m)	Blüte (Monat)	Boden	Bemerkungen
Eingriffliger Weißdorn (*Crataegus monogyna*)	aufrecht, breit, leicht überhängend (3 bis 5)	weiß (5 bis 6)	trocken bis frisch	orangefarbenes Herbstlaub, Frucht rot
Felsen-Kirsche (*Prunus mahaleb*)	überhängend, kahlfüßig (3)	weiß (4 bis 5)	nährstoffarm, trocken	Frucht rot, später schwarz
Gemeiner Flieder (*Syringa vulgaris*)	aufrecht, kahlfüßig (3 bis 4)	lila (Sorten purpur, weiß) (4 bis 6)	mäßig trocken bis frisch	duftende Blüten
Gewöhnliche Felsenbirne (*Amelanchier ovalis*)	aufrecht, kahlfüßig (2)	weiß (4 bis 5)	mager, trocken	gelboranges Herbstlaub
Gewöhnlicher Pfeifenstrauch (*Philadelphus coronarius*)	aufrecht, breit (3)	weiß (5 bis 7)	nährstoffreich, feucht	Blüte duftet
Grau-Weide (*Salix cinerea*)	aufrecht (5)	gelbgrün (3 bis 4)	trocken bis feucht	auch im Schatten
Keilblättrige Rose (*Rosa elliptica*)	gedrungen, breit überhängend (1,5 bis 2)	rosa (6 bis 7)	mäßig trocken	trocken, kalkreicher Lehm
Rotblättrige Rose (*Rosa glauca*)	buschig aufrecht, leicht überhängend (2 bis 3)	dunkelrosa (6 bis 7)	nährstoffarm, trocken bis frisch	Frucht orangebraun, Blatt rostfarbig überlaufen
Stumpfblättrige Rose (*Rosa tomentella*)	buschig, bogig überhängend (1 bis 2)	weiß (6 bis 7)	nährstoffarm, trocken bis frisch	Frucht scharlachrot
Wein-Rose (*Rosa rubiginosa*)	überhängend (2,5)	hellrosa (6 bis 7)	trocken bis mäßig trocken	gelbes Herbstlaub, Frucht rot

Pflegeleichte Sträucher für halbschattige Standorte

Name	Wuchsform (Höhe in m)	Blüte (Monat)	Boden	Bemerkungen
Blutroter Hartriegel (*Cornus sanguinea*)	aufrecht, sparrig (2 bis 3,5)	weiß (5 bis 6)	trocken bis frisch, nährstoffarm	Frucht blauschwarz, rotes Herbstlaub
Europäisches Pfaffenhütchen (*Euonymus europaeus*)	aufrecht, kahlfüßig*, leicht überhängend (2 bis 3)	weiß (5 bis 6)	frisch, humos	Frucht orange, orangefarbenes Herbstlaub
Gewöhnliche Heckenkirsche (*Lonicera xylosteum*)	aufrecht, kahlfüßig* (2 bis 3)	gelb (5 bis 6)	trocken bis frisch, nährstoffarm	rote Beeren
Gewöhnlicher Faulbaum (*Frangula alnus*)	aufrecht, kahlfüßig* (2,5 bis 4)	grünweiß (4 bis 8)	frisch bis feucht (auch Gewässerrand)	Frucht rotschwarz, auch geschlitztblättrige Sorte
Gewöhnlicher Liguster (*Ligustrum vulgare*)	aufrecht, schmal (2,5 bis 3,5)	weiß (6 bis 7)	trocken bis frisch	Frucht schwarz, immergrün in milden Lagen
Gewöhnlicher Schneeball (*Viburnum opulus*)	aufrecht, breit (3 bis 4)	weiß (5 bis 6)	frisch bis feucht, nährstoffreich	Frucht hellrot, Herbstlaub orange
Kornelkirsche (*Cornus mas*)	aufrecht, breit (2 bis 3,5)	gelb (3 bis 4)	mäßig trocken bis frisch	Frucht dunkelrot, essbar, gelbes Herbstlaub
Panaschierter Schwarzer Holunder (*Sambucus nigra* 'Albovariegata')	breit aufrecht (4 bis 6)	weiß (5 bis 7)	trocken bis frisch	Frucht schwarz, gefiedertes panaschiertes Blatt
Winterblühende Heckenkirsche (*Lonicera × purpusii*)	aufrecht, kahlfüßig* (2)	weißgelb (11 bis 3)	trocken bis frisch, nährstoffarm	blaue Beeren
Zimt-Rose (*Rosa majalis*)	aufrecht, breit (1 bis 1,5)	lilarosa (5 bis 6)	trocken bis feucht, Lehm, Ton	Frucht dunkelrot

* kahlfüßig = Unterpflanzung mit Stauden möglich

TIPP

Wer stachelige oder dornenreiche schnittverträgliche Pflanzen als Abgrenzung pflanzt, kann sogar auf einen Zaun verzichten. Sie können aber auch anfangs ein kostengünstiges Knotengitter an Holzpfosten montieren, das nicht mehr wahrnehmbar ist, sobald die Hecke dicht geworden ist.

Oder ein pflegeleichter Wiesenstreifen ersetzt die Staudenpflanzung, die natürlicherweise vor jeder Hecke vorkommt.

Grüne Gartengrenzen pflanzen

Je kleiner der Garten und je größer unser Bedürfnis nach Privatsphäre ist, desto wichtiger ist eine Gartengrenze, die Sichtschutz bietet. Manchmal sind es aber auch hässliche Gebäude, Straßen oder Ausblicke, die mit Pflanzen verdeckt werden sollen. Allerdings ist jede Sichtschutzmaßnahme auch ein Blickfang vom Inneren des Gartens, sodass genau überlegt werden muss, welche Mittel eingesetzt werden sollen.

Begrünte Zäune, Wälle, Mauern und Sichtschutzwände sowie Schnitthecken schaffen wirkungsvolle Hintergründe für verschiedene Pflanzungen, Gartenteile und Bauwerke. Sie sind optische Ruhepunkte und geben dem Garten einen Rahmen, ohne den auch viele Bilder nicht wirken würden. Auch wenn alle genannten Maßnahmen Investitionen und Pflegearbeiten bedeuten, sollten Sie auf eine sowohl auf das Grundstück als auch auf Ihre Bedürfnisse gut abgestimmte Gartengrenze nicht verzichten. Was dabei die intelligenteste Variante ist, hängt von verschiedenen Faktoren ab. Bei wenig Platz sind begrünte Zäune oder Sichtschutzwände pflegeleichter als eine schmale Hecke, die oft geschnitten werden muss. Handelt es sich dabei allerdings nur um begrenzt haltbares Material, so fangen Sie nach spätestens zehn Jahren wieder von vorn an. Wurde sogar bei den Pfosten gespart, muss unter Umständen die gesamte Gartengrenze neu gebaut und bepflanzt werden, was bei Reihenhausbebauung möglicherweise bedeutet, dass das Material durch das Wohnzimmer heraustransportiert werden muss. Dauerhaftes Pfosten-, Zaun- und Wandmaterial ist in der Anschaffung erheblich teurer, muss aber auch nicht erneuert werden, wenn es fachgerecht eingebaut wurde. Ein Kompromiss sind dauerhafte Pfosten, an die Bespannungs- beziehungsweise Sichtschutzelemente gehängt werden, sodass sie nach Be-

Rotbuchen behalten ihre trockenen Blätter und bieten so auch im Winter teilweise Sicht- und Windschutz.

Pflegeleichte Gehölze für schattige

Name	Wuchsform (Höhe in m)	Blüte (Monat)	Boden	Bemerkungen
Gemeine Eibe (*Taxus baccata*)	aufrecht bis säulenförmig (3 bis 5)	unscheinbar (5 bis 6)	trocken bis frisch	immergrün, giftig, rote Beeren
Gewöhnliche Haselnuss (*Corylus avellana*)	aufrecht, kahlfüßig* (4 bis 6)	unscheinbar (3 bis 4)	trocken bis frisch	essbare Nüsse, Herbstfärbung
Gewöhnliche Stechpalme (*Ilex aquifolium*)	aufrecht, bizarr (2 bis 4)	weiß (5 bis 6)	frisch, humusreich	immergrün, auch gelb gerandete Sorten, Frucht rot
Gewöhnliche Trauben-Kirsche (*Prunus padus*)	aufrecht, kahlfüßig* (6 bis 8)	weiß (4 bis 5)	frisch bis feucht	Frucht schwarz
Hoher Buchsbaum (*Buxus sempervirens* var. *arborescens*)	aufrecht, dicht buschig (2 bis 3)	grün (3 bis 4)	trocken bis frisch	immergrün
Immergrüner Schneeball (*Viburnum × rhytidophyllum*)	aufrecht, kahlfüßig* (3 bis 4)	weiß (5 bis 6)	frisch, humusreich, schwach sauer	Beeren rot, später schwarz
Kirschlorbeer (*Prunus laurocerasus*)	breit, buschig (2 bis 3)	weiß (4 bis 5)	frisch, humusreich	immergrün, schwarze Beeren
Rhododendron (Immergrüne Hybriden)	breit bis kugelig, buschig (1,5 bis 4)	alle Farben (4 bis 6)	frisch, humusreich, schwach sauer	keine Frucht, da steril
Winter-Schneeball (*Viburnum bodnantense*)	aufrecht, kahlfüßig* (2 bis 3)	weiß (3 und 10 bis 11)	frisch	Blüte duftend

* kahlfüßig = Unterpflanzung mit Stauden möglich

Begrünte Sichtschutzmaßnahmen

Sichtschutz	Platzbedarf Mindestbreite (Bauwerk + Begrünung)	Pflanzenbeispiele	Pflanzenbedarf (pro lfd. Meter)/ Kosten für Pflanzen/ Pflegeaufwand	Bemerkungen
Frei wachsende Laubhecke (einreihig)	3 m	Hartriegel, Hasel, Schneeball, Weißdorn u.a.	1 bis 2/ gering/ gering	erster Schnitt erst nach ca. 10 Jahren nötig
Frei wachsende Laubhecke (zwei- bis dreireihig)	5 m	s.o., auch Rosen, Weiden u.v.m.	2 bis 3/ gering bis mittel/ gering	wie oben oder einzelne Pflanzen zeitversetzt auf den Stock setzen
Sommergrüne Laubhecke geschnitten	1 m	Rot-Buche, Hainbuche, Feld-Ahorn	4 bis 6/ gering bis mittel/ mittel	ein- bis zweimal jährlich schneiden
Immergrüne Hecke (geschnitten)	1 m	Eibe, Buchs, Kirschlorbeer, Liguster	4 bis 6/ mittel bis hoch/ hoch	nur als Ballenware erhältlich, im Winter ggf. gießen
Begrünte Beton-Pflanzelemente	3 m (bei 1,5 m Höhe)	Zwerggehölze, Halbgehölze und Stauden	1 bis 3 (pro Kübel)/ mittel bis hoch/ mittel	Substrat auf Bepflanzung abstimmen; ggf. Bewässerung im Sommer nötig
Begrünter Erdwall	4 m (bei 1,5 m Höhe)	Weiden, Hartriegel, Rosen, Ginster, Mannsblut, Lavendel u.a.	4 bis 6 (pro m²)/ mittel/ mittel	nur Trockenheit vertragende Gehölze und Halbgehölze mit reich verzweigten Wurzeln
Begrünter Zaun	40 cm	Waldrebe, Geißblatt, Kletterrose u.a.	1 bis 2/ gering/ gering	nur schwach wachsende Kletterpflanzen verwenden
Begrünte Sichtschutzwand	50 cm	Efeu, Geißblatt, Wilder Wein, Waldrebe u.a.	1 bis 2/ gering/ gering	schwach bis mittelstark wachsende Kletterpflanzen
Lebender Weidenzaun	50 cm	Kopf-Weide, Dotter-Weide, Purpur-Weide	5 bis 10 (Ruten oder Stecklinge)/ gering/ hoch	häufiges Einflechten und Abschneiden der Ruten nötig
Bambus-Hecke	1 m	Bambus in Arten und Sorten	2 bis 4/ hoch/ mittel	Wurzelsperre nötig
Begrünte Mauer (Kletterpflanzen)	1 m	Efeu, Kletter-Hortensie, Wilder Wein, Kletterrosen u.a.	1 bis 2/ gering bis mittel/ gering	Aussparungen in der Fundamentverbreiterung zum Pflanzen nötig
Begrünte Trockenmauer (Mauerkronen- und Fugenbegrünung)	1,5 bis 2 m	Geißklee, Ginster, Spierstrauch, Gamander, Thymian	5 bis 7 (je m² Ansichtsfläche)/ gering/ sehr gering	überhängende Zwerg- und Halbgehölze, für Fugen nur Kleintopfstauden verwenden

Frei wachsende Laubhecken sehen besonders schön aus, benötigen aber auch viel Platz.

darf ausgetauscht werden können. Die Kletterpflanzen treiben in der Regel nach einem dafür notwendigen radikalen Rückschnitt wieder neu aus, sodass sie nicht neu gepflanzt werden müssen.

Heckenpflanzen sind in der Regel unbegrenzt „haltbar", sofern sie standortgerecht ausgewählt, gepflanzt und gepflegt sowie fachgerecht geschnitten werden. Auch hier gibt es verschiedene rationelle Varianten, je nachdem, ob die Anschaffungskosten oder die Pflegearbeiten von großer Bedeutung sind.

Sommergrüne Hecken eignen sich für die meisten Gärten als Abgrenzung. Ungeschnittene Hecken benötigen dabei mehr Platz, sind aber auch sehr pflegeleicht, geschnittene sind pflegeintensiver, für kleine und schmale Gärten aber meist die platzsparendere Lösung.

Besonders intelligent gestalten Sie Ihre Gartengrenze, wenn Sie das Nützliche mit dem Schönen verbinden. So kann eine frei wachsende Blütenhecke aus heimischen Sträuchern von Frühjahr bis Herbst Sichtschutz für Sie, Versteckmöglichkeiten für Ihre Kinder, Nektar für die Bienen und Beeren sowie Nistplätze für die Vögel bieten. Sie braucht allerdings viel Platz, besonders wenn sie zwei- oder dreireihig gepflanzt wird, was jedoch schöner und natürlicher aussieht. Der erste Schnitt ist in der Regel erst etwa sieben bis zehn Jahre nach der Pflanzung fällig, danach nur noch etwa alle drei bis fünf Jahre.

Trotz gelegentlicher Schnittarbeit und herbstlichem Laubfall sind naturnahe Hecken die am leichtesten zu pflegenden Gartenteile. Wenn Sie jedoch der Meinung sind, dass Sie Sichtschutz nur im Sommer benötigen, ist eine einreihige geschnittene Laubhecke sinnvoll. Sie bietet mehr Möglichkeiten der Vor- und Unterpflanzung und muss nicht so akkurat geschnitten werden wie eine immergrüne Hecke (sie kann auch nur einseitig zur Straße hin geschnitten werden).

Links: Kletterrosen sind im Sommer blühende Hecke und Zaunbegrünung zugleich.

Das Schnittgut von Laubhecken kann als Reisighaufen aufgesetzt werden, für den Sie am besten einen Platz in der Hecke beziehungsweise zwischen Hecke und Gartengrenze einplanen. Viele Tiere nutzen den Reisighaufen als Versteck. Da er immer wieder in sich zusammensackt, kann er im Herbst (nicht zur Brutzeit der Vögel!) jeden neuen Jahres wieder aufgefüllt werden. Begrünen Sie ihn mit einer Jelängerjelieber (*Lonicera caprifolium*), kann er sogar attraktiv aussehen und duften. Die robuste Kletterpflanze wächst auch wieder hindurch, wenn Sie neues Schnittgut locker darüber schichten.

Das Schnittgut bei einer einreihigen Hecke lässt sich leichter entsorgen, allerdings fällt im Herbst Laub an. Dieses kehren besonders praktisch denkende Gartenbesitzer einfach unter die Hecke, sodass sie es nicht aufheben müssen.

Rot-Buchen und Hainbuchen behalten ihr trockenes Laub auch im Winter und bieten so teilweisen Sichtschutz. Die trockenen goldbraunen Blätter rascheln im Wind und sehen bereift besonders schön aus. Erst beim Neuaustrieb im Mai werden sie abgeworfen und stellen erstaunlich wenig Laubmasse dar, die zudem gut kompostierbar ist. Feld-Ahorn eignet sich auch für trockenen nährstoffarmen Boden und ist als Wurzelware sehr preiswert. Eine pflegeintensivere, aber interessante Variante ist die Apfelhecke (siehe Seite 195), die im Sommer Sichtschutz und gesundes Obst zugleich bietet. Ein rationeller Kompromiss ist die Wildobsthecke, die nicht gepflegt und selten geschnitten werden muss, aber trotzdem gesundes Obst liefert.

Immergrüne geschnittene Hecken sind wesentlich teurer in der Anschaffung, da die Pflanzen nur als Ballenware angeboten werden. Sie bieten der Tier-

Immergrüne Rhododendron-Hecken blühen im Mai spektakulär, benötigen aber auch viel Platz.

TIPP

Neben einer Schnitthecke muss ein ebener Arbeitsraum, z.B. in Form eines Weges von mindestens einem Meter Breite, gemessen ab Vorderkante Hecke, verbleiben, damit Sie diese gut schneiden und bei höheren Hecken auch eine Leiter sicher aufstellen können.

welt nicht viel, können dafür aber auch im Winter Sichtschutz sein, Wind abhalten, Straßenlärm mindern und einen wirkungsvollen Hintergrund für eine andere Pflanzung darstellen. Sie müssen außerdem regelmäßig geschnitten werden, wozu ausreichend Arbeitsraum, die nötigen Geräte und ein Platz beziehungsweise Transportmöglichkeiten für das Schnittgut vorhanden sein müssen. Allerdings wachsen nur wenige Pflanzenarten im Schatten immergrüner Hecken, da besonders Lebensbaum und Fichte den Boden in ihrer Umgebung so stark austrocknen, dass selbst Rasen kümmert. Grenzt die immergrüne Hecke an einen ebenen Weg oder Platz, ist das Schneiden und Aufkehren von Schnittgut und Nadeln relativ einfach zu bewältigen. Empfehlenswert ist der Liguster in milden Lagen, da er hier im Winter seine Blätter behält. Eibenhecken wachsen langsam und sind daher einfach zu pflegen. Soll die Hecke nicht zu hoch werden, ist auch der Kirschlorbeer empfehlenswert. Fichtenhecken werden dagegen recht schnell hoch und verkahlen an der Basis, wenn sie nicht regelmäßig geschnitten werden.

Begrünte Zäune und Sichtschutzwände sind eine rationelle Alternative zu Hecken, besonders bei schmalen Grundstücken. Im Gegensatz zu frei wachsenden Hecken sparen sie viel Platz, im Vergleich zu Schnitthecken viel Arbeit. Allerdings dürfen Zäune in der Regel nur 80 bis 120 cm hoch sein, sodass sie, auch begrünt, keinen wirklichen Sichtschutz bieten. Abhilfe schaffen zwei Meter hohe Zaunpfosten, an die oberhalb des Zaunes Querdrähte im Abstand von etwa 25 cm gespannt werden. Begrünt gelten sie als Kletterhilfe, sind in der Regel nicht genehmigungspflichtig und bieten im Sommer ausreichenden Sichtschutz. Im Terrassenbereich sind meist Sichtschutzwände bis 1,80 m Höhe zugelassen. An anderen Stellen müssen Sie sich mit dem betroffenen Nachbarn auf die Höhe des

Sichtschutzes einigen beziehungsweise beim Bauamt nachfragen. Viele Kletterpflanzen begrünen Zäune aus Holz oder Maschendraht mühelos, wenn ihnen Standort und Boden zusagen.

Für alle Begrünungsmaßnahmen von Mauern und Sichtschutzwänden gilt, dass Sie sich als erstes für die Pflanzenarten entscheiden und erst danach die Kletterhilfe an deren Klettertechnik anpassen. Efeu (*Hedera helix*) und selbstkletternder Wilder Wein (*Parthenocissus tricuspidata*), beides Wurzelkletterer, können eine Sichtschutzwand oder Mauer ohne Hilfe erklimmen, andere Kletterpflanzen sind entweder Winder, Ranker oder Spreizklimmer, die jeweils unterschiedliche Kletterhilfen benötigen.

Eine Mauer oder Sichtschutzwand kann aber auch nachträglich mit passenden Kletterhilfen bestückt werden, bei Neuplanungen ist es jedoch wesentlich rationeller, die Klettertechnik der Pflanzen gleich mit zu berücksichtigen.

Die handelsüblichen Sichtschutzwände sind zwar meist kostengünstig, aber nicht sehr stabil und langlebig und sehen auch häufig nicht besonders schön aus. Versuchen Sie deshalb lie-

TIPP

Stimmen Sie alle Gartengrenzen mit der Baubehörde sowie Ihren Nachbarn ab, können Sie eine Menge Kosten, Zeit und Ärger sparen.

Pflegeleichte Kletterpflanzen* für Zäune und Sichtschutzwände

Name	Kletterform (Kletterhilfe)	Blüte (Monat)	Standort	Bemerkungen
Alpen-Waldrebe (*Clematis alpina*)	Blattstielranker (Gitter)	blau (5 bis 6)	halbschattig bis schattig	frischer, humusreicher Boden, Schatten am Fuß
Mongolische Waldrebe (*Clematis tangutica*)	Blattstielranker (Gitter)	gelb (6 bis 9)	sonnig bis halbschattig	s.o.
Italienische Waldrebe (*Clematis viticella*)	Blattstielranker (Gitter)	violett (8 bis 10)	sonnig bis halbschattig	s.o.
Großblumige Waldreben (*Clematis*-Hybriden)	Blattstielranker (Gitter)	diverse Farben und Blühzeiten	sonnig bis halbschattig	s.o.
Gewöhnlicher Efeu in Sorten (*Hedera helix*)	Selbstklimmer (keine nötig, klettert auch in Gittern)	gelb (1 bis 4)	halbschattig bis schattig	immergrün, diverse Blattformen und -farben, kriecht auch über den Boden
Winter-Jasmin (*Jasminum nudiflorum*)	Spreizklimmer (Gitter oder festbinden)	gelbrot (6 bis 9)	sonnig bis halbschattig	immergrün
Immergrünes Geißblatt (*Lonicera henryi*)	Schlinger (Stäbe oder Gitter)	gelbweiß (5 bis 6)	sonnig bis halbschattig	immergrün
Wald-Geißblatt (*Lonicera periclymenum*)	Schlinger (Stäbe oder Gitter)	orange (5 bis 6)	sonnig bis halbschattig	duftet abends
Gold-Geißblatt (*Lonicera × tellmanniana*)	Schlinger (Stäbe oder Gitter)	weiß, gelb, rosa, rot (5 bis 7)	sonnig bis halbschattig	duftet
Kletterrosen (*Rosa* in Arten und Sorten)	Spreizklimmer (Gitter oder festbinden)	diverse Farben (6 bis 7)	sonnig	ungefüllte Sorten duftend, meist sehr stachelig

* Mit den genannten Kletterpflanzen lassen sich auch bereits vorhandene Mauern und Hausfassaden begrünen, wenn geeignete Kletterhilfen vorhanden sind (siehe auch Tabelle auf Seite 142).

Die leichte Gitterwand mit „Rosentor" trennt und verbindet zu gleich.

ber vorher abzuwägen, ob sich auch hier das Nützliche mit dem Schönen verbinden lässt. Benötigen Sie beispielsweise eine Aufbewahrung für Gartengeräte, dann platzieren Sie doch eine solche in Form eines langen „Gartenschrankes" an die Grundstücksgrenze. Im Gegensatz zu einer üblichen Gartenhütte kann darin besser Ordnung gehalten werden, gleichzeitig haben Sie einen Sicht- und Lärmschutz. Zur Auflockerung kann auch zwischen begrünten Sichtschutzelementen, Gartenschränken, festen oder durchbrochenen Wänden, Sitznischen sowie Pergolen gewechselt werden. Es gibt inzwischen eine große Auswahl an fertigen Systemen mit vielfältigen Kombinationsmöglichkeiten aus Holz, die auch mit selbst gebauten oder gemauerten Gartengrenzen zu kombinieren sind.

Zu Gärten im modernen und asiatischen Stil passen neben Bambusmatten auch lebende Bambusstauden (Gräser) als Hecke. Sie wachsen recht schnell und geben einen recht guten Sichtschutz. Nicht alle Arten und Sorten überstehen jedoch kalte trockene Winter, weshalb die Auswahl sehr sorgfältig getroffen werden muss (siehe Tabelle auf Seite 182).

Kleingehölze zweckdienlich pflanzen

Neben Bäumen und schnittverträglichen Gehölzen für Hecken, gibt es noch viele pflegeleichte klein bleibende Gehölze und Halbgehölze, die sich besonders für die rationelle Bepflanzung in kleineren Gärten und für problematische Gartenecken eignen.

Unter Zwerggehölzen sind alle kleinen Gehölze zu verstehen, die nicht höher als etwa 1,5 m werden. Es sind entweder ausgelesene oder natürlich vorkommende Zwergformen, die für kleine Gärten und Beete besonders wertvoll sind. Oftmals wurden die Arten von der Natur auf Extremstandorten ausgelesen, sodass sich viele von ihnen auch für besonders magere, trockene oder windige Ecken im Garten eignen. Da die meisten Arten ein reich verzweigtes Wurzelsystem bilden, können Sie mit ihnen auch Hänge und Böschungen sichern. Aber auch als Alternative zu pflegeintensiven Staudenbeeten sind die pflegeleichten Zwerggehölze geeignet. Ähnlich wie japanische Bonsai-Gärten in Schalen können Pflanzungen mit Zwerggehölzen im Kleinen nachbilden, was die Na-

Für schwierig zu pflegende Hänge eignen sich alle Kleingehölze, die nicht geschnitten werden müssen, wie diese Azaleen.

tur im Großen schafft. So eignen sie sich besonders für kleine Flächen in Vorgärten, für Steingärten und Kübel.

Unter den Halbgehölzen sind neben dem bekannten Sommerflieder (*Buddleja*) besonders die mediterranen Kräuter Thymian, Rosmarin, Salbei und Lavendel bekannt. Sie treiben jedes Jahr neue Triebe, die erst im folgenden Jahr verholzen, wenn sie nicht vorher abgeschnitten wurden, was den kompakten buschigen Wuchs fördert. Die meisten Halbgehölze sind besonders auf magere, trockene, kalkhaltige und sonnige Standorte spezialisiert, weshalb sie in Hausnähe, am Mauerfuß oder auf Trockenmauern angesiedelt werden sollten. Dies bietet sich besonders für die mediterranen Küchenkräuter an, die so direkt beerntet werden können.

Klettergehölze sind ausdauernde verholzende Pflanzen, die sich mit unterschiedlichen Organen festhalten und auf diese Weise in die Höhe klettern können. Besonders in kleinen Gärten und bei dichter Bebauung lohnt sich die Begrünung vertikaler Flächen an Haus und Nebengebäuden, aber auch Zäunen und Sichtschutzwänden, denn Sie gewinnen so eine Menge Grünfläche hinzu und das Gartenklima wird verbessert. Manche Arten kriechen aber auch am Boden entlang und bedecken so schwer zugängliche Flächen dauerhaft und pflegeleicht.

Hänge und Böschungen sichern

Hänge, Böschungen, Wälle und Hügel sind meist trockene Standorte, besonders wenn sie aufgeschüttet wurden. Steil angelegt, neigen sie zum Abrutschen, wobei besonders die oberste Bodenschicht bei Regen erodieren kann. Eine ausreichende Verdichtung und der Verzicht auf eine Mutterbodenschicht können dies zwar verhindern, erschweren aber auch die Wachstumsbedingungen für die Pflanzen. Wer seinen steilen Hang nicht terrassieren oder mit Böschungssteinen sichern möchte, kann ihn preiswert und dauerhaft mit dem Wurzelwerk le-

Kletternde Kleingehölze setzen Akzente an der Fassade.

Sonnige Hänge lassen sich einfach mit trockenresistenten Zwerggehölzen befestigen, beispielsweise mit vielen Ginster- und Geißkleearten.

bender Pflanzen befestigen. Allerdings dauert es zwei bis vier Jahre, bis das Wurzelgeflecht genügend dicht ist. Für diese kritische Zeit wurden Mulchfolien, Böschungsmatten und Samenmischungen entwickelt, die sehr steile Hänge so lange am Abrutschen hindern, bis die Gehölze die Sicherung vollständig übernommen haben. Es ist aber auch möglich, Faschinen aus dünnen Stämmen und Astwerk, die nur langsam verrotten, selbst in den Hang einzubauen.

Das Pflanzen am Hang erfolgt immer von oben nach unten. Die Pflanzlöcher müssen lotrecht (nicht senkrecht zur Hangoberfläche!) und ausreichend tief sein. Einige Hand voll guter Erde als Starthilfe und ein Esslöffel Hornspäne als Langzeitdünger im aufgelockerten Pflanzloch erleichtern der Pflanze das Wachstum. Wichtig ist auch ein ausreichend hoher Gießwall, sodass in jedem bepflanzten und wieder verfüllten Pflanzloch etwa ein Liter Wasser stehen bleiben kann (siehe Grafik). Die Pflanzen müssen anfangs gut angegossen werden, wobei das Wasser immer von oberhalb des Pflanzlochs herabrinnen soll. Es empfiehlt sich, Hänge und

TIPP

An Hängen kann für die ersten Jahre eine Mulchfolie ausgelegt werden, in die Schlitze für die Pflanzen geschnitten werden. Dies unterdrückt das Aufkeimen von Unkraut, schützt vor Erosion und bewahrt die Feuchtigkeit im Boden.

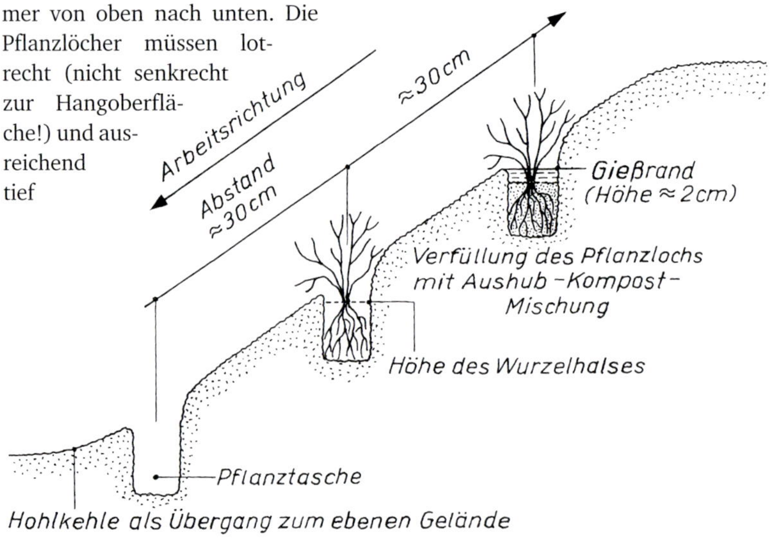

Fachgerechte Bepflanzung eines Walls oder Hügels.

Pflegeleichte Zwerggehölze für trockene sonnige Hänge, Steingärten, Trockenmauern und Kübel

Name	Blüte (Monat)	Bemerkungen
Buxus sempervirens 'Pendula' (Buchsbaum)	grün (3 bis 4)	immergrün, überhängender Wuchs
Cytisus decumbens (Niederliegender Geißklee)	gelb (4 bis 6)	flach am Boden kriechend
Chamaecytisus purpureus (Purpur-Zwergginster)	rot (5 bis 7)	leicht überhängend, sehr dekorative Blüte
Genista pilosa 'Vancouver Gold' (Behaarter Ginster)	gelb (5 bis 8)	sehr flach wachsend
Genista radiata (Strahlen-Ginster)	gelb (5 bis 6)	flach wachsend
Hypericum androsaemum (Mannsblut)	gelb (6 bis 8)	gelbes Herbstlaub, wuchert
Prunus tenella (Zwerg-Mandel)	rosa (3 bis 5)	gelbes Herbstlaub
Rhododendron hirsutum (Bewimperte Alpenrose)	hellrot (7 bis 8)	immergrün
Rosa × polliniana (Blassrote Kriechrose)	rosa (5 bis 6)	bis 1,5 m hoch, überhängend
Salix rosmarinifolia (Rosmarin-Weide)	rotgelb (4 bis 5)	gelbes Herbstlaub
Spiraea decumbens (Kärntener Spierstrauch)	weiß (5 bis 6 und 10)	sehr flach wachsend

TIPP

Das mühsame Aufbringen von Mutterboden auf steilen Hängen können Sie sich wirklich sparen, denn er enthält viele Unkrautsamen und birgt immer die Gefahr des Abrutschens, wenn er nicht mit dem Rohboden verzahnt wird. Böschungssichernde Gehölze sind sehr anspruchslos und ihr Wurzelwerk verzweigt sich umso besser, je magerer der Boden ist.

Hügel nur im Herbst zu begrünen, auch wenn viele der geeigneten Zwerggehölze im Topf geliefert werden und das ganze Jahr über gepflanzt werden können. Pro Quadratmeter Ansichtsfläche am Hang werden etwa 10 Zwerggehölze beziehungsweise etwa 15 Stauden benötigt.

Über die Verwendung von Böschungssteinen lässt sich streiten, denn sie sehen selten schön aus. Sie müssen oft vergessene Mauern ersetzen oder zu steil geratene Böschungen sichern, sind preiswert und auch für den Laien ohne Maschinen handhabbar. Sie sollten allerdings fachgerecht begrünt werden, wenn Sie an der Bepflanzung lange Freude haben möchten. Leider werden hier meist schon beim Befüllen der Kübel Fehler gemacht, indem wahllos Erdreste hineingeschüttet werden. Böschungssteine

Das Alpinum im Botanischen Garten bietet Anregungen für die Hanggestaltung und -bepflanzung.

Böschungssteine richtig begrünen

Sie müssen also zuerst den Standort und die Wahl der Pflanzen bedenken, bevor die Betonelemente von unten nach oben reihenweise aufgeschichtet und befüllt werden. Besonders die unterste Reihe muss mit einer Dränageschicht aus Schotter oder Kies gefüllt werden, auf die am besten ein Dränagevlies gelegt wird, bevor das Pflanzsubstrat eingefüllt wird. Die sich anschließende Pflanzerde sollte bis zum oberen Rand reichen, da sie noch etwas zusammensackt. Nach dem Aufstellen der zweiten Kübelreihe wird wieder ein Vlies in den unten offenen Kübel gelegt, damit die darüber gefüllte Dränageschicht nicht in den Kübel darunter gerät. Eine weitere Vlieslage über der Dränageschicht verhindert das Einschwemmen von Substratbestandteilen in die Dränschicht.

Das Pflanzsubstrat sollte umso humoser sein, je schattiger der Standort ist. Für sonnige Lagen eignet sich eine Mischung aus lehmigem Aushub und Sand mit wenig Kompost oder ein mineralisches Dachsubstrat mit etwa 20 % Humusanteil (dabei kann die Dränageschicht entfallen), in halbschattigen Lagen wird etwa je ein Drittel Kompost, Mutterboden und Sand gemischt, in schattigen Lagen kann der Sand- beziehungsweise Lehmanteil verringert werden, der Humus- beziehungsweise Mutterbodenanteil wird entsprechend erhöht.

Für die Bepflanzung von Böschungssteinen eignen sich alle Zwerg- und Halbgehölze der Tabellen auf den Seiten 139 und 145, besonders dabei die überhängend wachsenden, deren Zweige die unschönen Betonkübel auch im Winter bedecken. Die Zwerggehölzbepflanzung kann in sonnigen Lagen mit Stauden für Steingärten und Trockenmauern ergänzt werden (siehe Tabelle auf Seite 150).

Achten Sie bei der Bepflanzung von Böschungssteinen genau auf die Wuchsform und Verteilung der Pflanzen, damit nicht aufrecht wachsende von überhängend wachsenden Pflanzen der Kübelreihe darüber beschattet werden.

Eine zu den Kübeln farblich passende Mulchabdeckung aus Splitt oder Kies unterdrückt aufkeimendes Unkraut und beugt dem schnellen Austrocknen der Pflanzerde vor. Außerdem wirken die Kübel so kompakter und „felsiger", besonders wenn die Splittschicht mit größeren zu Kübel- und Splittfarbe passenden Steinen ergänzt wurde.

TIPP

Entgegen landläufiger Vorbehalte gegenüber Fassadenbegrünung halten Ihnen Kletterpflanzen durch ihre große Blattmasse das Haus trocken und schützen die Fassade vor Schlagregen, bieten Nutzinsekten und Vögeln Lebensraum und sind damit ausgesprochen nützlich.

sind jedoch aus vegetationstechnischer Sicht Kübel, die eine entsprechende Substratmischung und -schichtung benötigen, damit die Pflanzen richtig gedeihen.

Senkrechte Flächen begrünen

Begrünte Fassaden sind eine intelligente Variante, viel Grün in den Garten zu holen, ohne viel horizontale Fläche opfern zu müssen. Gerade in kleinen Gärten können Sie so viel mehr pflanzen, besonders wenn Sie alle Wände von Haus und Nebengebäuden mit berücksichtigen. Kletterpflanzen brauchen an ihrem Standort nur wenig Platz, tragen aber mit ihrer großen Blattmasse viel zum optischen Erscheinungsbild des Gartens bei. In Städten, bei dichter Bebauung und in Hofsituationen verbessern sie außerdem das Mikroklima erheblich. Eine begrünte Fassade kann die Architektur eines schönen Hauses unterstreichen, ein fantasieloses Haus oder Nebengebäude aufpeppen und ein hässliches verdecken. Begrünte Wände sind zudem pflegeleicht, wenn Sie die richtigen Arten und Sorten am passenden Standort pflanzen und ihnen eine geeignete Kletterhilfe bieten. Vor einer Bauwerksbegrünung sollten Sie sich aber erst über einige technische Voraussetzungen im Klaren sein.

Neben allen technischen Voraussetzungen müssen aber auch die Bedürfnisse der Kletterpflanzen berücksichtigt werden. So erfordert die Begrünung mit Wurzelkletterern (Selbstklimmer) ein anderes Vorgehen als eine solche mit Kletterpflanzen, die eine Kletterhilfe benötigen. Kletterpflanzen zeichnen sich durch besondere morphologische Anpassungen an ihre Lebensweise aus und werden deshalb nach ihrer Klettertechnik unterschieden.

Wer seine Hausfassade nie mehr streichen möchte, hat mit einer immergrünen Direktbegrünung aus Efeu viel Arbeit und Geld gespart. Intakte Fassaden werden vom Efeu nicht beschädigt, sondern im Gegenteil, vor extremen Klimaschwankungen geschützt. Sie sparen sogar Heizkosten, denn der dichte Blättervorhang entspricht dem Wärmedämmwert einer vorgehängten Fassade.

Für die richtige Auswahl der Kletterpflanze ist einerseits der Standort entscheidend und andererseits die bereits vorhandene oder gewünschte Kletterhilfe. Es gibt immergrüne und sommergrüne Kletterpflanzen sowie unscheinbare und spektakuläre Blüten. Kletterpflanzen unterscheiden sich außerdem in ihrer Wüchsigkeit und der Höhe, die sie erreichen können. Beides lässt sich durch die Wahl der Kletterhilfe lenken, sofern es sich nicht um eine Direktbegrünung handelt.

Da mehrjährige Kletterpflanzen typische Waldrandbewohner sind, die an anderen Gehölzen emporklettern, benötigen sie alle nährstoffreichen humosen Boden sowie Schatten und Feuchtigkeit am Fuß. Direkt an der Fassade finden sie diese Bedingungen nicht vor, denn hier ist es durch Dachüberstand, Regenschatten, Dränage und Sauberkeitsstreifen viel zu trocken. Doch bereits im Abstand von ei-

Mit einer Begrünung von Fassaden, Balkons oder anderen vertikalen Elementen gewinnt man viel Grünfläche hinzu.

Was man vor der Fassadenbegrünung beachten muss

- Für Direktbegrünungen muss der Putz intakt sein. Alle losen Stellen müssen abgeschlagen, alle Risse und Löcher zugespachtelt und Durchgänge für Kabel abgedichtet werden. Fassaden mit Außendämmung können in der Regel nicht direkt begrünt werden (vorher nachfragen).
- Kletterhilfen können zusammen mit der Pflanze sehr schwer werden. Vor dem Anschrauben sollten Sie sich über den Wandaufbau informieren. Besonders bei Fertighäusern und bei nachträglich von außen gedämmten Gebäuden darf nur in tragende Bauteile geschraubt werden, ohne Kältebrücken zu schaffen.
- Alle Kletterhilfen müssen stabil und lange haltbar sein, es kommen also nur nichtrostende Metalle und verrottungsfreie Hölzer in Frage.
- Soll die Fassade trotz Kletterpflanze gestrichen werden, können Sie eine klappbare Konstruktion mit Scharnieren anbringen, sodass die Pflanze nicht zerstört werden muss.
- Die begrünte Fassade muss erreichbar bleiben, um starkwüchsige Pflanzen schneiden zu können.

Ausdauernde stark wachsende Kletterpflanzen für Fassaden

Name	Kletterform (Kletterhilfe)	Standort	Kletterhöhe (in m)	Blüte (Monat)/ Bemerkungen
Actinidia arguta (Gelber Strahlengriffel)	Schlinger (dicke Stäbe und starke Gitter)	sonnig bis halbschattig	6 bis 8	weiß (5 bis 6)
Actinidia chinensis (Echte Kiwi)	Schlinger (dicke Stäbe und starke Gitter)	sonnig bis halbschattig	8 bis 10	weiß (5 bis 6)
Akebia quinata (Klettergurke)	Schlinger (Drähte, Stäbe, Gitter)	sonnig bis halbschattig	5 bis 8	violett (4 bis 5)
Aristolochia macrophylla (Amerikanische Pfeifenwinde)	Schlinger (Stäbe, Drähte, Gitter)	halbschattig bis schattig	8 bis 10	keine/ schönes Blatt
Campsis radicans (Amerikanische Trompetenblume)	Selbstklimmer (keine nötig)	sonnig (nur warme geschützte Lagen)	8 bis 10	orange (7 bis 9)
Celastrus orbiculatus (Rundblättriger Baumwürger)	Schlinger (dicke Stäbe oder Gitter)	sonnig bis halbschattig, sehr winterhart	12 bis 14	unscheinbar/ schöne Herbstfärbung und Frucht
Clematis montana 'Rubens' (Anemonen-Waldrebe)	Blattstielranker (Gitter)	sonnig bis schattig	8 bis 10	rosa (5 bis 6)
Clematis vitalba (Gemeine Waldrebe)	Blattstielranker	sonnig bis schattig	10 bis 15	weiß (7 bis 9)/ schöne Samenstände
Hedera helix (Gewöhnlicher Efeu)	Selbstklimmer (keine nötig)	halbschattig bis schattig	20 bis 25	keine/ immergrünes Laub
Hydrangea petiolaris (Kletter-Hortensie)	Selbstklimmer (keine)	halbschattig bis schattig, sehr winterhart	7 bis 10	weiß (6 bis 7)
Lonicera henryi (Immergrünes Geißblatt)	Schlinger (Gitter)	sonnig bis halbschattig	5 bis 8	gelbrot (6 bis 7)/ immergrünes Laub
Parthenocissus quinquefolia var. *engelmannii* (Fünfblättriger Wilder Wein)	Selbstklimmer (keine)	sonnig bis schattig	10 bis 15	unscheinbar/ rotes Herbstlaub
Parthenocissus tricuspidata 'Veitchii' (Dreilappiger Wilder Wein)	Selbstklimmer (keine)	sonnig bis halbschattig	15 bis 20	unscheinbar/ rotes Herbstlaub
Vitis coignetia (Scharlach-Wein)	Sprossranker (Gitter)	sonnig bis halbschattig	8 bis 12	unscheinbar/ rotes Laub
Vitis vinifera (Echter Wein)	Sprossranker (Gitter, Spaliere)	sonnig bis halbschattig (milde geschützte Lagen)	8 bis 10	unscheinbar/ essbare Beeren bei fachgerechtem Schnitt
Wisteria sinensis (Glyzine, Chinesischer Blauregen)	Schlinger (sehr dicke Stäbe und Stützen)	sonnig (milde geschützte Lagen)	8 bis 30	hellviolett (5 bis 7)/ duftend

Für jeden Standort und Geschmack gibt es passende Kletterpflanzen, in diesem Fall Geißblatt.

nem halben bis einem Meter können ihnen durch Ausheben einer großen Pflanzgrube und Befüllen derselben mit reifem Kompost, Rindenhumus oder Mutterboden die passenden Bedingungen geschaffen werden. An der Südseite empfiehlt es sich zudem, den Fuß der Kletterpflanze mit kleinen Ge-

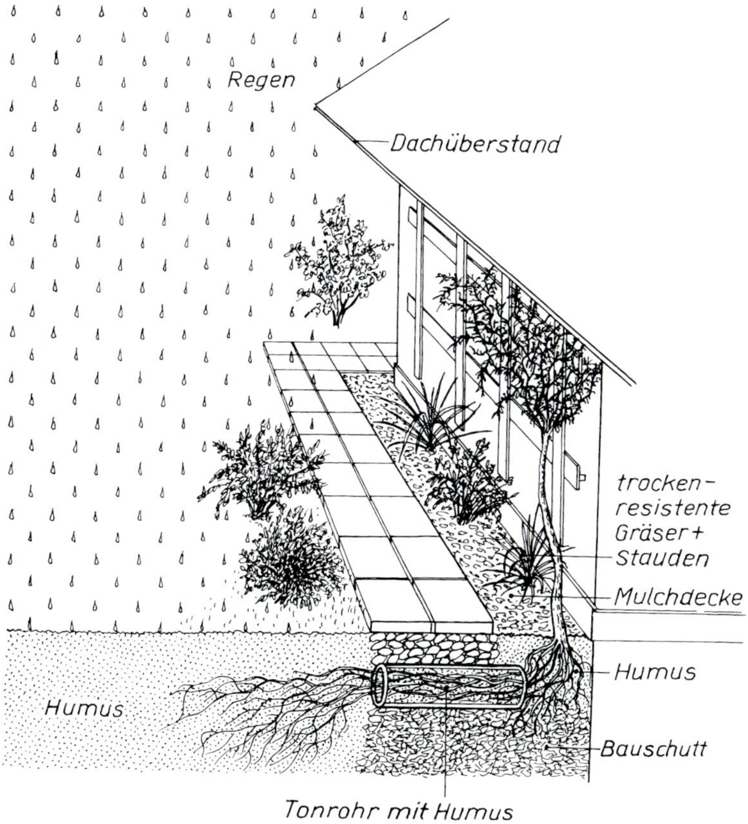

Pflanzung eines Spaliergehölzes an der Hauswand im Regenschatten.

Klettertechniken von Kletterpflanzen

- Wurzelkletterer halten sich mittels kleiner Seitenwurzeln, die aus verholzten Trieben zur lichtabgewandten Seite wachsen, direkt an der Unterlage fest. Diese Haftwurzeln nehmen weder Wasser noch Nährstoffe auf, sondern scheiden lediglich klebriges Sekret aus, das die Pflanze an der Unterlage festheftet. Besonders raue, nicht zu helle Fassaden und Putze ohne Kunststoffanteile werden schnell erobert.
- Spreizklimmer haken sich mit Stacheln oder Dornen, die an Trieben, manchmal auch an der Blattunterseite sitzen, fest. Sie benötigen waagerechte Kletterhilfen, wie Drahtbespannungen oder Lattenkonstruktionen, um sich dauerhaft festzuhalten.
- Ranker haben Pflanzenteile, wie Seitentriebe oder Blätter, zu speziellen Ranken umgebildet, die sich bei Berührung mit einer Unterlage zu krümmen beginnen und darum herumwinden. Als Kletterhilfe bevorzugen sie Gitterkonstruktionen mit geringem Stabdurchmesser.
- Schlinger winden sich mit ihrem ganzen Spross oder mit langen Seitentrieben um senkrechte Kletterhilfen, wie Rohre, Latten, Spanndrähte oder Seile, herum.

Unvermeidliche Abböschungen für Kellerfenster können pflegeleicht mit Selbstklimmern begrünt werden (Efeu).

hölzen zu beschatten. Eine dicke Mulchdecke ersetzt die Laubstreu des Waldes und bewahrt die Feuchtigkeit im Boden. Die noch kleinen Pflänzchen werden mittels eines Stabes zur Fassade beziehungsweise Kletterhilfe gelenkt, bis sie sich selbst festhalten. Anfangs müssen sie gründlich gegossen werden, doch schon im zweiten oder dritten Jahr wurzeln sie so tief, dass sie allein zurechtkommen.

Ecken und Winkel verschönern

An fast allen Häusern gibt es (problematische) Ecken und Winkel, die sich mit geeigneten Pflanzen verschönern oder verdecken lassen. Wer diese als Pflanzenstandorte nutzt, hat „zwei Fliegen mit einer Klappe geschlagen“: den Platz genutzt und die Ecke verschönert. Oft sind es beispielsweise Übergänge zwischen Haus und Gelände, die nicht konsequent zu Ende geplant wurden oder deren Ausführung optisch zu wünschen übrig lässt. Ein besonders häufig anzutreffendes Beispiel ist der Sauberkeitsstreifen am Haussockel. Anstelle der üblichen sterilen und teuren Kiesschüttung hinter einer Betonstellkante kann hier ein Beet für Trockenheit liebende Pflanzen

Kleine Duftgehölze für sonnige bis halbschattige Standorte*

Name	Aussehen (Höhe)	Blüte (Monat)	Duft	Bemerkungen
Chinesische Zaubernuss (*Hamamelis mollis*)	sommergrün (2 m)	gelb (2 bis 4)	schwach mandelähnlich	durchlässiger neutraler bis saurer Boden
Frühlings-Zaubernuss (*Hamamelis vernalis*)	sommergrün (2 m)	gelborange (2 bis 3)	stark mandelähnlich	s.o.
Vorfrühlings-Heckenkirsche (*Lonicera × purpursii*)	wintergrün (2 m)	rahmweiß (2 bis 4)	starker Veilchenduft	normaler Gartenboden, Halbschatten
Seidelbast-Schneeball (*Viburnum farreri* 'Nana')	sommergrün (0,5 m)	rosaweiß (12 bis 4)	süßer Duft	s.o.
Gewöhnlicher Seidelbast (*Daphne mezereum*)	sommergrün (1,2 m)	dunkelrosa (3 bis 4)	süßer Duft	trockener neutraler bis kalkhaltiger Boden
Rosmarin-Seidelbast (*Daphne cneorum*)	immergrün, polsterförmig (0,2 m)	karminrot (4 bis 5)	süßer Duft	trockener steiniger, kalkhaltiger Boden
Vaseys Azalee (*Rhododendron vaseyi*)	sommergrün (2 m)	blassrosa (4 bis 5)	starker Nelkenduft	saurer humoser Boden
Oster-Schneeball (*Viburnum × burkwoodii*)	wintergrün (2 m)	rosaweiß (3 bis 4), meist auch Herbstblüte	süßer Duft	normaler Gartenboden
Koreanischer Schneeball (*Viburnum carlesii*)	sommergrün, halbkugelförmig (1 m)	erst rosa, später weiß (4 bis 5)	starker Nelkenduft	s.o.
Schmalblättriger Sommerflieder (*Buddleja alternifolia*)	sommergrün, breit ausladend (2 m)	hellviolett (6)	starker Honigduft	trocken, normaler Gartenboden
Falscher Jasmin (*Philadelphus coronarius* 'Dame Blanche')	sommergrün (1,5 m)	weiß, halb gefüllt (6 bis 7)	starker süßer Duft	normaler Gartenboden
Kleinblättriger Pfeifenstrauch (*Philadelphus microphyllus*)	sommergrün (1 m)	weiß (6 bis 7)	starker Duft	s.o.
Kleinblättriger Flieder (*Syringa microphylla*)	sommergrün, breit überhängend (1,5 m)	rosa bis lilarot (6)	Fliederduft	s.o.

* in windgeschützten Ecken und für Kübel

errichtet werden. Dies sieht wesentlich schöner aus und bindet das Gebäude besser in den Garten ein. Substratschicht, Pflanzen und sogar regelmäßiges Gießen schaden dem Mauerwerk in keinem Fall, wenn die Isolierung der Kellerwand und die Dränage fachgerecht ausgeführt wurden. Pflanzen, besonders solche mit großer Blattmasse, wie Kletterpflanzen, halten die direkte Umgebung des Hauses sogar eher trocken. Sie sollten aber nicht auf eine mineralische Mulchdecke von 3 bis 5 cm Dicke verzichten, die verhindert, dass Erdteilchen an die Hauswand spritzen. Sie schützt den Boden außerdem vor dem Austrocknen und dem Verhärten und Verschlämmen beim Gießen beziehungsweise bei Regen. Geeignet sind dafür alle Splitte, Kiese und selbst gesammelte Steine, die farblich zum Haussockel passen. Mit Kalksplitt oder -schotter können Sie kalkliebenden Kleingehölzen für sonnige Lagen gute Wachstumsbedingungen schaffen.

Neben dem passenden Substrat sind der Grad der Besonnung und der Re-

genschatten für die Pflanzenwahl wichtig. Für jede Lage, von der Südausrichtung unter einem Dachüberstand bis zur Nordlage mit Schlagregen, gibt es passende Arten und Sorten (siehe Tabelle „Zwerggehölze", Seite 139, Tabelle „Wildstauden und Ziergräser", Seite 150, und Tabelle „Kräuter", Seite 213). Allerdings müssen ihnen mit geeigneten Substratmischungen die richtigen Bodenbedingungen geschaffen werden, die eventuell auch die eine oder andere Trockenperiode überbrücken helfen. Wenn auf eine Stellkante als Abgrenzung zum angrenzenden Boden verzichtet wird, kann die benötigte Erdfeuchte durch Saugkräfte an die Begrünung am Mauerfuß gelangen, sodass Gießen auch im Regenschatten völlig überflüssig wird. Grenzt Rasen an das Beet, kann ein Streifen von etwa 10 cm Breite von der Bepflanzung ausgespart und einfach mit dem Mäher überfahren werden. Eine bodenbündige, vielleicht mit geschwungenem Verlauf verlegte Rasenkante aus farblich passenden Steinen ist noch praktischer und sieht zudem schön aus.

Für den sonnigen Hausfuß eignet sich eine etwa 25 cm hohe Schicht aus mineralischem Dachsubstrat für Extensivbegrünungen mit 10 bis 15 % Humusanteil, welches mit einer Hand voll Kompost für jede Pflanze ergänzt wird. Es muss nicht gemulcht werden. Allerdings sieht gelber oder hellgrauer Kalksplitt als Abdeckung schöner aus als das dunkle Substrat und verhindert das Keimen vieler unerwünschter Wildkräuter.

Der Sauberkeitsstreifen am Haus wird in vielen Fällen von Gitterrosten über Lichtschächten oder Abböschungen für Kellerfenster unterbrochen. Diese in die Bepflanzung des Hausfußes mit einzubeziehen, ist nicht immer einfach. Im Fall bodenbündiger Gitterroste sollten die Schächte mit dem gleichen Stein, wie er auch für die Rasenkante verwendet wird, eingefasst werden. Dann werden nur die Flächen zwischen den Gitterrosten bepflanzt beziehungsweise gemulcht. Ragen die Lichtschächte über den Boden hinaus, können sie mit einer kleinen Mauer eingefasst und die Lücken wie Hochbeete oder Kübel bepflanzt werden. Auf diese Weise fallen die Kellerfenster weniger auf.

Abböschungen für Kellerfenster werden meist zu steil geplant, sodass nicht genügend Licht in die Räume gelangen kann. Auch eine Bepflanzung ist umso schwieriger, je steiler die Böschung ist. Prüfen Sie deshalb erst, ob die Abböschung nicht großzügiger ausgeführt werden kann – beispielsweise mit Holzschwellen in Stufen oder mit Steinen als Trockenmauer und dann so bepflanzen, dass sich von innen ein schöner Anblick und von außen eine Einbindung in den Garten ergibt. In diesem Fall sollten Sie die Beete unbedingt mit hellem, reflektierendem Splitt oder Kies mulchen.

Bei der Planung einer Abböschung muss auch die Pflege der Bepflanzung mit bedacht werden. Soll diese von außen erfolgen, darf die Abtreppung nicht zu steil sein und es muss genügend Arbeitsraum im Lichtschacht verbleiben. Soll die Pflege von innen erfolgen, muss das Kellerfenster zum Hinaussteigen geeignet sein. In bestimmten Fällen muss im Garten für eine Absturzsicherung gesorgt werden, damit niemand in den Schacht fällt. Dazu ist ein schmales Beet oder ein niedriges Mäuerchen meist völlig ausreichend, wobei aber der Lichteinfall nicht behindert werden sollte. Ist eine höhere Sicherung nötig, können Sie zu filigranen Gittern oder in einen stabilen Rahmen gespannten Drahtseilen oder Gittern greifen.

Große Aufmerksamkeit sollte der Entwässerung geschenkt werden,

TIPP

Zwerggehölze sind sehr pflegeleicht und bleiben von sich aus klein, sodass sie in der Regel nicht oder nur selten geschnitten werden müssen. Deshalb eignen Sie sich auch für schwer erreichbare Ecken und Winkel.

Links: Viele Zwerggehölze eignen sich besonders gut für dauerhafte Kübelbepflanzungen.

Große Prachtstauden sind sehr pflegeintensiv.

denn sie muss vor dem Einschwemmen mit Substratteilen geschützt werden. Dazu wird ein feines Siebgitter oder ein Stück Dränagevlies auf den Gully gelegt und mit einer Lage Splitt oder Kies gedeckt. Siedeln sich darauf Pflanzen an, muss die Durchlässigkeit überprüft und das Vlies bei Bedarf erneuert werden.

Treppenränder, erhöhte Ecken und Winkel an Stellen mit Höhenversatz, Mauerkronen, Kübel und andere erhöhte Stellen eignen sich besonders für kleine duftende Gehölze, die hier praktisch vor der Nase gedeihen. Dazu gehören solche Pflanzen mit duftenden Blüten, aber auch viele Gewürze, deren Blätter Duft verströmen. Je nach Standort können Sie zwischen aufrecht wachsenden und solchen mit überhängenden Zweigen wählen. Sie kaschieren nicht nur die eine oder andere unerfreuliche Ecke, sondern erfreuen Sie auch noch mit ihrem Anblick und Duft.

Schöne Stauden passend kombinieren

Als Stauden werden vom Gärtner alle nicht verholzenden Pflanzen bezeichnet, also Farne, Gräser und Kräuter, auch die so genannten „Blumen“. Sie können einjährig, zweijährig oder ausdauernd sein, sie sind entweder immergrün oder ziehen sich im Winterhalbjahr in unterirdische Pflanzenteile, wie Zwiebeln, Knollen oder Sprosse, zurück.

Die Einjährigen überdauern den Winter in Form von Samen, sodass uns im darauf folgenden Jahr die nächste Generation an den verschiedensten Standorten im Garten überrascht und auf ihre Weise anzeigt, wo sie die geeignetsten Bedingungen vorfindet.

Zweijährige Stauden blühen erst im zweiten Standjahr und sterben dann ab, hinterlassen jedoch meist Nachkommen.

Die Mehrjährigen überdauern an ihrem Standort, einige Arten müssen aber durch regelmäßiges Teilen verjüngt werden.

Staudenpflanzungen müssen nicht viel Arbeit bereiten, denn es gibt pflegeleichte Arten und Sorten, die sich, einmal am richtigen Standort gepflanzt, dort etablieren und alle unerwünschten Pflanzen unterdrücken. Besonders rationell ist es, wenn Sie auf bewährte Staudenzusammenstellungen (Staudenpakete in Versandgärtnereien) zurückgreifen, die von erfahrenen Züchtern und Staudengärtnern erprobt wurden. So sparen Sie viel Zeit bei der Auswahl und müssen kein eigenes „Lehrgeld" bezahlen.

Stauden können gesät, gesteckt oder gepflanzt werden. In der jeweils Erfolg versprechendsten Form sind sie im Handel als Samen, Zwiebeln oder Topfware (Containerware) erhältlich. Der günstigste Zeitpunkt zum Säen ist im Allgemeinen das späte Frühjahr, zum Zwiebelstecken der Herbst. Das Pflanzen von Topfware kann meist von Frühjahr bis Herbst erfolgen – sogar im Sommer –, wenn die ersten Wochen regelmäßig gewässert wird, bis die Pflänzchen ausreichend Wurzeln gebildet haben.

Erst wenn die gerüstbildenden Gehölze, wie Solitärbäume, Gehölzgruppen, Hecken und Kletterpflanzen, ihren Platz im Garten gefunden haben, alle Zwerggehölze gepflanzt sind und der Boden gut vorbereitet ist, sollten Sie sich an die Pflanzung der Stauden heranwagen. Das Angebot an Züchtungen für den Garten ist allerdings so unüberschaubar, dass viele Gartenbesitzer wahllos einige Hybriden kaufen und irgendwo im Garten einsetzen.

Doch auch Anfänger können schöne Staudenkombinationen pflanzen und pflegen, wenn sie die Lebensraumansprüche der Arten und Sorten, ihre Größe, Blütenfarbe und den Blühzeitpunkt berücksichtigen. Gute Kataloge geben darüber ebenso Auskunft wie über bewährte Kombinationen von Prachtstauden für verschiedene Gartenbereiche. Wildstaudenpflanzungen orientieren sich an natürlichen Pflanzengesellschaften. Sie sind besonders pflegeleicht und für Gartenanfänger

TIPP

Einige Versandgärtnereien bieten Staudenpakete für die verschiedensten Standorte im Garten an. Die Zusammenstellungen sind erprobt und pflegeleicht und bieten Blütenschmuck vom zeitigen Frühjahr bis in den späten Herbst.

Heimische Wildstauden breiten sich am passenden Standort selbst aus und müssen nur ab und zu eingedämmt werden.

Niedrige Wildstauden und Ziergräser für sonnige trockene Standorte*

Name	Blüte (Monat)	Höhe (in cm)
Berg-Steinkraut (*Alyssum montanum*)	goldgelb (3 bis 5)	10 bis 20
Steppen-Wolfsmilch (*Euphorbia seguieriana*)	gelb (4 bis 6)	10 bis 30
Färber-Hundskamille (*Anthemis tinctoria*)	gelb (6 bis 10)	20 bis 50
Gewöhnliche Grasnelke (*Armeria maritima*)	rosa (5 bis 11)	5 bis 20
Färber-Meier (*Asperula tinctoria*)	weiß (6 bis 7)	20 bis 30
Kalk-Aster (*Aster amellus*)	blau (8 bis 10)	20 bis 50
Kleinblütige Bergminze (*Calamintha nepeta*)	hellviolett (7 bis 9)	20 bis 40
Karthäuser-Nelke (*Dianthus carthusianorum*)	purpurrot (6 bis 9)	15 bis 40
Apenninen-Sonnenröschen (*Helianthemum apenninum*)	weißrosa (5 bis 7)	10 bis 30
Kleines Habichtskraut (*Hieracium pilosella*)	gelb (5 bis 10)	5 bis 25
Schwertblättriger Alant (*Inula ensifolia*)	gelb (7 bis 8)	30 bis 50
Ausdauernder Lein (*Linum perenne*)	hellblau (6 bis 8)	20 bis 60
Wilder Majoran (*Origanum vulgare*)	hellpurpur (7 bis 9)	20 bis 50
Steppen-Salbei (*Salvia nemorosa*)	violett (6 bis 9)	30 bis 40
Purpur-Fetthenne (*Sedum telephium* 'Matrona')	hellrosa (9 bis 10)	20 bis 40
Feld-Thymian (*Thymus pulegioides*)	rosa (6 bis 10)	5 bis 20
Wimper-Perlgras (*Melica ciliata*)	überhängend (5 bis 6)	30 bis 50
Mittleres Zittergras (*Briza media*)	zierlich (5 bis 6)	20 bis 40
Erd-Segge (*Carex humilis*)	kurz (3 bis 5)	5 bis 15
Berg-Segge (*Carex montana*)	vor dem Blattaustrieb (3 bis 5)	10 bis 20
Vogelfuß-Segge (*Carex ornithopoda*)	kurz (4 bis 5)	10 bis 20
Amethyst-Schwingel (*Festuca amethystina*)	fiedrig (6 bis 8)	5 bis 15
Blaugrünes Schillergras (*Koeleria glauca*)	aufrecht (6 bis 7)	15 bis 30
Kalk-Blaugras (*Sesleria albicans*)	überhängend (3 bis 5)	10 bis 40

* für Hausfuß, Kiesbeete, Steingärten u.a.

TIPP

Stäbchengewebe oder Gärtnerfolie werden wasserdurchlässige gewebte Kunststofffolien genannt, die zur Unkrautunterdrückung unter die Mulchdecke aus mineralischen Schüttstoffen oder Holzhäcksel gelegt werden. Sie werden flächig ausgebreitet und mit Schlitzen für die Pflanzung versehen. Wurzelunkräuter im Pflanzsubstrat haben keine Chance mehr, das Licht zu erreichen und der Boden bleibt feucht. Allerdings können sich die gepflanzten Stauden auch nicht mehr per Ausläufer vermehren oder selbst Aussamen.

Was heißt passender Standort?

Dies ist der Ort im Garten, an dem eine Pflanzenart, -sorte oder -gesellschaft optimal gedeihen kann. Die Bedingungen eines Standortes setzen sich u.a. aus den Lichtverhältnissen, der Bodenbeschaffenheit und der Wasserversorgung zusammen. Während sich Licht- und Temperaturverhältnisse leicht feststellen und nur schwer ändern lassen, sind die Bodenbedingungen mit mehr oder weniger großem Aufwand an die Bedürfnisse der Pflanzen anzupassen. Die Wasserversorgung ist indirekt von den Bodenverhältnissen abhängig und lässt sich zudem per Hand oder automatisch steuern.
Die Standortbedingungen im Garten ändern sich mit den Jahren, denn größer werdende Gehölze werfen Schatten und bieten Windschutz, ändern also selbst das Mikroklima ihrer Umgebung. Aber auch der Boden ändert durch die Bepflanzung seine Struktur, er wird erst lockerer, garer und humoser, später aber auch ärmer an Stickstoff.

Die rationelle Variante – Kiesbeete mit Gräsern

Durch Kombination verschiedener horstbildender Ziergräser kann eine dekorative Steppenlandschaft im Garten entstehen. Aber auch am Rand von Teichen, Bachläufen, Wegen und Plätzen sehen Gräser sehr schön aus. Zwar sind nicht alle Arten immergrün, im Gegensatz zu den meisten anderen Stauden wirken sie jedoch auch im Winter ausgesprochen schmückend, wenn sie nicht schon im Herbst abgeschnitten wurden. Sie bilden zusammen mit Kies oder Splitt ein angenehm ruhiges und minimalistisches Erscheinungsbild und passen damit gut zu einem sachlichen Baustil. Günstig ist es, wenn sie in Gruppen in einen mageren bis wenig humosen durchlässigen Boden gepflanzt werden, auf den dann eine Mulchfolie gelegt wird. Für die Pflanzen werden kreuzförmige Schlitze hineingeschnitten und die Folie anschließend mit 2 bis 3 cm Kies oder Splitt abgedeckt. Ist die Folie nicht wasserdurchlässig, ist an ein Gefälle und eine Entwässerung zu denken. Wird auf die Mulchfolie verzichtet, entsteht bald eine geschlossene Pflanzendecke, die einer Wiese ähnelt und schwieriger zu pflegen ist.

Kiesbeete können betreten werden und sind besonders pflegeleicht, wenn sich unter dem Kies eine wasserdurchlässige Mulchfolie befindet.

geeignet, wenn vorwiegend heimische Arten am richtigen Standort angesiedelt werden. Ein- und zweijährige Sommerblumen füllen Lücken in frisch angelegten Pflanzungen, fühlen sich aber auch im Gemüsebeet oder in Pflanzgefäßen wohl.

Bunte Stauden für sonnige Standorte

Für sonnige, trockene und nährstoffarme (magere) Standorte eignen sich alle Pflanzen, die besondere morphologische und physiologische Anpassungen an trockene Perioden ausgebildet haben. Diese sind meist an silbrig glänzenden oder behaarten Blättern zur Reflexion des Sonnenlichts, an verdickten Blättern und/oder Sprossen als Wasserspeicherorgane oder an gedrungenem Wuchs mit kleinen, nadelförmigen Blättern zu erkennen. In der Pflege sind sie meist völlig unproblematisch, einzig nasse Winter machen ihnen zu schaffen, da ihre unterirdischen Organe bei mangelhaftem Wasserabzug zu verfaulen drohen. Deshalb ist ein gut dränierter Standort vor der Pflanzung wichtiger als jede anschließende Pflegemaßnahme.

Geeignete Standorte sind der nach Süden zeigende Mauerfuß am Haus, wo unter der so genannten Sauberkeitsschicht oftmals Bauschutt, Putz- und Mörtelreste ruhen. Aber auch in Trockenmauerfugen, auf Mauerkronen und in Pflanzgefäßen fühlen sie sich wohl. An Weg- und Treppenrändern und auf offenporigen Plätzen, in Kies- und Trockenbeeten entfalten die höher wachsenden Arten ihren Charme.

Alle Pflanzen trockener magerer Standorte konkurrieren unterirdisch um Nährstoffe und Wasser und bilden deshalb meist wesentlich größere Wurzelballen als oberirdische Pflanzenteile aus. Eine Pflanzung mit großem Abstand zum Nachbarn sieht deshalb besonders natürlich aus und erlaubt das Begehen der Pflanzfläche. Jede Pflanze kann sich entsprechend ihrer natürlichen Wuchsform entwickeln und wirkt dadurch dekorativer. Eine Mulchdecke aus mineralischen Schüttstoffen, wie Kies oder Splitt, verhindert zudem das Ansiedeln vieler unerwünschter Wildkräuter und das Verschlämmen des Bodens bei Regen. Damit auch im Winter ein schönes Bild entsteht, ist eine Kombination mit immergrünen Gräsern und Steinen ratsam.

Anmutige Wildstauden für Sonne bis Halbschatten

Für sonnige bis halbschattige Lagen eignen sich viele Wildstauden, die in der Natur als Heckenbegleiter und an sonnigen Waldrändern vorkommen. Dazu gehören die ersten Frühlingsboten, die rasch wieder einziehen, wenn sich die Gehölze belauben. Sie werden von Frühsommerblühern abgelöst, die sich auch im lichten Schatten der Hecke wohlfühlen. Im Sommer folgen Gräser und Blumen, die in der Natur oft dichte Staudensäume bilden können. Wird die Pflanzung mit Herbstblühern aus fremden Ländern und einigen Winterblühern komplettiert, sieht sie das ganze Jahr über schön aus. Alle Stauden für sonnige bis halbschattige Lagen sollten zwanglos zu dreien, fünfen oder mehr Pflanzen gruppiert werden, damit sich ein natürliches Bild ergibt. Werden sie von Gruppen immergrüner Gräser und Farne ergänzt, sieht die Pflanzung auch im Winter attraktiv aus. Wildstaudenbee-

Es gibt im Garten kaum einen Ort, der sich nicht bepflanzen ließe.

te können auch vor einer ungeschnittenen Hecke oder um einen einzeln stehenden Strauch herum angelegt werden.

Lassen Sie zwischen der Vorderkante einer Schnitthecke und einem Staudenbeet unbedingt einen Streifen von etwa einem Meter Breite unbepflanzt, damit Sie ungehindert arbeiten können und die Stauden nicht von herunterfallendem Schnittgut geknickt werden. Lediglich Frühblüher nehmen den Sommer- beziehungsweise Herbstschnitt nicht übel, da sie dann bereits wieder eingezogen sind.

Neben der Blühzeit ist die Anordnung nach der Wuchsform, besonders aber der Höhe der Staude wichtig. Zu unterscheiden ist dabei zwischen Leitstauden, das sind Pflanzen, die aufgrund ihrer Höhe und Breite einen großzügigen Einzelstand bekommen, und Begleitstauden, die in Form und Farbe mit den Leitstauden harmonieren (anstelle der Leitstauden können hier aber auch Zwerggehölze stehen). Ist das Beet nur von vorn sichtbar, sollten die Stauden in der Höhe von vorn nach hinten gestaffelt werden. Wird es als Insel angelegt, bekommt die Leitstaude den Platz in der Mitte, während die Begleitstauden kreisförmig um sie herum gepflanzt werden.

Der Boden des Beetes sollte aus etwa gleichen Teilen lehmigem Unterboden, Sand und Kompost beziehungsweise Mutterboden bestehen. Wildstauden werden am besten im späten Frühjahr gepflanzt, die Plätze für die Zwiebelpflanzen, die erst im Herbst gesteckt werden, sollten Sie sich markieren. Pro Quadratmeter ist mit 5 bis 8 Pflanzen für eine gemischte Staudenpflanzung zu rechnen. Die Zwischenräume werden mit mineralischen Schüttstoffen oder Holzhäcksel abgedeckt, denn Rindenmulch wird nicht von allen Stauden vertragen.

Für halbschattige Standorte vor Mauern gibt es eine Vielzahl von Stauden mit Blüten zu allen Jahreszeiten.

Die rationelle Variante – Wildstauden

Wem ein eigens angelegtes Beet für Stauden zu aufwändig ist, kann mit Samenmischungen von Wildstauden experimentieren. Eine geeignete Samenmischung mit Trockenheit liebenden Wildstauden für sonnige Standorte in den aufgelockerten Rohboden gestreut und leicht mit Sand abgedeckt, sieht oft schöner aus und ist zudem wesentlich pflegeleichter als das raffinierteste Arrangement züchterisch veredelter Stauden aus dem Katalog im eigens angelegten Beet. Magern Sie gegebenenfalls vorher die obersten 30 cm Rohboden stark mit Sand ab. Für kalkliebende Wildstauden eignet sich auch Kalksplitt der Körnung 0 bis 32 mm, der preiswert beim Baustoffhandel zu beziehen ist. In der Regel siedeln sich nicht alle der Arten an, sodass es durchaus ein Erfolg ist, wenn sich nach zwei bis vier Jahren eine geschlossene Pflanzendecke mit etwa der Hälfte der Arten, die in der Samenmischung enthalten waren, entwickelt hat.

Im Schatten wirken Pflanzungen aus immergrünen Zwerggehölzen, Farnen, Gräsern und Stauden das ganze Jahr über dekorativ.

Am pflegeleichtesten sind Beete mit großblättrigen wüchsigen Stauden, die eine große Blattmasse bilden und damit andere unerwünschte Wildkräuter unterdrücken. Viele Arten der Gattungen *Geranium* und *Salvia* sowie einige horstbildende Gräser gehören dazu. Allerdings müssen ihnen die Standortbedingungen zusagen und das Beet muss vor der Bepflanzung von unerwünschten Kräutern gesäubert werden. „Laub schluckende" Stauden, beispielsweise viele *Geranium*- und *Epimedium*-Arten und -Sorten, wachsen jedes Jahr durch eine dicke Laubdecke hindurch und eignen sich daher gut für Pflanzungen unter Laubhecken. Das Angebot an Wild- und Gartenstauden für halbschattige Lagen ist riesig, zumal jedes Jahr neue Züchtungen hinzukommen.

Besonders eilige und experimentierfreudige Gartenbesitzer streuen einfach eine Samenmischung ein- und zweijähriger Stauden als Lückenfüller zwischen oder vor die Gehölze und lassen sich überraschen, welche der Pflanzen keimen und am Standort gedeihen. Meist müssen dann aber einige Pflanzen wieder umgruppiert und ausgelichtet werden.

Besondere Stauden für den Schatten

Im Schatten von Gebäuden und Gehölzen wachsen viele Wild- und Prachtstauden, die meist mehr durch ihr Blattwerk als ihre Blüte dekorativ wirken. Immergrüne Farne und Gräser lassen sich besonders schön mit großblättrigen Stauden kombinieren, aber auch viele niedrige Frühblüher haben hier eine Chance. Zusammen mit großen Findlingen, Baumstubben und Totholzstücken können Sie mit Schattenstauden im Sommer eine kühle Waldatmosphäre schaffen, ohne dass das Beet im Winter kahl wirkt. Schattenbeete müssen grundsätzlich gemulcht werden, um die Feuchtigkeit im Boden zu erhalten. Die Pflanzen brauchen humosen neutralen bis leicht sauren Boden, der mit großzügigen Gaben von Rindenkompost (kein Rindenmulch!) hergestellt werden kann. Als Mulchdecke eignen sich im Schatten von Gebäuden mineralische Schüttstoffe. Holzhäcksel und Rindenmulch sehen unter Gehölzen am schönsten aus. Hier kann die Nährstoffversorgung auch mit einer dünnen Schicht Hornspänen ergänzt werden, da die langsame Verrottung der Mulchdecke dem Boden Stickstoff entzieht.

Problematischer zu bepflanzen sind trockene schattige Standorte, die sich oft im Regenschatten von Gebäuden befinden. Hier kann eventuell ein etwa 40 cm erhöhtes Beet mittels Steinen oder Baumstämmen abgegrenzt und mit humoser Erde gefüllt werden. Die Hauswand wird dabei mit einer Schutzplatte, wie sie auch im Kellerbau verwendet wird, geschützt. Ein gelochter Schlauch sorgt für eine gleichmäßige Wasserversorgung, sodass sogar eine Fassadenbegrünung als Hintergrund für die Schattenstauden möglich ist.

Wem der Bau eines solchen Hochbeetes zu aufwändig ist, der muss den Boden mittels Rindenhumus oder Kompost verbessern und auf Trockenheit tolerierende Schattenstauden, beispielsweise den Genfer Günsel (*Ajuga genevensis*), den Hain-Gilbweiderich (*Lysimachia nemorum*), die Gewöhnliche Haselwurz (*Asarum europaeum*) und die Wald-Hainsimse (*Luzula sylvatica*), zurückgreifen. Die Auswahl ist nicht sehr groß, aber zusammen mit geeigneten Zwerggehölzen, Bodendeckern und dekorativen Mulchdecken lassen sich auch hier attraktive Beete gestalten. Am Anfang sollten Sie das Wachstum der Pflanzen mit regelmäßigem Gießen fördern, doch spätestens ab dem zweiten Herbst können die Pflanzen dann ohne zusätzliche Wassergaben auskommen.

Unter Laubgehölzen kommen zu Schatten und Trockenheit noch die Probleme der Nährstoffkonkurrenz, des Wurzeldrucks und der Laubschicht hinzu. Doch selbst diesen Widrigkeiten trotzen einige Stauden, beispielsweise der Gewöhnliche Wurmfarn (*Dryopteris filix-mas*), das Ruprechtskraut (*Geranium robertianum*) und die Große Sternmiere (*Stellaria holostea*). Lediglich in Stammnähe und unter flach wurzelnden Laubbäumen kommen nur noch einige Moose zurecht, die zusammen mit den Bodendeckern im nächsten Kapitel erwähnt werden.

Nadelgehölze trocknen den Boden besonders stark aus und lassen auch im Winter kaum Niederschlag an den Boden. Die ständig rieselnden Nadeln verrotten in der Trockenheit des Bodens kaum und führen zu sauren stickstoffarmen Bodenverhältnissen. Unter dichten Fichtenhecken sind deshalb beispielsweise kaum Stauden mit Erfolg anzusiedeln. Unter einzeln stehenden Nadelgehölzen kann aber ein

TIPP

Schattenstauden kommen in der Regel völlig ohne Pflege aus. Wer auch im Winter ein attraktives Beet haben möchte, kombiniert sie mit vielen immergrünen Gräsern, Farnen und Zwerggehölzen, mit Findlingen und Totholzstücken. An trockenen Standorten müssen sie aber in sehr trockenen Sommern gelegentlich gewässert werden.

Unter Gehölzen muss es nicht kahl aussehen: Bodendeckende Stauden halten die Fläche frei von unerwünschten Wildkräutern und bieten vielen Nützlingen Nahrung und Unterschlupf.

20 bis 30 cm erhöhtes Beet mit Steinen oder Stammstücken abgegrenzt werden, in dem die oben genannten Schattenstauden gedeihen, wenn sie gelegentlich gegossen werden oder eine Entwässerung dorthin geleitet wird. Auch hier eignet sich eine Mischung aus Lehmboden und Rindenhumus als Substrat. Unter die Mulchdecke aus Rindenhäcksel wird eine Schicht Hornspäne gestreut. Die begehbare Mulchdecke sowie einige Baumscheiben oder flache Steine im Beet erleichtern die Pflege und halten die Feuchtigkeit im Boden.

Grüne Teppiche erfolgreich anlegen

Mit bodendeckenden Pflanzen lassen sich die unterschiedlichsten trittfesten Grünflächen gestalten. Viele Gartenbesitzer denken erst einmal an eine begehbare Grasfläche, die regelmäßig gemäht, gedüngt, gewässert und vertikutiert werden muss, wenn ihnen ein „grüner Teppich" vorschwebt. Es gibt aber viele Alternativen zu diesen pflegeintensiven Monokulturen, die auch an Stellen gedeihen, wo „Englischer Rasen" nicht oder nur mit unverhältnismäßigem Aufwand wächst.

Neben den Licht- und Bodenverhältnissen ist auch die Art der Nutzung entscheidend für die Wahl der Begrünung. So kann beispielsweise ein Schotterrasen auch befahren und bei Nässe benutzt werden, was mit dem üblichen Zier- oder Spielrasen nicht möglich ist. Blumenrasen und Wiesen müssen nur ganz selten gemäht und nicht gedüngt oder gewässert werden, Moose bilden auch an schattigen Stellen dichte grüne Teppiche, die keinerlei Pflege bedürfen, verholzende Bodendecker, wie der Thymian, können sogar betreten werden und duften bei jedem Schritt.

Bevor Sie also Mutterboden verteilen und die üblichen artenarmen Rasenmischungen aussäen, lohnt es sich, über robustere, pflegeleichtere und artenreichere Alternativen nachzudenken.

Magerrasen halten bei genauem Hinsehen immer wieder Überraschungen bereit.

Trockenresistente Grünflächen in der Sonne

Vor der Neuanlage schwebt den meisten Gartenbesitzern ein strahlend grüner „Golfrasen" vor, der das Grundstück zu großen Teilen bedecken soll. Dass dieser Rasen nur unter bestimmten Voraussetzungen und mit viel Pflegeaufwand gedeiht, wird meist nicht bedacht. Er setzt außerdem einen nicht zu vernachlässigenden „Fuhrpark" an Gartengeräten voraus, die alle gekauft, untergestellt und gewartet werden müssen. Rationeller ist es, auf weniger bekannte und repräsentative, bei genauem Hinsehen aber schönere und artenreichere Alternativen von Rasen zurückzugreifen. An den Standort angepasst, machen sie erheblich weniger Arbeit.

An trockenen sonnigen Standorten, wie Aufschüttungen vor der Terrasse, Südhängen und Innenhöfen, sollte auf die Anlage eines üblichen Rasens verzichtet werden, der hier nur mit hohem

Eine Fugenbegrünung aus begehbaren Polsterstauden ist pflegeleicht und sieht gut aus.

Bewässerungsaufwand grün erhalten werden kann. Aber auch für Flächen unter 50 m² lohnt sich der Aufwand des wöchentlichen Mähens nicht. Zum Spielen sind solche Rasen zu klein, intensiv beansprucht bekommen sie im Sommer kahle Stellen und in den nassen Jahreszeiten Matschkuhlen. Für grüne Stellplätze im Vorgarten werden Rasengitter aus Steinen oder Kunststoff angeboten, die das Verkahlen verhindern sollen. Sie sind aber nur schlecht begehbar und auch das Mähen ist mühsam. Die bessere Alternative für begrünte Wege und Plätze ist eine Fugenbegrünung oder ein Blumen-Schotterrasen aus speziell dafür zusammengestelltem Saatgut und dem passenden Substratgemisch. Auf keinen Fall darf hier normaler Mutterboden oder Kompost verwendet werden, denn die Pflanzen benötigen mageren, wasserdurchlässigen Boden. Außerdem erspart Ihnen der Nährstoffmangel das Mähen und Entsorgen der Gräser.

Für eine Begrünung müssen die Fugen mindestens 20 mm breit und 40 mm tief sein. Je breiter die Fugen, desto mehr Wasser kann versickern, was die Pflasterfläche nicht nur grüner, sondern auch umweltfreundlicher macht. Zu breit darf sie aber auch nicht gewählt werden, da die Steine sonst beim Überfahren kippen können und das Laufen erschwert wird. Für die Fugen wird statt des üblichen Splitts eine Mischung aus Brechsand, Splitt und etwa 10 % Kompost bis etwa 1 cm unter die Oberkante des Pflastersteines eingekehrt (bei trockenem Wetter und Material) oder besser noch, eingeschlämmt (bei feuchtem Wetter und Material). Die Höhendifferenz von etwa 1 cm garantiert, dass die Pflanzenwurzeln beim Befahren nicht ge-

TIPP

Betonpflastersteine mit Abstandhaltern garantieren gleichmäßige Fugen und verhindern das Kippen beziehungsweise Verschieben der Steine beim Befahren.

TIPP

Bei kleinen Flächen beziehungsweise wenigen breiten Fugen kann das mit Sand gemischte Saatgut auch mit einer spitzen Papiertüte, einem Kaffeefilter oder einer trockenen Kindergießkanne ohne Tülle direkt in die Fugen gefüllt werden.

TIPP

Nach dem Säen muss die Fläche nicht befeuchtet werden. Sie können einfach auf den nächsten Regen warten. Allerdings muss sie danach einige Wochen lang dauerhaft feucht bleiben, bis sich ausreichend Wurzeln gebildet haben.

quetscht werden, denn sie können sich im Gegensatz zu den oberirdischen Pflanzenteilen nicht so leicht regenerieren.

Handelsüblicher Schotter- oder Parkplatzrasen ist nicht empfehlenswert, denn er besteht meist nur aus trockenresistenten Gräsern (wie Weidelgras, Wiesen-Rispe und Schaf-Schwingel) auf einer Deckschicht mit 30 bis 50 % Erdanteil. Er muss ab und zu gemäht werden und kann in trockenen Sommern ohne Wässern vertrocknen. Durch die Beimischung von Erde ist auch die Gefahr recht groß, dass noch andere Pflanzensamen enthalten sind. Bei nassem Wetter und intensiver Nutzung entsteht außerdem häufig eine staunasse Fläche, die sich kaum von anderen Rasen unterscheidet.

Spezielle Blumen-Schotterrasen für Flächen mit 1 bis 5 % Humusanteil (steriler Kompost) enthalten nur 50 bis 70 % Grassamen, der übrige Teil sind trockenresistente schwachwüchsige Wildkräuter mit schönen Blüten. Durch den geringen Humusanteil ist die Fläche wesentlich besser dräniert und intensiver nutzbar. Blumen-Schotterrasen muss bei 1 % Humusanteil nie, bei höherem Humusgehalt (maximal 5 %) und extensiver Nutzung höchstens einmal im Jahr im Herbst gemäht werden. Das Saatgut wird von Hand oder mit einem Streuwagen verteilt und mit einer dünnen Schicht aus Sand bedeckt und festgewalzt oder -getreten. Es dauert zwar eine Weile, bis er schön aussieht, zumal einige der Pflanzen Kaltkeimer sind und erst nach einer Frostperiode im nächsten Frühjahr keimen. Dafür blüht er dann aber auch wunderschön, lockt seltene Insekten an und bedarf praktisch keiner Pflege mehr.

Auf sonnigen Nebenwegen und -plätzen, aber auch in Fugen auf der Terrasse bietet sich der Thymianrasen an, der im Sommer beim Begehen einen betörenden Duft verbreitet. Das Substrat entspricht dem des Schotterrasens, je nach Beanspruchung der Fläche kann der Unterbau weniger dick ausfallen. Da Sand-Thymian Kalk verträgt, kann er auch in eine Mischung aus etwa gleichen Teilen Kalksplitt und Sand, vermischt mit etwas Kompost, gesät werden. Die Samen des Sand-Thymians gedeihen auch in Fugen, am Mauerfuß, am Haussockel und anderen sonnigen trockenen Standorten. Weitere Duftrasen lassen sich mit den Samen der Polei-Minze (*Mentha pulegium*), der Korsischen Minze (*Mentha requienii*) und der Römischen Kamille (*Chamaemelum nobile*) säen.

Pflegeleichte Rasen im Halbschatten

Große ebene Gartenflächen in Sonne bis Halbschatten werden in der Regel als Rasen (Zier-, Spiel-, Gebrauchs-, Schattenrasen) angelegt. Verschiedene im Handel erhältliche Samenmischungen eignen sich für unterschied-

Thymianrasen sind betretbar und duften bei jedem Schritt.

liche Standorte und Belastungen. Unverzichtbar ist aber auch der richtige Boden, der nicht verdichtet sein darf, damit sich keine Pfützen bilden. Eine mit dem Rohboden verzahnte Sand-Humusschicht von 10 bis 20 cm Dicke garantiert einen gleichmäßigen und dichten Wuchs. Die Samen werden, wie auf der Packung angegeben, ausgestreut und angewalzt. Eine dünne Schicht Sand verhindert, dass sie von Vögeln entdeckt und aufgepickt werden. Nach dem ersten Anfeuchten mit einem feinen Wassernebel müssen sie etwa sechs Wochen lang gleichmäßig feucht gehalten werden. Der erste vorsichtige Schnitt kann erfolgen, wenn die Halme etwa 6 cm hoch sind. Von diesem Zeitpunkt an wird der Rasen etwa 3 cm kurz gehalten, damit die Pflanzen Horste bilden. Achtung: Zierrasen erfordert einen hohen Pflegeaufwand in Form von regelmäßigem Mähen (etwa 18 Schnitte/Jahr), Düngen (zwei- bis dreimal/Jahr), Vertikutieren (einmal/Jahr) und Wässern (bis zu täglich). Er verlangt also einen hohen Zeit-, Energie und Rohstoffaufwand.

Zum Mähen der meisten Rasenflächen ist ein Handmäher völlig ausreichend. Er braucht weniger Platz zur Aufbewahrung, lässt sich leicht transportieren, ist wendiger in der Handhabung, benötigt keinen Strom und lange Kabel, ist leiser als motorbetriebene Geräte und weniger gefährlich in der Benutzung.

Spiel- und Sportrasen gedeiht am besten auf sandigen Böden, was ihn belastbarer macht. Allerdings muss auch er regelmäßig gewässert, gedüngt und gemäht werden. Er verzeiht es aber besser, wenn er einmal für zwei Wochen vernachlässigt wurde. Auf schweren Böden bekommt er leicht Kahlstellen, die mittels Lockern und Abmagern beseitigt werden können. Wird die Rasenpflege über einen längeren Zeitraum ausgesetzt, kann aus einem Spiel- und Sportrasen ein Blumenrasen werden. Wer die kahlen Stellen mit geeigneten Samenmischungen einsät, kann dies noch beschleunigen.

Spielflächen werden mit belastbarem Spielrasen eingesät, der auch im Halbschatten gut gedeiht.

Blumenrasen entstehen auf ungedüngten Rasenflächen von selbst, wenn nur noch selten gemäht wird.

Blumenrasen bestehen aus mindestens 50 Gewichtsprozent Kräutersamen, die andere Hälfte sind heimische robuste Gräser. Sie sind extensiv begehbar und werden nur wenige Male im Jahr auf etwa 10 cm Höhe gemäht. An intensiv genutzten Stellen, wie Wegen, können sie auch öfter gemäht werden und dort, wo sie gar nicht begangen werden sollen, als Wiese stehen bleiben.

Blumenwiesen werden nur ein- bis dreimal im Jahr mittels Sense oder Balkenmäher geschnitten. Je nach Samenmischung, Standort, Mähhäufigkeit und Mähzeitpunkt entwickeln sie sich sehr unterschiedlich, ja sie können sogar jedes Jahr anders aussehen. Je magerer der Standort, desto artenreicher ist die Wiese. Sie darf deshalb keinesfalls gedüngt werden und das Mähgut muss nach dem Trocknen (spätestens nach drei Tagen) entfernt werden. Vormals fette Wiesen entwickeln sich zu mageren Standorten, wenn Sie diese anfangs häufiger mähen und das Schnittgut entfernen.

Samenmischungen für Blumenrasen und -wiesen sollten Sie nur von anerkannten Samenhändlern für Wildsamen beziehen. In den preiswerten Mischungen der Baumärkte und Samenhandlungen befinden sich nämlich jede Menge Grassamen und billig zu erntende Samen von Ackerwildkräutern, die nur im ersten Jahr blühen und dann verschwinden, sodass letztlich eine Futterwiese aus Gräsern übrig bleibt.

Bodenbedeckendes im Schatten

In schattigen Lagen gedeiht meist nur noch Moos, selbst wenn ein Rasen oder eine Wiese gesät wurde. Es ist völlig überflüssig, das Moos durch Vertikutieren oder chemische Mittel unterdrücken zu wollen, denn es wird sich bald wieder von selbst ansiedeln. Entweder Sie wandeln die Fläche in ein Schattenbeet mit passenden Bodendeckern, wie Kleines Immergrün (*Vinca minor*), Günsel (*Ajuga* in Arten und Sorten) oder Braunelle (*Prunella* in Arten und Sorten), um. Noch einfacher ist es, das Moos an dieser Stelle wachsen zu lassen, denn Moosflächen sehen sehr schön aus und sind absolut pflegeleicht. Selbst eine dicke Laubschicht im Herbst wird von ihnen einige Tage lang toleriert, sie vertragen Trockenheit und auch gelegentliches Begehen. Zusammen mit Totholz, Findlingen, Zwerggehölzen, Farnen und Gräsern können Sie stimmungsvolle Moosflächen schaffen, die sowohl im Schatten von Gebäuden als auch unter Gehölzen schön aussehen und absolut pflegeleicht sind.

Moose können zwar nicht gekauft werden, siedeln sich aber an den geeigneten Stellen ganz von selbst an. Auf Steinen, Mauern oder Kübeln können Sie dies beschleunigen, indem Sie einen dünnen Brei aus in Buttermilch gekochter Kleie mit dem Pinsel auftragen. Das Entnehmen von Moosen aus der Natur ist verboten!

Dort, wo der Rasen im Schatten vermoost, werden besser gemulchte Beete für bodendeckende Pflanzen angelegt.

Auch mit niedrigen immergrünen Gräsern können Sie schöne Schattenbeete schaffen. Dafür eignet sich z.B. die Wald-Hainsimse (*Luzula sylvatica*), die an humosen schattigen Stellen schnell große Flächen erobert. Sie kann sogar mit dem Rasenmäher kurzgeschnitten werden, wenn sie zu sehr wuchert.

Andere Schattenstauden, wie die Wald-Erdbeere (*Fragaria vesca*), sehen schön aus und tragen sogar im tiefen Schatten noch Früchte. Efeu (*Hedera*) wächst auch horizontal über den Boden und eignet sich gut für kahle Stellen unter Bäumen, deren Stämme er erobert. Für besonders trockene schattige Stellen eignen sich Gewöhnlicher Wurmfarn (*Dryopteris filix-mas*), Nickendes Perlgras (*Melica nutans*), Ruprechtskraut (*Geranium robertianum*), Große Sternmiere (*Stellaria holostea*) und Wald-Veilchen (*Viola reichenbachiana*).

TIPP

Falls Sie noch nicht wissen, wie Sie die schattige Stelle bepflanzen wollen, mulchen Sie diese etwa 5 cm dick mit Laub, Holzhäcksel oder Rindenmulch und warten einfach ab, was sich von selbst ansiedelt.

Bodendecker mit panaschiertem Laub bringen „Licht" in schattige, dunkle Ecken.

3 Wasser für Mensch und Garten

Ein richtig gebauter Gartenteich ist pflegeleicht und lädt zu besinnlichem Betrachten ein.

Landschaftsarchitekten in aller Welt wissen schon lange um den dekorativen und inspirierenden Wert von Wasser im Garten und so findet sich kaum ein Park, in dem dieses Element keine Rolle spielt. In allen Kulturen steht das Wasser für den Ursprung des Lebens und es gibt wohl nirgendwo auf der Welt einen Menschen, der sich seiner Faszination entziehen kann. Selbst ohne sein eigentliches Element ist Wasser in japanischen Zen-Gärten in Form von Trockenbachläufen und geharkten Kiesflächen symbolisiert zu finden.

Wasser im Garten ist zudem oft eine Notwendigkeit, um das Wachstum der Pflanzen zu fördern. Es lockt aber auch Tiere an und erweitert den Lebensraum Garten um neue Biotope, besonders im Uferbereich des künstlichen Gewässers. Durch die Erhöhung der Luftfeuchtigkeit in seiner Nähe schafft Wasser ein angenehmes Klima, bei gut gewähltem Standort und nächtlicher Beleuchtung eine besondere Atmosphäre. Etwa 6 Millionen Gartenbesitzer in Deutschland erfreuen sich bereits am Anblick einer stillen Wasserfläche oder am Klang eines plätschernden Bachlaufs und es werden täglich mehr. Allerdings ist es mit dem Bau oder Kauf eines „Wassergefäßes“ nicht getan. Wirklich ästhetisch

ist ein Feuchtbiotop im Garten nur, wenn es auch standortgerecht bepflanzt ist. Seinen Namen hat es erst verdient, wenn es auch Lebensraum für heimische Tiere bietet und in eine naturnahe Gartenbepflanzung eingebunden ist.

Wie Sie Wasser in Ihrem Garten wirkungsvoll, aber auch sparsam und umweltbewusst einsetzen und Feuchtbiotope anlegen und bepflanzen können, soll Ihnen dieses Kapitel an einigen Beispielen zeigen.

Eine Zisterne, hier in Form eines „Brunnens“, spart viel Geld für teures Trinkwasser.

Wasser sparsam verwenden

Sauberes Wasser ist ein kostbares Gut, das nicht verschwendet werden sollte. Als Trinkwasser aufbereitet ist es viel zu wertvoll, um in großen Mengen im Garten verwendet zu werden. Regenwasser steht dagegen kostenlos zur Verfügung und belastet unnötig die Klärwerke, wenn es direkt in die Kanalisation gelangt. Die zunehmende Versiegelung der Landschaft führt außerdem zu den gefürchteten Hochwasserschäden, die zu verhindern wären, wenn mehr Regenwasser wieder natürlich versickern würde. Auch mit einem kleinen Garten können Sie dazu beitragen, wenn Sie Flächenversiegelungen vermeiden und Dachwasser auffangen, speichern und zum Bewässern des Gartens oder für Feuchtbiotope verwenden.

Der Wasserbedarf eines Gartens ist einerseits von der jährlichen Niederschlagsmenge und -verteilung, andererseits von der Bodenart abhängig. Aber auch die Art der Bepflanzung spielt eine entscheidende Rolle, denn je besser sie an die naturgegebenen Verhältnisse angepasst ist, desto weniger zusätzliche Bewässerung ist nötig. Da aber auch in einem naturnahen Garten die eine oder andere Sonderkultur angelegt werden soll, wird immer eine Wasserversorgung notwendig sein, und sei es nur für die erste Zeit nach einer Neuanpflanzung.

Auch alle Teiche und Wasserbecken im Garten sollten sich aus Regenwasser speisen, was nicht nur umweltfreundlicher ist, sondern auch von Pflanzen und Tieren besser vertragen wird.

Wasserleitungen und Zapfstellen installieren

Schon bei der Planung des Gartens sollte an eine zeit- und wassersparende Gartenbewässerung gedacht werden. Wer nicht mit langen Schläuchen hantieren und Kannen schleppen möchte, sollte genügend unterirdische Versorgungsleitungen und Zapfstellen planen. Doch nicht nur der Verlauf der Wasserleitungen und die Orte der Zapfstellen, auch die Art der Bewässerung hängt von der Bepflanzung ab. Ob Gehölzpflanzung, Rasen, Nutzpflanzenbeet oder Sumpfgraben, alle begrünten Flächen haben ganz unterschiedliche Bedürfnisse bezüglich des Wasserbedarfs und der Art der Wasserversorgung. Wasser wird aber auch zum Füllen von Planschbecken und Gartenteichen, zum Säubern von Pflanzgefäßen und Geräten, zum Trinken und Erfrischen, zum Kühlen von Getränken und Speisen, zum Spielen für Kinder und vieles mehr im Garten benötigt.

Alle Wasserleitungen im Garten müssen frostfrei, das heißt in unseren Breiten etwa 60 bis 80 cm tief im Boden verlegt werden. An ihrer Verzweigungsstelle im Haus muss an der tiefsten Stelle ein Absperrhahn montiert werden, damit der Strang von der übrigen Wasserversorgung abgetrennt und für den Winter vollständig entleert werden kann. Vor dem ersten Frost können Sie den Strang dort bei geöffnetem Wasserhahn leer laufen lassen und so sicher überwintern.

Planen Sie dort, wo sich die Wasserleitungen im Haus verzweigen und die Ablasshähne befinden, unbedingt einen Gully ein.

TIPP

Für alle Schlauchanschlüsse gibt es verschiedene Schnellverschlusssysteme, die es ermöglichen, den Schlauch schnell vom Wasserhahn zu trennen, um Letzteren auch ohne Schlauch zu benutzen.

Neu im Handel sind so genannte Pipeline-Systeme, die über einen Wasseranschluss an der Druckleitung verfügen. Bodenbündig verlegte Wassersteckdosen aus Kunststoff erlauben den Schlauchanschluss mit den üblichen Schnellverschlüssen. Dieses System verfügt über automatische Entwässerungsventile. Die Steckdosen werden am besten unauffällig in eine graue Steinreihe als Rasenkante integriert, damit sie nicht beschädigt werden oder unter einer Pflanzendecke verschwinden.

Der Querschnitt von Wasserleitungen für Trinkwasser muss sich nach dem vorhandenen Wasserdruck des städtischen Netzes beziehungsweise dem Druckminderer in Ihrem Haus und nach der Länge der geplanten Leitung und dem Querschnitt der Anschlüsse richten. Früher verwendete man Wasserleitungen aus Eisen mit Zollmaßen, heute sind Kunststoffleitungen mit Innendurchmesser in Millimetermaßen üblich. Für Übergänge zwischen beiden Systemen gibt es Adapter, wie es sie auch für den Übergang zwischen Leitung und Wasserhahn gibt. Bei der Wahl des Wasserhahns legt man sich wiederum auf den Durchmesser des Gartenschlauchs fest, der üblicherweise einen Durchmesser von 1/2 Zoll hat, bei über 30 m Länge aber 3/4 Zoll haben sollte.

Wasserhähne für den Garten bestehen immer aus Metall. Es gibt solche mit Dreh- oder Hebelverschluss sowie Anschlüsse mit Gewinde oder Bajonettverschluss. Wer sich für ein System entschieden hat, ist ziemlich festgelegt. Wasserhähne sollten immer stabil an einer Wand oder einem Pfosten angeschraubt werden. Die Höhe des Wasserhahns richtet sich nach seiner Benutzung und Bauart. Für Becken zum Säubern von Blumentöpfen und Schuhen sollte der Auslauf in bequemer Höhe von 90 bis 100 cm angebracht sein, so ist es auch möglich, ein größeres Gefäß, wie einen Eimer oder eine Gießkanne, darunter zu stellen. Gegen das Spritzen hilft oft ein kurzes Stück Gartenschlauch.

Überall dort, wo sich im Garten ein Wasseranschluss befindet, müssen Sie sich auch Gedanken über die Entwässerung machen. Wasserhähne können tropfen, beim Zapfen wird etwas Wasser verschüttet und Becken müssen gesäubert und entleert werden. Der Boden unter einer Wasserzapfstelle sollte deshalb eben und befestigt sein. Eine

Praktische Wasserzapfstellen kann man für alle Haus- und Gartenstile kaufen …

matschige Stelle unter dem Wasserhahn sieht nicht nur hässlich aus, sondern stellt auch eine Gefahr dar. Bodenteilchen spritzen außerdem an die Schuhe und verschmutzen Gefäße und Schläuche. Bei durchlässigen Böden genügt bereits ein mit Kies gefüllter Sickerschacht als Entwässerung mit darüber gelegtem Metallrost. Holzroste sind zwar kostengünstig, veralgen aber und werden dadurch schnell glitschig. Sie können das Wasser auch in ein angrenzendes Beet leiten, wo es versickert. Eine halbkreisförmig gepflasterte Ausbuchtung mit leichtem Gefälle oder einer Rinne an einem Weg sieht schön aus und lässt bei etwa 1 m Radius ausreichend Platz für eine Zapfstelle mit Gefäß oder einen aufgewickelten Schlauch. Wasserhahn und Schlauchhalterung können beispielsweise an einen dicken eingegrabenen Holzpfosten oder eine Steinstele montiert werden. Leider gibt es kaum vorgefertigte dekorative und gleichzeitig preiswerte Elemente für Wasserzapfstellen in Hausgärten. Am praktischsten ist es, den Wasseranschluss an den Pfosten eines Carports oder Gartenhauses zu montieren, allerdings muss dies nicht immer die passendste Stelle sein. Bei einbetonierten Pfosten darf tropfendes Wasser nicht an den Pfostenfuß gelangen, da sonst die Gefahr der Verrottung des Holzes besteht.

Verlegen Sie Wasserleitungen am besten unter dem Randstein von Wegen oder unter dem Pflaster von Wegen und Plätzen. Dort stören Sie bei der Bepflanzung nicht, werden nicht unbeabsichtigt beschädigt und Sie haben eine befestigte Fläche unter der Zapfstelle.

Für kleine Gärten und Vorgärten ist meist je ein Wasseranschluss an den gegenüberliegenden Außenmauern des Hauses ausreichend. Mit einem daneben gehängten Schlauch auf einem Schlauchhalter erreichen Sie damit jede Ecke. Mit einem unter dem Hahn montierten Becken vermeiden Sie zudem nasse Füße und matschige Stellen. Der Abstand zwischen Hahn und Becken sowie das Becken selbst sollten groß genug sein, um darin eine Gießkanne abstellen und füllen zu können. Als Außenbecken eignen sich viereckige emaillierte Stahlbecken ebenso wie große Porzellanbecken mit flachem Boden. Auf Antikmärkten finden sich auch alte Spülsteine und Tröge aus unterschiedlichen Gesteinsarten, die sehr dekorativ aussehen können. Diese können auf gemauerte Steinreihen, z.B. aus Klinker, in der passenden Höhe aufgestellt werden. Allerdings kann hier die ungenormte Größe des Ablauflochs Probleme beim Anschließen der Ablaufgarnitur bereiten.

Gartenschläuche werden in verschiedenen Qualitäten angeboten. Haltbarer als die preiswerten Kunststoffschläuche sind solche aus Gummi oder Kunststoff mit Kreuz- oder Trikotgewebeeinlage zwischen der inneren und der äußeren Schlauchwand, denn sie neigen nicht zum Knicken und Verdrehen. Die Haltbarkeit eines Schlauchs hängt aber auch von seiner

... oder selbst bauen und den Platz darunter schön und zweckmäßig gestalten.

TIPP

Große Ausgussbecken für Waschküchen und Kellerräume aus Edelstahl, emailliertem Stahlblech, Steingut oder Porzellan eignen sich auch für den Außenbereich.

TIPP

Preiswerter als gekaufte Schlauchroller sind kurze angespitzte Holzpflöcke, die Sie an den neuralgischen Stellen in den Boden rammen oder schöne runde Findlinge, die an die Ecken gelegt werden.

Lagerung ab. Er sollte immer ordentlich über einer Schlauchhalterung liegen und im Winter frostfrei aufbewahrt werden.

Für längere Schläuche eignen sich Schlauchwagen. Bei der Bewässerung mit langen Gartenschläuchen taucht aber immer das Problem auf, dass sich der Schlauch an Pflanzen verheddert. Abhilfe schaffen Schlauchroller, die an Beeträndern, besonders in Außenkurven in den Boden gerammt werden. Der Schlauch kann so problemlos um die Ecke gezogen werden, ohne dass er Pflanzen beschädigt. Beim Ermitteln der benötigten Schlauchlänge müssen Sie alle Kurven entlang von Beeträndern großzügig mitberechnen, damit der Schlauch nicht über die Beete gezerrt wird, um auch die hinterste Gartenecke zu erreichen.

Eine Gießbrause als Schlauchvorsatz wird den Bedürfnissen der Pflanzen wesentlich besser gerecht als die üblichen Spritzdüsen, denn Gießbrausen verfügen über eine stufenlos verstellbare Durchflussregulierung sowie regulierbare Wasserstrahlformen und liegen besser in der Hand.

Für manche Gartenecken ist das gelegentliche Gießen mit der Kanne völlig ausreichend. Auch hier gibt es unterschiedliche Größen, Materialien und Formen sowie Gießvorsätze. Besonders wichtig ist eine ergonomische Griffgestaltung, die auch beidhändiges Gießen erlaubt. Die Gießbrause muss abnehmbar und leicht zu reinigen sein, denn gerade bei der Verwendung von ungefiltertem Regenwasser aus Schöpfbecken können die Löcher verstopfen. Wer wenig Platz zum Verstauen hat, sollte eine verzinkte oder lackierte Metallkanne wählen, die er nicht verstecken muss, weil sie für sich einen schönen Anblick bietet.

Automatische Bewässerungssysteme nutzen

Zeitsparender als das Bewässern per Hand sind automatische Bewässerungssysteme für Hausgärten, wie die Sprühbewässerung mittels Beregnung und die Tröpfchenbewässerung

Die praktische und schöne Beetkante verhindert, dass sich der Schlauch beim Auslegen verheddert und die Stauden zerstört.

mittels oberirdisch verlegter, gelochter Spezialschläuche. Beide Methoden können von Hand oder automatisch gesteuert werden. Selbstverständlich können beide Systeme auch mit Brauch- oder Trinkwasser betrieben werden. Beregner können an Gartenschläuche angeschlossen und an der gewünschten Stelle aufgestellt werden. Meist ist auch der Sprühwinkel der Düse verstellbar und mittels Änderung des Wasserdrucks die Reichweite regulierbar. Da in der Regel nur Rasenflächen nach der Neuansaat beregnet werden müssen, reicht ein solches halbautomatisches System für die meisten Hausgärten völlig aus.

Für große Gärten mit Pflanzenkulturen, die oft bewässert werden müssen, lohnt sich der Einbau einer automatischen Beregnungsanlage. Hier werden die Versorgungsleitungen in etwa 40 cm Tiefe beziehungsweise der Höhe der Versenkregner eingegraben. Dazu wird lediglich ein Spaten und etwas Kies oder Sand zum Nivellieren des Standfußes benötigt. Vorher ist jedoch genau zu planen, an welcher Stelle ein Regnerkopf notwendig wird und welchen Radius dieser abdecken soll. Dazu gibt es passende Geräte mit Sprühwinkeln von 90, 180, 270 und 360°. Letztere decken einen Kreis mit dem Radius von etwa 4,5 m vollständig ab, die anderen einen Dreiviertel-, Halbbeziehungsweise Viertelkreis. Durch geschickte Verteilung im Grundstück kann so die gesamte zu beregnende Fläche abgedeckt werden.

Legen Sie Ihre Beregnungsanlage erst komplett im Garten aus und testen Sie alle Verbindungen, bevor Sie die Versorgungsleitungen eingraben. So können Sie planerische oder technische Fehler entdecken und leichter ändern.

Kleinere Pflanzflächen und Hänge werden besser mittels Tröpfchenbewässerung, Rieselschlauch oder Miniregnern bewässert. Hierbei wird das Wasser unterhalb der Blätter direkt an den Boden abgegeben, was die Pflanzen meist besser vertragen. Sprühdüsen und Miniregner werden direkt auf dem Verlegerohr befestigt, welches mit Rohrhaltern auf der Bodenoberfläche gehalten wird. Es gibt ebenfalls sehr unterschiedliche Düsen, deren Sprühwinkel 90, 180 oder 360° betragen. Die Wasserabgabe pro Quadratmeter beträgt zwischen 3 und 10 l/h. Noch sparsamer ist die Tröpfchenbewässerung, die für kleine Flächen, Pflanzenreihen, Hecken, Nutzpflanzen und Kübelkulturen eingesetzt werden kann. Dazu können spezielle Verlegerohre und die passenden regelbaren Düsen verwenden oder gelochte Schläuche zwischen den Pflanzen versteckt werden. Alle Bewässerungssysteme sind über mechanische oder elektronische Zeitschaltuhren programmier- und steuerbar.

Regenwasser auffangen und sammeln

Umweltfreundlicher und kostengünstiger als mit Trinkwasser lässt sich der Garten mit Regenwasser bewässern. Die Wasserleitungen werden dann von

Statt mühsamem Kannenschleppen sollte man besser automatisch bewässern.

TIPP

Wer gern für längere Zeit im Sommer verreist oder einen Zweitwohnsitz hat, sollte die Anschaffung einer elektronisch gesteuerten Bewässerungsanlage erwägen. Moderne Systeme lassen sich sogar vom Urlaubsort aus mittels Telefon oder Internet passend zur Wettervorhersage steuern.

Wasserkanister mit Auslaufhahn sollten so hoch stehen, dass eine Gießkanne unter den Ablauf passt.

TIPP

Durch die Verwendung von Regenwasser sparen Sie nicht nur die Bezahlung des Trinkwassers, sondern auch des Abwassers. In der Regel amortisiert sich dadurch der Einbau einer geförderten Regenwasserzisterne in vier bis sechs Jahren.

Regenwassersammelanlagen, wie unterirdischen Zisternen oder oberirdischen Regentonnen, gespeist. Den notwendigen Wasserdruck erzeugen Tauchpumpen, die es mit unterschiedlichen Förderleistungen gibt. Zisternen müssen ausreichend groß dimensioniert sein, soll damit nicht nur die Toilette gespült, sondern auch der Garten bewässert werden.

Der Wasserbedarf eines Gartens hängt nicht nur von seiner Größe, sondern auch seiner geografischen Lage (Menge der Niederschläge), der Bodenart und seiner Bepflanzung ab. So benötigen Sie für einen großen naturnah bepflanzten Garten auf bindigem Boden ohne Nutzgarten selbst in regenarmen Gebieten kaum Gießwasser, für einen intensiv genutzten kleinen Zier- und Nutzgarten auf sandigem Boden kann dagegen auch in regenreichen Gebieten eine Zusatzbewässerung nötig werden. Als Richtwerte für die Gartenbewässerung können 50 l/m² für einen Ziergarten und 100 bis 200 l/m² für einen Nutzgarten gelten. Soll auch einen Gartenteich oder Bachlauf mit Regenwasser gespeist werden, so erhöht sich der Bedarf entsprechend.

Für Wasserspeicher, wie unterirdische Zisternen und oberirdische Wassertonnen, benötigen Sie nicht viel Platz im Garten. Die Auffangfläche, beispielsweise Dächer von Wohnhaus und Nebengebäuden, müssen jedoch groß genug sein, um genügend Wasser zur Speicherung abzuleiten. Bei nachträglichem Bau einer Regenwassernutzung ist es meist möglich, das Gefälle der Regenrinnen zu ändern, damit die Zuleitungen aus den Regenfallrohren nicht zu lang geraten.

Die erforderliche Größe der Zisterne richtet sich nach der Nutzung des Wassers, denn es kann neben der Gartenbewässerung auch im Haus für die Toilettenspülung, zum Wäschewaschen und Putzen verwendet werden. Für einen Vierpersonenhaushalt ist auf diese Weise eine Trinkwassermenge von etwa 270 l täglich beziehungsweise 10 000 l jährlich durch Regenwasser ersetzbar. Da der Hauptbedarf für die Gartenbewässerung im Sommer anfällt, sollte eine Zisterne mit mindestens 3500 l, besser 5000 l Speichervolumen gewählt werden.

Vor dem Einbau der Zisterne sollten Sie das zur Verfügung stehende Regenwasser aus der Dachfläche sowie den Niederschlägen in Millimetern pro Jahr für Ihre Gegend berechnen. Die Formel dazu lautet:
Dachfläche (Projektion in m²) × 0,75 (Abflussbeiwert) × Niederschlag pro Jahr (in mm) = Regenwasserertrag pro Jahr.

TIPP

Der Einbau von Regenwasserzisternen wird von Bund, Ländern, Gemeinden und Wasserversorgungsunternehmen gefördert. Erkundigen Sie sich unbedingt vorher bei Stadt beziehungsweise Gemeinde, welche Fördermittel zur Verfügung stehen.

Das praktische Schöpfbecken über der unterirdischen Zisterne dient gleichzeitig als Wasserspielplatz für die Kinder.

Oberirdische Behälter, beispielsweise Regenwassertonnen, eignen sich für kleine Dachflächen von Nebengebäuden, wie Gartenhäusern. Die meisten Tonnen müssen vor dem Frost entleert werden. Befindet sich der Ablasshahn in Bodennähe, können sie zwar vollständig leer laufen, es ist aber nicht möglich, eine Gießkanne darunter zu stellen. Solche Gefäße sollten deshalb von vornherein auf einen stabilen Sockel in passender Höhe gestellt werden. Tonnen mit Wasserhahn in benutzerfreundlicher Höhe haben manchmal einen zusätzlichen Bodenablauf, der auch die Reinigung erleichtert. Regentonnen müssen nicht hässlich aussehen. Neben den üblichen Kunststoffbehältern gibt es auch mit Holz verkleidete Tonnen mit passendem Deckel, die ab einer gewissen Größe auch als Tauch- oder Planschbecken dienen können.

Decken Sie offene Regentonnen immer zu, damit kleine Kinder und Tiere nicht darin ertrinken. Außerdem bleibt das Wasser so länger frisch, es bilden sich keine Algen und auch Stechmückenlarven können sich nicht darin entwickeln.

Bewegtes Wasser klangvoll installieren

Bewegtes Wasser hat einen ganz anderen Reiz als eine stille Wasseroberfläche. Während sich in Tümpeln und Teichen die Wolken spiegeln und nur ab und an Wind, Regentropfen und Tiere Wellen verursachen, erzeugen Wasserspiele, Sprudelsteine, Springbrunnen und Überläufe Wasserbewegung und Geräusche. Diese können sowohl anregend als auch beruhigend wirken, besonders wenn sie störende Nebengeräusche überdecken. Fließendes Wasser verdunstet aber auch schneller, was zu einer Erhöhung der Luftfeuchte und Kühlung des Wassers sowie der unmittelbaren Umgebung beiträgt. Dies kann bei dichter Bebauung im heißen Sommer ein großer Vorteil für das Klima sein.

Bewegtes Wasser kann an vielen Plätzen und in vielen Formen installiert werden, als Quellstein auf der Terrasse, als Springbrunnen im Wasserbecken oder als Bachlauf am Hang. Alle Lösungen setzen einen Elektroanschluss und eine geeignete Pumpe vor-

TIPP

Eine weitere rationelle Möglichkeit der Regenwassernutzung zum Gießen ist der Bau eines Wasserbeckens, das dekorative, angenehme und nützliche Elemente miteinander verbindet.

aus. Außerdem muss das System gewartet und fachgerecht überwintert werden. Auch die Bepflanzung in bewegtem Wasser ist eine andere als in Stillgewässern.

Bevor Sie sich für eine Lösung entscheiden, sollten Sie sich zunächst genau über Ihre Bedürfnisse und Möglichkeiten sowie über die gewünschte Wirkung und Bepflanzung der Anlage in Ihrem Garten im Klaren sein.

TIPP

Plätscherndes Wasser kann sehr laut sein und Ihre Nachbarn stören. Klären Sie deshalb vor dem Einbau den Grad der Belästigung und die nachbarliche Toleranz. So bleiben Ihnen anschließend Kosten und Ärger erspart.

Wasserbecken und Fontänen bepflanzen

Sowohl in Becken als auch in Teichen können Sprudler und Fontänen installiert werden. Beide Systeme beruhen auf dem Ansaugen und In-die-Luft-Spritzen einer vorgegebenen Menge Wasser. Das Wasser wird dabei im Sommer durch Verdunstung eines Anteils abgekühlt und durch Mischung mit Luft mit Sauerstoff angereichert, wodurch im Winter das Gefrieren erschwert wird. Dies kann sich durchaus positiv auf die Wasserqualität und damit auch auf Pflanzen und Tiere auswirken. Allerdings vertragen die meisten Organismen stehender Gewässer diese ständige Wasserbewegung nicht, sodass Sie sich vor der Bepflanzung und dem Besatz mit Tieren genau überlegen müssen, ob eine Fontäne gewünscht ist oder nicht. Hinzu kommt, dass die Ökologie der Mikroorganismen und dadurch die natürliche Selbstreinigung des Gewässers durch ständige Verluste in Pumpe und Filter gestört werden.

In größeren Becken und Teichen mit Sprudel oder Fontäne können durch teilweises Abteilen mit Steinen ruhige und bewegte Zonen geschaffen und so eine größere Vielzahl von Tieren und Pflanzenarten gehalten werden.

Auch auf den Menschen hat bewegtes Wasser eine ganz andere Wirkung als stehendes. Je höher eine Fontäne

Der Sitzplatz mit Sprudelstein bietet auch im Winter einen erfreulichen Anblick.

Pflanzen für Wasserbecken mit Sprudler und Fontänen*

Name	Blüte (Monat)	Wassertiefe (in cm)
Gewöhnliche Sumpfsimse (*Eleocharis palustris*)	bräunlich (5 bis 8)	0 bis 50
Gewöhnliches Pfeilkraut (*Sagittaria sagittifolia*)	weiß (6 bis 8)	20 bis 50
Lanzettblättriger Froschlöffel (*Alisma lanceolatum*)	rosa (6 bis 8)	0 bis 20
Schwanenblume (*Butomus umbellatus*)	rötlich weiß (6 bis 8)	20 bis 50
Straußblütiger Gilbweiderich (*Lysimachia thyrsiflora*)	gelb (5 bis 6)	20 bis 150
Sumpf-Dotterblume (*Caltha palustris*)	gelb (4 bis 6)	0 bis 20
Sumpf-Vergissmeinnicht (*Myosotis palustris*)	blau, Sorte 'Icepearl' weiß(5 bis 9)	0 bis 20
Sumpf-Wolfsmilch (*Euphorbia palustris*)	dunkelgelb (5 bis 6)	0 bis 50
Tannenwedel (*Hippuris vulgaris*)	grün (6 bis 8)	20 bis 150

* Pflanzen vertragen Wasserbewegung und Gischt

spritzt, desto lauter trifft das herabfallende Wasser wieder auf der Wasseroberfläche auf. Bei Wind entsteht eine Gischt, die etwa doppelt so weit getragen wird, wie es der Fontänenhöhe entspricht. Was im heißen Sommer anregend und erfrischend ist, kann im Frühjahr und Herbst ziemlich unangenehm sein.

Eine Alternative können kleine Sprudler sein, deren Wasserstrahl nur einige Zentimeter in die Höhe reicht, um dann an einer Stele herabzurinnen. Sie sehen auch sehr schön in formalen Wasserbecken aus. Die Wasseroberfläche wird hier nicht so stark gekräuselt und die Geräuschentwicklung ist geringer als bei Springbrunnen. Mit einer dezenten Unterwasserbeleuchtung kann sie auch am Abend noch genossen werden. Auch beleuchtete Schaumdüsen erzeugen interessante optische Effekte bei geringer Geräuschentwicklung.

Achtung: Alle elektrischen Anlagen am und im Wasser müssen gekapselt sein und dürfen nur von einem Fachmann installiert werden, es sei denn, es handelt sich um eine transformierte beziehungsweise solarbetriebene Niedervoltanlage.

Quellsteine und Brunnen begrünen

Quellsteine funktionieren ähnlich wie Sprudler, allerdings ist bei ihnen das Wasserreservoir sehr viel kleiner. Sie können unsichtbar eingegraben oder auf einen Gitterrost gelegt werden, der mit Kieseln kaschiert wird. Ein oder mehrere Quellsteine können auch in ein flaches Wasserbecken gelegt werden, wobei eine Versteckmöglichkeit für die Tauchpumpe nicht vergessen werden darf. In den Boden eingelassene Anlagen sehen immer naturnäher aus als frei aufgestellte. In vielen Gartencentern sind komplette Anlagen mit Wasserbehälter, Abdeckrost, Pumpe, Quellstein, Zierkieseln und Leitungen erhältlich. Wer die Anlage selbst bauen möchte, kann zwischen preiswerten Mörtelkübeln, Metallgittern, Oberrheinkieseln und diversen Pumpen wählen. Auch einen schönen Findling können Sie sich beim Steinmetz durchbohren lassen, wenn Sie nicht auf die Fertigangebote aus Beton und Naturstein zurückgreifen möchten. Neben Kugelformen als Quellstein sehen auch Stelen, Kuben und Mühlsteine sehr schön aus. Wer mehrere Steine zusammen anordnen möchte,

TIPP

Beim ebenerdigen Einbau des Wasserreservoirs müssen Sie darauf achten, dass bei starkem Regen kein Oberflächenwasser aus der Uferzone in das Reservoir gelangt und das Wasser verschmutzt.

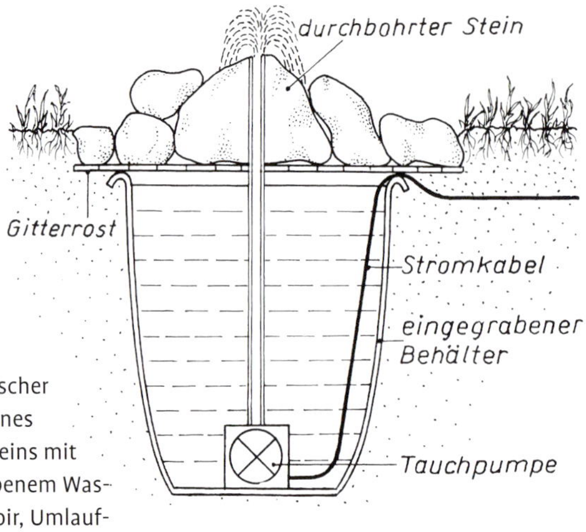

Schematischer Aufbau eines Sprudelsteins mit eingegrabenem Wasserreservoir, Umlaufpumpe und Stromversorgung (nach KOHLE 1997).

sollte sie in unterschiedlicher Größe beziehungsweise Höhe wählen und eine ungerade Anzahl der Quellsteine aus dem gleichen Material dicht zusammenstellen und die Sprudeldüse dazwischen verstecken. So können Sie sich auch das teure Durchbohren sparen.

Bei Verwendung mehrerer Sprudeldüsen ist in der Regel nur eine Pumpe mit einem Wasserverteiler notwendig, ihre Leistung muss aber je nach Anzahl der Sprudeldüsen höher bemessen sein.

Selbst gebautes Quellsteinbecken in Form einer bepflanzten Trockenmauer.

Die Bepflanzung von Quellsteinen erfolgt vom angrenzenden Beet her. Hier eignen sich niedrige Arten, wie das Pfennigkraut (*Lysimachia nummularia*), das sehr hübsch über die Kiesel kriecht und auch in breitere Pflasterfugen gepflanzt werden kann. Im Hintergrund sehen Gräser und großblättrige Pflanzen sehr schön aus.

Eine andere Form des Wasserspiels ist der „Brunnen“ mit Umlaufpumpe. Entsprechend Ihrem Gartenstil können Sie zwischen japanischen Becken zum rituellen Händewaschen, Dorfbrunnen und Wandbrunnen in vielen Stilrichtungen wählen. Das Wasser wird in allen Fällen aus einem sichtbaren Reservoir gepumpt und über verschieden gestaltete Ausläufe wieder zurückgegeben. Das dabei entstehende plätschernde Geräusch ist beispielsweise abhängig von der Durchflussmenge, dem Abstand zwischen Auslauf und Wasseroberfläche, dem Winkel, mit dem es auftrifft, der Form des Ausgießers, aber auch von der Größe und dem Material von Reservoir und Wasserhahn. Auch die Pumpe ist an der Geräuschentwicklung nicht ganz unbeteiligt. Untergetauchte Pumpen erzeugen manchmal unangenehme Resonanzen, außerhalb des Reservoirs gestellte müssen gut gekapselt werden, ohne die Motorkühlung zu beeinträchtigen.

Nicht zuletzt gibt es auch kleine Becken, bei denen das Wasser zuerst in ein Gefäß, z.B. einen Eimer, fließt, der kontinuierlich überläuft oder aber sich mittels einer speziellen Vorrichtung bei vorbestimmter Füllhöhe in Zeitabständen entleert. Besonders die japanischen Bambusrohrbrunnen erzeugen dabei einen charakteristischen Klang, dem eine spirituelle Bedeutung beigemessen wird.

Montieren Sie neben dem Wasserkreislaufsystem auch immer eine Wasserleitung vom Zisternen- oder Trinkwassersystem, so ersparen Sie sich das Nachfüllen mittels herbeigeholtem

Passende Begleitstauden schaffen den richtigen Rahmen für einen künstlichen Bachlauf.

Hier wird das Wasser umgepumpt und läuft über eine schöne Rinne in den Teich zurück.

Gartenschlauch. Um Strom zu sparen und die nächtliche Ruhe zu gewährleisten, sollten Sie alle Wasserspiele mit einem Schalter oder einer Zeitschaltuhr vom Haus aus steuern können.

Bachläufe naturnah gestalten

Künstliche Bachläufe im Garten sind aufwändig zu bauen und arbeitsintensiv in der Pflege. Zudem überleben die Wasserorganismen nur, wenn der Bach ständig in Bewegung ist und eine Pumpe verwendet wird, die Tiere und Pflanzen schont. Besser ist es, viele Stillwasserzonen und kleine Becken zu schaffen, die auch dann genügend Wasser behalten, wenn der Bachlauf nicht in Bewegung ist.

Wer einen Bachlauf selbst bauen möchte, kommt um das Studium natürlicher und künstlicher Vorbilder (z.B. in Botanischen Gärten) und technischer Literatur nicht herum. Besonderes Augenmerk sollten Sie dabei auf den Bachrand legen. Er muss einerseits

TIPP

Für Einsteiger eignen sich Bachlauf-Sets, die alle aufeinander abgestimmten Einzelteile, wie Wasserreservoir, Quellstein, Pumpe, Schlauch, Folie und manchmal auch eine Beleuchtung, beinhalten.

Brunnen vielseitig nutzen

Größere Brunnenanlagen können gleichzeitig als Wasserreservoir, als Schöpfbecken zum Gießen, zum Kühlen von Getränken, zum Eintauchen nach der Sauna, zum Kneippen und Planschen benutzt werden, wenn Becken verschiedener Höhe gestaffelt voreinander gebaut werden, sodass das Wasser vom höchsten Gefäß in die niedrigeren läuft. Stillwasserbecken ohne ständigen Überlauf können bepflanzt werden, sogar Brunnenkresse lässt sich darin ziehen. Flache Becken können zum Planschen genutzt werden. Ihr Überlauf kann in einer Matschgrube für Kinder münden, die später zum Sumpfbeet umgestaltet wird. Je unterschiedlicher die Beckengrößen und -höhen sowie der Wasserdurchfluss, desto vielseitiger ist die Anlage nutzbar.

Trockene und temporäre Bachläufe als wassersparende Alternative

Wesentlich rationeller sind Trockenbachläufe, die nach japanischem Vorbild aus Kieseln und Steinen gebaut werden, dass der Eindruck fließenden Wassers entsteht. Der Trockenbachlauf kann auch als Weg dienen, wenn zwischen den Kieseln schwere Natursteine als Trittplatten liegen oder die Kiesel in Magerbeton verlegt werden. Trockenbachläufe mit einem Bett aus Beton oder Folie können auch als temporäre Bachläufe genutzt werden, wenn beispielsweise das Dachwasser bei Regen darin abfließen lassen. Den temporären Bachlauf gestalten Sie am besten als Einspeisung mit Dachwasser oder als Überlauf für einen Teich. Führt ein Weg mittels Trittsteinen, Steg oder Brücke darüber, wird dieser Eindruck noch verstärkt.

Wer den Lärm, Energie- und Wasserverbrauch scheut, kann mittels einer Trockenkaskade oder eines Trockenwasserfalls eine Suggestivwirkung erzielen beziehungsweise nur bei Regen Dachwasser auf diese Weise ableiten. Auch eine Natursteintreppe im Hang kann wie eine Kaskade gebaut werden und gleichzeitig als Aufstieg dienen. Anspruchslose Gartenpflanzen mit ähnlichem Habitus wie typische Kaskadenbegleiter, z.B. horstig wachsende Gräser, Farne und großblättrige Stauden, können die Wirkung einer Trockenkaskade unterstreichen.

Auch ohne einen Tropfen Wasser scheint hier ein kleiner Bach zu fließen.

Ein Gartenteich ist einfach zu pflegen und immer eine Bereicherung für den Garten und seine Bewohner.

bündig mit der Umgebung abschließen, andererseits darf kein verschmutztes Oberflächenwasser bei starkem Regen in den Bach gelangen.

Stilles Wasser natürlich bepflanzen

Bei der Planung eines stehenden Gewässers sind viele Faktoren zu berücksichtigen. Das künstliche Gewässer soll sich in Bauweise und Stil an die Größe, Topografie und die Bepflanzung des Gartens anpassen. Es muss die Bedürfnisse der Gartenbewohner berücksichtigen und erschwinglich in Bau- und Unterhaltungskosten sein. Und die Anlage muss fachgerecht, solide und haltbar gebaut werden, denn die Errichtung eines künstlichen Gewässers ist mit Zeit, Aufwand und Kosten verbunden. Schäden an Konstruktion und Dichtung lassen sich kaum reparieren, sondern bedeuten in der Regel einen Neubau der gesamten Anlage. Überlegen Sie deshalb erst genau, um welche Art Gewässer es sich handeln soll, ob Sie Tiere im Wasser halten wollen und anderes mehr.

Die Pflege eines künstlichen Gewässers ist umso einfacher, je größer und naturnäher die Anlage ist. In ausreichend großen Gewässern mit genügend Tiefe und flachen Uferzonen stellt sich bei richtiger Bepflanzung ein ökologisches Gleichgewicht ein, das die Selbstreinigung fördert. Da aber alle stillen Kleingewässer durch Nährstoffeintrag früher oder später verlanden, ist nach einigen Jahren mit mehr oder weniger großen Aufräumarbeiten zu rechnen. Dieser Aufwand wird jedoch durch die Bereicherung, die ein Garten durch ein Gewässer erfährt, mehr als ausgeglichen.

Formale Wasserbecken passen in kleine Gärten und sehen bei üppiger Randbepflanzung nicht streng aus.

Pflanzen für Wasserbecken und Kübel

Ein Wasserbecken ist immer ein dekorativer Blickfang auf der Terrasse oder im Garten. Am einfachsten ist das Aufstellen von vorgefertigten Kübeln, die im Handel in den verschiedensten Ausführungen angeboten werden. Die Entscheidung für ein bestimmtes Gefäß wird von Größe, Form, Material, Transportgewicht und persönlichem Geschmack ebenso beeinflusst, wie von der Art der Nutzung beziehungsweise Bepflanzung.

Bei der Standortwahl sollten Sie bedenken, dass der Wasserkübel bei starkem Regen überlaufen kann. Er muss deshalb entweder auf einer gut dränierten Schicht aus Steinen stehen oder auf einem gepflasterten Platz mit Entwässerung. Im Sommer und für Reinigungsarbeiten wird dagegen eine Wasserversorgung in der Nähe benötigt. Da sich in der prallen Mittagssonne das Wasser sehr schnell erwärmt, was viele Wasserpflanzen nicht vertragen und wodurch sich Fadenalgen bilden, sollten Sie die Gefäße immer nur im Halbschatten aufstellen. Bei Frost muss ein Teil der Wasseroberfläche eisfrei gehalten werden. Für automatische Systeme wird dazu ein Stromanschluss benötigt.

Kleinere, frei aufgestellte Kübel sollten entleert oder mit Wasserpflanzen an einem frostfreien Ort bei niedrigem Wasserstand überwintert werden. Eingegrabene Kübel und gemauerte Becken von mindestens 60 cm Tiefe frieren nicht so schnell durch und können im Winter im Freien bleiben. In rauen Gegenden beziehungsweise bei strengen Wintern können Sie aber auch hier die Wasserpflanzen in Eimern geschützt überwintern lassen. Befinden sich auch Tiere im Wasser, ist das Durchfrieren unbedingt zu verhindern.

TIPP

Wasserkübel für die Terrasse können mit Rollen versehen oder auf Rolluntersetzer gestellt werden, um sie so ganz leicht immer ins rechte Licht zu rücken.

Pflegeleichte Wasserpflanzen für kleine Kübel und Becken*

Name	Blüte (Monat)	Wassertiefe (in cm)	Bemerkungen
Ähriges Tausendblatt (*Myriophyllum spicatum*)	blassrosa (6 bis 9)	10 bis 20	blüht über dem Wasser
Bachbunge (*Veronica beccabunga*)	blau (5 bis 9)	5 bis 10	hübsche kleine Blüte
Europäische Wasserfeder (*Hottonia palustris*)	rosa (5 bis 6)	10 bis 20	wintergrün
Flatter-Binse (*Juncus effusus* 'Spiralis')	braun (5 bis 8)	5 bis 10	aufrecht, spiralige Halme
Gelbe Gauklerblume (*Mimulus luteus*)	gelb (6 bis 9)	bis 5	sehr dekorativ
Kalmus (*Acorus calamus*)	gelbbraun (6 bis 8)	10 bis 20	Sorte 'Variegatus' mit gestreiften Blättern
Wasser-Minze (*Mentha aquatica*)	hellblau (6 bis 8)	5 bis 10	duftet aromatisch, essbar
Wassersalat (*Pistia stratiotes*)	keine	5 bis 10	schwimmt auch in kleinsten Gefäßen
Zwerg-Rohrkolben (*Typha minima*)	braun (5 bis 7)	10 bis 20	aufrechte Halme
Zwerg-Seerose (*Nymphaea tetragona*)	weiß (6 bis 8)		sehr dekorativ

* Pflanzen vertragen nur ruhiges stehendes Wasser

Rechts: Wer nur sehr wenig Platz hat, freut sich auch über kleine dekorative Wasserkübel.

TIPP

Wasserpflanzen für Kübel und kleine Becken müssen bei der Pflanzung nicht ausgetopft werden. Stellen Sie die Töpfe einfach in der angegebenen Höhe beziehungsweise Wassertiefe auf Steine oder umgedrehte Tontöpfe. Dazwischen wird Kies gefüllt. Auftreibende Pflanzen können Sie mit passenden Steinen beschweren.

Gemauerte und gegossene Wasserbecken müssen mit Spezialmörtel verfugt beziehungsweise mit Spezialbeton gegossen werden, sollen sie wasserdicht und frostfest sein. Es ist aber auch möglich, Becken, die diesen Anforderungen nicht entsprechen oder undicht geworden sind, mit einer Teichfolie auszukleiden. Alle Becken benötigen einen Überlauf, der das Wasser von der Außenmauer wegleitet, damit diese nicht freigespült wird. Natürlich ist ein Zulauf für weiches Regenwasser aus der Dachrinne oder Zisterne besser und sparsamer als die Verwendung von hartem Leitungswasser.

Wasserbecken können bodenbündig oder mit einem erhöhten Rand gebaut werden. Im ersten Fall muss allerdings unbedingt für die notwendige Sicherheit gesorgt werden. Aber auch erhöhte Becken stellen eine Gefahr für kleine Kinder dar. Für Tiere, die ins Wasser gefallen sind, sollte eine Ausstiegshilfe, z.B. in Form eines dicken Astes, bereitgestellt werden. Ein wichtiger Aspekt ist auch die Randgestaltung des Beckens. Sie sollte in Material und Farbe zum übrigen Gartendesign passen, aber auch haltbar sein. Bei erhöhten Becken kann der Rand sogar zum Sitzen benutzt werden, wenn er etwa 40 cm hoch und breit und mit angenehmem Material, wie Holz, belegt ist.

Größere Becken sollten Sie immer gestuft anlegen, da die verschiedenen Wasserpflanzen unterschiedliche Wassertiefen bevorzugen. Bei Fertigbecken aus Kunststoff sind diese Abstufungen schon vorgesehen. Je vielfältiger die topologischen Voraussetzungen sind, desto größeren Artenreichtum an Pflanzen und Tieren können wir erwar-

Solch kleine Wasserbecken sind für Kinder faszinierend und dabei völlig ungefährlich.

ten. Die Strenge der geometrischen Form eines meist rechteckigen Beckens kann durch die unterschiedliche Bepflanzung wirkungsvoll aufgehoben werden, sodass Sie nicht auf nierenförmige Kunststoffbecken zurückgreifen müssen.

Wer Fische halten möchte, sollte das Wasserbecken mindestens 4 m^2 groß und 1 m tief planen und eine Belüftungsanlage einbauen, die auch im Winter das Durchfrieren verhindert.

TIPP

Nur nach DIN 18 337 gefertigte Teichfolie garantiert Wasserundurchlässigkeit, Unempfindlichkeit gegenüber chemischen Einflüssen, Verrottungsresistenz, UV-Beständigkeit und Wurzelfestigkeit (ab 0,8 mm Dicke) sowie Temperaturstabilität von –20 bis +70 °C.

Ein frostgefährdetes gemauertes Wasserbecken können Sie im Winter zum Einschlagen von Kübelpflanzen nutzen, wenn es zuvor entleert wurde und Isoliermaterial, wie Stroh, unter beziehungsweise zwischen die hineingestellten Kübel gestopft wird. Eine Abdeckung aus Doppelstegplatten oder Noppenfolie verhindert das Erfrieren der Pflanzen in kalten Frostnächten. Sie darf aber nicht vollständig luftdicht abschließen.

Folienteiche als Biotop

Frei gestaltete und bepflanzte Gartenteiche passen gut zu naturnaher Gartengestaltung. Sie können mittels Beton, Ton oder Teichfolie gestaltet und gleichzeitig abgedichtet werden. Tonabdichtungen werden allerdings nur von Spezialunternehmen durchgeführt und setzen große Teiche mit flachen Böschungswinkeln voraus, und der Teich darf niemals austrocknen, da die Dichtung sonst Risse bekommt. Am üblichsten und preiswertesten ist immer noch der Einbau einer Teichfolie aus PVC oder dem umweltfreundlicheren Polyethylen, besonders wenn Sie die Arbeiten selbst ausführen. Allerdings sind auch hier wichtige technische Dinge zu beachten, damit der Teich dauerhaft haltbar ist und im ökologischen Gleichgewicht bleibt.

Alle Teichbauten bedürfen in der Regel ab einem Volumen von mehr als 100 m^3 sowie über 1,5 m Tiefe einer Genehmigung durch das zuständige Bauamt. Fragen Sie auf alle Fälle vorher nach, da die Landesbauordnungen unterschiedlich sind.

Die Form eines mit Folie gestalteten Gartenteichs sollte passend zum Grundstück gewählt werden. Sie muss keinesfalls rund oder nierenförmig sein, wichtiger ist, dass sie sich dem Gelände und der Grundstücksaufteilung unterordnet. So kann z.B. ein langer schmaler Handtuchgarten mittels eines quer angeordneten Wassergrabens optisch verbreitert und unterteilt werden. Ein Teich kann auch um eine Terrassen- oder Hausecke herumgeführt werden. Da die Folien in der Regel verschweißt werden müssen, können Sie diese gleich in der richtigen Form bestellen.

Heben Sie die Grube für den Teich erst aus, wenn Sie genau wissen, wo der Aushub verwendet wird. Trennen Sie auch hier den wertvollen Oberboden vom Rohboden und bauen Sie ihn in der richtigen Reihenfolge an anderer Stelle wieder ein. Mit anfallenden Grassoden können Sie schadhafte Rasenstellen ausbessern oder einen Kompost aufschichten.

Auf das Kaufen so genannter Teicherde können Sie verzichten. Füllen Sie in alle Pflanzbeete, ob Sumpf- oder

Pflegeleichte Stauden und Zwerggehölze*

Name	Blüte (Monat)	Höhe (in cm)	Bemerkungen
Schlangen-Wiesenknöterich (*Bistorta officinalis*)	rotweiß (5 bis 7)	30 bis 50	bodendeckend durch Ausläuferbildung
Wiesen-Schaumkraut (*Cardamine pratensis*)	hellviolett (4 bis 5)	30 bis 50	sät sich selbst aus, auch im normalen Gartenboden
Schmalblättriges Wollgras (*Eriophorum angustifolium*)	weiß (4 bis 5)	30 bis 60	bodendeckend , Boden neutral bis sauer
Bach-Nelkenwurz (*Geum rivale*)	orange (5 bis 6)	20 bis 40	bodendeckend, Sorte 'Leonhard' blüht kupferrot
Sumpf-Hornklee (*Lotus uliginosus*)	gelb (5 bis 8)	10 bis 30	sät sich selbst aus
Hain-Gilbweiderich (*Lysimachia nemorum*)	gelb (5 bis 8)	5 bis 15	bodendeckend durch Ausläufer, nur halbschattig
Polei-Minze (*Mentha pulegium*)	rosalila (7 bis 9)	20 bis 40	bodendeckend durch Ausläufer, nur halbschattig
Sumpf-Helmkraut (*Scutellaria galericulata*)	blau (6 bis 9)	20 bis 40	bodendeckend durch Ausläufer, nur halbschattig
Kuckucks-Lichtnelke (*Lychnis flos-cuculi*)	rosarot (5 bis 7)	30 bis 50	sät sich selbst aus, sehr dekorativ
Zwerg-Birke (*Betula nana*)	grün (4 bis 6)	40 bis 80	kein Schnitt nötig, Herbstlaub gelb, kalkscheu
Blaugrüne Weide (*Salix caesia*)	purpurrot (4 bis 6)	80 bis 120	kein Schnitt nötig, gelbes Herbstlaub
Spieß-Weide (*Salix hastata*)	hellgelb (4 bis 5)	50 bis 80	kein Schnitt nötig, gelbes Herbstlaub
Zwerg-Schneeball (*Viburnum opulus* 'Compactum')	weiß (5 bis 6)	80 bis 120	kein Schnitt nötig, gelbes Herbstlaub, rote Beeren
Niedrige Heckenkirsche (*Lonicera xylosteum* 'Compactum')	rahmweiß (5 bis 6)	80 bis 120	kein Schnitt nötig, gelbes Herbstlaub, rote Beeren

* für frische bis feuchte Teich- und Bachränder in Sonne und Halbschatten außerhalb der Folie

Flachwasserzone, nur Kies und eventuell pro Pflanze eine Hand voll lehmigem Rohboden ein. Andernfalls wuchern die Pflanzen, das Algenwachstum wird gefördert und der Teich kippt im Sommer um.

Ein im Herbst über den Teich gespanntes Netz verhindert, dass Laub in das Wasser gerät. Damit das Netz unter der Laublast nicht im Wasser hängt, kann es mit einem Schwimmkörper mit speziellem Abstandshalter in der Mitte des Teiches abgespannt werden.

Achtung: Teiche stellen eine große Faszination und Gefahr für Kleinkinder dar. Geschieht ein Unfall, ist der Eigentümer des Teiches haftbar. Deshalb darf auf eine kindersichere Grundstücks- oder Teicheinzäunung oder ein über den Teich gespanntes Netz oder Gitter unter keinen Umständen verzichtet werden.

Seerosen wachsen schnell und drohen, den gesamten Teich zu verdunkeln.

Tauch- und Badebecken

Der Bau und die Unterhaltung von Tauchbecken, Pools und Badeteichen sind nicht gerade billig und benötigen Zeit. Wollen Sie jedoch auf eine eigene Sauna oder eine Bademöglichkeit im Sommer nicht verzichten, kann sich die Anlage durchaus lohnen. Wichtig ist, dass sie möglichst vielseitig von allen Familienmitgliedern und eine lange Zeit im Jahr genutzt werden kann. So kann ein einmal gebauter Pool durchaus rationeller sein als das Kaufen und Aufstellen der verschiedensten Wasserbecken – vom aufblasbaren bis zum Fertigteil aus Stahlwänden –, weil diese leicht beschädigt werden können und den Rasen ruinieren. Inzwischen gibt es recht preiswerte Fertigbecken für den Selbsteinbau, die im Boden versenkt werden können. Für den Aushub des passenden Lochs entstehen natürlich Kosten, zu denen Kosten für Becken, Randgestaltung, Abdeckung, Filteranlage und eventuell eine thermische Solaranlage hinzukommen. Die Unterhaltungskosten sind nicht sehr hoch, besonders wenn Regenwasser verwendet wird.

Achtung: Gemauerte Wasserbecken, Pools und Badeteiche aus Folie sollten nur von Fachfirmen gebaut werden. Da die Kosten für Bau, technisches Zubehör und Unterhaltung unterschiedlich hoch sind, müssen Sie bei dieser Investition den Zweck mit dem zur Ver-

Der richtige Standort für das Gartengewässer

- Ein Gewässer sollte aus unmittelbarer Nähe erlebt werden und braucht deshalb einen Zugang und möglichst einen Sitz- beziehungsweise Liegeplatz am Ufer.
- Wasser lädt zum Sinnieren und Ruhen ein, weshalb das Gewässer geschützt vor fremden Blicken und Lärm liegen sollte.
- Bedenken Sie, ob das Gewässer die Hauptterrasse oder einen Nebensitzplatz bereichern soll.
- Für Gärten am Hang ist die niedrigste Stelle meist optisch der beste Platz für Ihr Gartengewässer.
- Teiche sollten unbedingt bodenbündig gebaut werden, aufgeschüttete Wälle lassen einen Teich unnatürlich erscheinen.
- Platzieren Sie Teiche und andere Gewässer so, dass sie im Sommer nicht den ganzen Tag in der prallen Sonne liegen. Am günstigsten ist Schatten in der Mittagszeit, was allerdings ein Gebäude oder einen hohen großen Baum voraussetzt.
- Bedenken Sie die Windrichtung und den Standort vorhandener Laubbäume, planen Sie gegebenenfalls eine Vorrichtung, um im Herbst ein Laubschutznetz aufspannen zu können.
- Gewässer sollten vom Haus aus betrachtet werden können und wirken von dort mit einer Hintergrundbepflanzung besonders schön.
- Planen Sie Ihren Sitzplatz so, dass Sie nicht von der Wasseroberfläche geblendet werden.
- Berechnen Sie den Platzbedarf für Teiche, indem Sie die doppelte bis dreifache Fläche der gewünschten freien Wasserfläche annehmen, damit der biologisch und optisch wichtige Uferbereich groß genug wird.
- Denken Sie auch an die Pflege, denn nach einigen Jahren kann eine radikale Reduzierung des Pflanzenbestandes und die Entfernung von Teichschlamm notwendig werden.

Selbst ein moderner Pool kann sich in einen Garten, wie hier mit historischer Umgebung, einfügen.

fügung stehenden Platz und vorhandenen finanziellen Mitteln abklären.

Tauchbecken für Saunafans werden meist im Winter genutzt. Sie sollten daher in das Erdreich eingegraben und mit einem isolierenden Deckel verschlossen werden. Im Sommer kann das Wasser mittels einer Tauchpumpe zum Gießen verwendet und das Becken anschließend gereinigt werden. Für solche eingegrabene Tauchbecken eignen sich nur große Regentonnen ab etwa 2 m Durchmesser und 1,5 m Höhe aus mit Glasfasern verstärktem Kunststoff, die dem Erddruck standhalten. In milden geschützten Lagen ist auch ein großes, frei aufgestelltes, frostsicheres Regenfass zum Eintauchen nutzbar. Es sollte aber mindestens 1,75 m Durchmesser und 85 cm Höhe haben, was einem Inhalt von 2000 l entspricht. Ein automatischer Regenwassersammler mit Filter sowie ein stabiler Deckel schützen das Wasser vor Verschmutzung und Algenbildung.

Badebecken: Auch große eingegrabene oder frei aufgestellte Badebecken aus Kunststoff oder Metall können zum Abkühlen nach der Sauna genutzt werden. Besonders praktisch sind solche mit einer Kunststoffkuppel als Abdeckung, die zusammengeschoben oder auch nur teilweise geöffnet werden kann. Die optisch störende Kuppel können Sie mit einer Bepflanzung aus Büschen oder Bambus kaschieren, denn die herabfallende Blätter können durch die Abdeckung nicht in das Wasser gelangen. Solche Becken können auch zum Baden für schwimmsichere Kinder genutzt werden, müssen aber ansonsten unbedingt kindersicher verschlossen werden.

Kneippbecken zum Wassertreten: Weniger tief sind Kneippbecken zum Wassertreten. Sie können sich zwanglos in einen Garten einfügen, wenn sie mit einem natürlich wirkenden Farbanstrich, dekorativen Fliesen oder Natursteinplatten, einem Kiesbelag am Boden versehen und am Ufer schön bepflanzt werden.

Da alle vorwiegend dem Baden dienenden Becken zumindest in der Badezone nicht bepflanzt werden können, ist eine passende Bepflanzung in der Umgebung besonders wichtig. Meist wird auch ein Sichtschutz benötigt, bei Tauchbecken sogar im Winter. Allerdings sollen auch nicht zu viele Blätter

TIPP

Gemauerte Badebecken sind wesentlich vielseitiger nutzbar, wenn sie mit Zwischenwänden und unterschiedlichen Tiefen in eine flache Planschzone, ein Kneippbecken, eine Tauchzone, ein Becken für Wasserpflanzen, zum Schöpfen und für ein Wasserspiel unterteilt werden.

Immergrüne winterharte Bambusse als Sichtschutz

Name	Wuchs/ Höhe (in m)	Standort	Bemerkungen
Fargesia denudata	kompakt (2 bis 4)	Halbschatten	bildet keine Ausläufer
Fargesia murieliae ('Bimbo', 'Jumbo', 'Simba')	kompakt buschig (2 bis 3,5)	Halbschatten	bildet keine Ausläufer, auch für Kübel geeignet
Hibanobambusa tranquillans	sehr dicht (2 bis 3)	Sonne bis Halbschatten	bildet Ausläufer, Wurzelsperre nötig
Hibanobambusa tranquillans 'Shiroshima'	sehr dicht (2 bis 3)	Halbschatten bis Schatten, auch unter Bäumen blickdicht	bildet Ausläufer, Wurzelsperre nötig
Phyllostachys aureosulcata 'Spectabilis'	sehr dicht (4 bis 6)	Sonne bis Halbschatten	bildet Ausläufer, nur mit Wurzelsperre, für Schnitthecken geeignet
Phyllostachys bissetii	eleganter Wuchs (4 bis 6)	Sonne bis Halbschatten, auch raues Klima	bildet Ausläufer, nur mit Wurzelsperre, für Schnitthecken geeignet
Phyllostachys nigra 'Punctata'	schwarze Halme (3 bis 5)	Sonne, geschützte Lagen	bildet Ausläufer, Wurzelsperre nötig schnittverträglich
Sasaella glabra 'Albostriata'	dicht, gestreifte Blätter (0,5 bis 1,2)	Sonne bis Halbschatten	bildet Ausläufer, nur niedriger Sichtschutz

Ein flaches Ufer schützt Tiere vorm Ertrinken im Gartenteich.

in das Becken geraten, weshalb man beim Standort auch auf die Windrichtung im Herbst achten sollte.

Besonders passend und praktisch als Sichtschutz sind einige Bambusarten beziehungsweise -sorten, die auch im Winter ihren Zweck erfüllen. Sie werden außerhalb des Beckens in normale Gartenerde gepflanzt. Da sich die meisten Arten über Wurzelausläufer vermehren, ist eine unterirdische Wurzelsperre vorzusehen. Sichtschutz im Sommer bieten aber auch Rohrkolben und andere große Sumpfgräser, die ebenfalls eine Wurzelsperre benötigen und in eine vom Becken getrennte Sumpfzone gepflanzt werden.

Tiere artgerecht ansiedeln

Künstliche Gewässer wirken nur dann natürlich, wenn sie mit einer passenden Bepflanzung kombiniert werden. Dies gilt sowohl für die nähere Umgebung im Garten als auch für das Ufer sowie die Sumpf-, Flachwasser- und Tiefenzonen. Während innerhalb des Gewässers ähnliche Bedingungen wie in der Natur geschaffen werden können, ist das Ufer durch die Teichfolie zwischen Wasser und Erdreich schwieriger nachzugestalten. In der Natur saugt sich das angrenzende Erdreich mit Wasser voll, was im Garten mittels einer Kapillarsperre zu vermeiden ist.

Die standortgerechte Bepflanzung des Gewässers und seiner Ufer ist wiederum die Voraussetzung für eine naturnahe Besiedlung mit Tieren. Diese stellen sich meist ganz von selbst ein, wenn ihnen die Bedingungen zusagen.

Kleine stehende Gewässer wandeln sich in der Natur durch das Absetzen von Sedimenten vom Teich zum Tümpel, sie verlanden mit der Zeit. Jeder Eingriff im Garten, der dies verhindert, hat auch Auswirkungen auf die Tier- und Pflanzenwelt und darf deshalb nur sehr schonend zur richtigen Jahreszeit ausgeführt werden.

Ufer und Gewässerumgebung

Jedes Kleingewässer im Garten, ob Teich, Bachlauf oder Wasserfall, wirkt nur mit einer passenden Umgebung wirklich attraktiv. Diese wird von der Landschaft, der Geländegestaltung, der Hintergrundbepflanzung, der Bepflanzung und Gestaltung angrenzender Flächen und dem unmittelbaren Uferbereich bestimmt. Die Gebäude und Gehölze in der Nähe, die Materialwahl von Steinen, die Oberflächengestaltung von Wegen und Plätzen, die Wahl der Gräser und Stauden und die Gestaltung der betretbaren Grünflächen bestimmen die Atmosphäre nach-

Eine naturnahe Umgebung ist unbedingte Voraussetzung für eine Besiedlung des Gartengewässers.

haltiger als die Gestaltung und Bepflanzung des Gewässers selbst. Ein künstlicher Teich oder Bach, der sich nicht harmonisch in Landschaft und Gartenanlage einfügt, wird bei aller technischer Vollkommenheit nie seine volle Wirkung entfalten.

Alle gewählten Gestaltungselemente, ob lebende Pflanzen oder totes Material, beeinflussen aber auch nachhaltig die Tierwelt im und am Gewässer. Besonders Amphibien, die nur einen kurzen Lebensabschnitt im Wasser verbringen, sind auf eine artgerechte Umgebung und Überwinterungsmöglichkeiten außerhalb des Wassers angewiesen. Sie benötigen im Sommer feuchte schattige Stellen unter Pflanzen, im Winter frostfreie Überwinterungsplätze unter Stein-, Totholz- oder Laubhaufen oder in humoser lockerer Erde. Nach dem Ablaichen im Teich müssen die geschlechtsreifen Tiere gefahrlos an Land gehen können. Dort benötigen sie Nahrung in Form von Würmern, Spinnentieren und Insekten.

Wer Stauden für den Uferbereich bevorzugt, sollte deshalb auf pflegeleichte Wildstauden zurückgreifen, die vielen Insekten Nahrung bieten. Viele der üblichen Gartenstauden sind steril und damit ökologisch wertlos. Aber auch intensive Pflegearbeiten stören die Tierwelt, sodass es nicht verwundert, wenn trotz Gartenteich kaum Tiere anzutreffen sind. Diese können jedoch bei Beachtung nachfolgender kleiner Hinweise durchaus gute Lebensbedingungen vorfinden. Wenn der Teichrand mindestens zur Hälfte an eine naturnahe Wiese grenzt, ermöglicht dies den Tieren einen gefahrlosen Ausstieg und Versteckmöglichkeiten. Außerdem finden die meisten Teichbewohner hier ihre Nahrung in Form von Nektar oder Insekten. Grenzt die Wiese an eine Hecke, können sich die Amphibien nach Bedarf verstecken. Jede Freifläche, wie Plätze, Wege oder Rasen, die sie überqueren müssen, stellt jedoch eine Gefahr für sie dar.

Am schönsten sieht eine Feuchtwiese als natürlicher Übergang zwischen Sumpfzone und Teich aus.

TIPP

Wer in der Zeit des „Froschregens“ aufs Rasenmähen nicht verzichten kann, sollte nur mit dem Spindelmäher und in mindestens 5 cm Höhe mähen, um die kleinen Frösche oder Kröten nicht zu zerstückeln.

In dicht bebauten Wohngebieten sollten Sie auf das Ansiedeln von Teichfröschen verzichten, denn sie machen zur Paarungszeit vom späten Frühjahr bis zum Frühsommer einige Wochen lang nachts einen erheblichen Lärm. Grasfrösche, die kühlere Gewässer lieben und bereits im Februar ablaichen, werden dagegen nur bei genauem Hinhören aus nächster Nähe wahrgenommen, da sie keine Schallblasen besitzen.

Die Larven des Feuersalamanders entwickeln sich nur in sauberem bewegtem Wasser.

Sumpf- und Flachwasserzone

Die Gewässerzone von 10 bis etwa 30 cm Wassertiefe wird als Sumpfzone, eine von 30 bis etwa 60 cm Tiefe als Flachwasserzone bezeichnet. Hier finden eine schnelle Wassererwärmung und produktives Pflanzenwachstum statt. Durch geschickte Pflanzenwahl kann der Uferbereich das ganze Jahr attraktiv aussehen. Viele Sumpfpflanzen sind aber auch für die Wasserreinigung unerlässlich. In ihrem Wurzelbereich leben Mikroorganismen, die

organische Stoffe in anorganische umwandeln und so die Wasserqualität verbessern. Bei bewegten Gewässern sind die seitlichen Stillwasserzonen die einzigen, wo Pflanzen angesiedelt werden können, ohne dass sie entwurzeln. Viele Sumpfpflanzen vertragen einen wechselnden Wasserstand recht gut, das Substrat sollte aber immer feucht bleiben. Die Pflanzen der Flachwasserzone müssen dagegen immer mit den „Füßen" im Wasser stehen, weshalb Sie das Absinken des Wasserspiegels um mehr als 30 cm vermeiden sollten. In der Natur schließt sich an die Sumpfzone meist noch eine Feuchtwiese an. Wer eine feuchte Stelle im Garten hat, kann diese entsprechend bepflanzen. Es ist aber auch möglich, durch Bodenverdichtung oder Lehm- beziehungsweise Tonbeigabe eine flache Mulde neben dem Teichüberlauf entsprechend zu gestalten. Die Feuchtwiese muss jedoch immer mittels der Kapillarsperre vom Teich abgetrennt sein, da sie ihn sonst leer saugt.

Viele Tiere halten sich gern im Sumpf- und Flachwasserbereich auf, der als Übergangszone zwischen tiefem Wasser und trockenem Ufer besonders artenreich ist. Besonders bei schnell bewegten Gewässern, wie Bächen und Kaskaden, sind die Stillwasserbereiche am Ufer meist die einzigen Zonen, wo Tiere leben können.

Mit einer Flachwasserzone bieten Sie auch Kleinsäugern, Vögeln und Insekten Trinkmöglichkeiten im Sommer. Gestalten Sie das Ufer so, dass die Tiere gefahrlos trinken können, ohne auf der Folie auszurutschen. Für Bienen und Schmetterlinge können Sie Schwämme oder Moospolster zwischen Steine klemmen, aus denen sie saugen können, ohne mit den Flügeln an der Wasseroberfläche zu haften.

Insekten sind meist die ersten Teichbesucher. Schon beim Einlassen des ersten Teichwassers im Sommer schwirren verschiedene Arten von Libellen über den Teich hinweg, um sich zu paaren und ihre Eier abzulegen. Ihre Larven leben am Teichgrund und verzehren andere Insekten, manche sogar Kaulquappen. Zur Verpuppung und

Nur ein Gartenteich, der an verschiedene naturnahe Lebensräume mit heimischen Pflanzen, Verstecken und Überwinterungsmöglichkeiten im Garten grenzt, ist auch Biotop für heimische Tiere.

Das Erdkrötenpaar sucht eine flache besonnte Uferzone zum Ablaichen.

zum Schlüpfen benötigen sie aber die Sumpfzone, wo sie aus dem Wasser steigen und sich an Halme klammern. Auch einige Wanzen- und Käferarten leben im flachen Wasser des Gartenteichs. Wer Glück hat, beobachtet vielleicht einen seltenen Gelbrandkäfer. Stechmücken müssen Sie als Teichbesitzer jedoch nicht befürchten, denn ihre Larven werden von fast allen anderen Teichbewohnern gern verzehrt. Die meisten erwachsenen Tiere werden jedoch in einem naturnahen Garten bereits vor der Eiablage von Vögeln und Amphibien gefressen. In den warmen und nährstoffreichen Flachwasserzonen vermehren sich die Algen besonders stark. Kaulquappen sorgen jedoch schon im Frühjahr dafür, dass sie nicht alle Steine und Pflanzen mit einer grünen Schicht überziehen, denn sie nagen alle Algenrasen ab, die sie erreichen können.

Im Gartenteich spielt sich also eine komplizierte Wechselbeziehung vom Fressen und Gefressenwerden ab, wobei viele Pflanzen und Tiere mit bloßem Auge unsichtbar sind. Doch die sichtbaren Vertreter zeigen uns an, ob mit dem künstlichen Gewässer alles in Ordnung ist.

Freies Wasser und Gewässergrund

Eine tiefere Wasserzone von 80 bis 150 cm ist in jedem Gartenteich wichtig, denn sie sorgt für die nötige ökologische Stabilität des künstlichen Gewässers. Sie mildert Temperaturschwankungen von Tag und Nacht und ermöglicht das Überleben der Pflanzen und Tiere, da sie sich im Sommer nicht so schnell erwärmt und im Winter nicht durchfriert. Bekanntlich ist Wasser bei +4 °C am schwersten, sodass es an den Grund des Teiches sinkt, wo Tiere den Winter überleben können. Das kältere und leichtere Eis entsteht dagegen an der Oberfläche und dehnt sich dort aus. Gartenteiche aus Folie müssen deshalb immer mit einem flach auslaufenden Rand gebaut werden, denn das scharfkantige Eis könnte sonst beim Aufsteigen und Ausdehnen die Folie verletzen.

In der Schlammschicht am Gewässergrund finden aber auch die wichtigen Abbau- und Reinigungsprozesse des Wassers statt. Mikroorganismen zersetzen hier die organischen Substanzen, die mit dem Eintrag von Laub und den Ausscheidungen von Tieren in das Wasser gelangen.

TIPP

Beobachten Sie die Tierwelt an Ihrem Teich genau und lernen Sie diese mit Hilfe eines Bestimmungsbuches kennen, denn als verlässliche Bioindikatoren verraten Ihnen die Tiere die Qualität des Gewässers und seiner Umgebung ganz umsonst, ohne dass Sie auf teure chemische Wasseranalysen angewiesen sind.

Neu angelegte Gartenteiche können Sie mit Mikroorganismen und Tieren „animpfen", indem Sie im späten Frühjahr einen Eimer Wasser aus einem ökologisch einwandfreien Gartenteich hineinschütten. So sparen Sie sich unangenehme Algenbildung, bevor sich ein ökologisches Gleichgewicht der Mikroorganismen einstellt. Die Entnahme von Wasser und Tieren aus der Natur ist jedoch nicht gestattet!

Der Grasfrosch liebt kühle Gewässer und überwintert am Grund tiefer Teiche.

In ausreichend großen und tiefen Gartenteichen überwintern Tiere auch bei geschlossener Eisdecke in der Tiefenzone. Aufhacken des Eises, Sprudler, Pumpen und andere Methoden, die das Zufrieren verhindern, stören sie dagegen so sehr, dass sie aufgrund des erhöhten Energieverbrauchs sterben können. Besser ist es, die Wasserpflanzen der Sumpfzone nicht abzuschneiden, denn durch die hohlen Stängel gelangt Sauerstoff ins Wasser. Ersatzweise können Sie auch Strohbündel in den Teich stecken.

Fische haben in einem naturnahen Teich nichts zu suchen. Sie müssen gefüttert werden und überdüngen das Wasser durch ihre Ausscheidungen, was zu hässlichem Algenwachstum, deren Absterben, Sauerstoffmangel und Faulschlammgasentwicklung führt. Fische, die nicht gefüttert werden, fressen alle Insektenlarven und Kaulquappen, wodurch der Teich ökologisch tot ist. Pflanzen fressende Fischarten weiden alles Grüne ab, sodass der Teich bald nur noch ein Wasserloch ist. Auch die als unbedenklich geltenden Bitterlinge gehören nicht in den Gartenteich, denn sie benötigen eine bestimmte Muschelart zur Fortpflanzung, die wiederum nur in dicken Schlammschichten am Teichgrund überleben kann. Natürlicherweise kommen Fische deshalb auch nur in größeren natürlichen Seen mit Zu- und Ablauf vor.

Tiere vor dem Ertrinken schützen

Manchmal geraten unbeabsichtigt Tiere in den Teich, z.B. Igel oder Mäuse. Ihnen muss unbedingt eine flache Uferzone zum Aussteigen geboten werden. Vögel können gefahrlos trinken, wenn Sie eine kleine Insel mit Flachwasserzone einplanen, die von Katzen nicht erreicht wird. Oder Sie halten einen flachen Uferbereich frei von größeren Pflanzen, sodass die Vögel freie Sicht haben und Katzen sich nicht ungesehen anschleichen können. Auch ein größerer aus dem Wasser ragender Zweig hilft Vögeln, gefahrlos zu trinken. Bienen suchen Flachwasserzonen ebenfalls zum Trinken auf. Ein Stückchen Moos oder ein Schwamm zwischen Steine im flachen Wasser geklemmt verhindert, dass sie an der Wasseroberfläche haften bleiben und ertrinken. Schmetterlinge saugen an freien Stellen der Sumpfzone Wasser und Mineralien aus dem feuchten sandigen Ufersubstrat.

4 Pflegen

4 Nutzgärten ohne Mühe

Nutzgärten können hübsch aussehen und viel Freude bereiten.

Mit dem Begriff Nutzgarten verbinden die meisten Menschen anstrengende Arbeit auf einem eigenen großen Stück Kulturland. Dabei gibt es noch viele andere Möglichkeiten, den Speisezettel zu bereichern, selbst für ungeübte Anfänger und bei wenig Zeit und Platz im Garten. So kann Obst platzsparend als Spalier an der Fassade reifen, Beerensträucher können die Zierhecke ersetzen, ein Obstbaum ist gleichzeitig Hausbaum und liefert Schatten, Kräuter begleiten die Treppe, Erdbeeren dienen als Bodendecker und dekorative Salate und Gemüse gedeihen in schönen Kübeln.

Gerade für Anfänger eignen sich Kübelkulturen und kleine Beete zum Ausprobieren. Bei größeren Beeten helfen Reihenkulturen, die Übersicht zu behalten. Fortgeschrittene sind mutiger und pflanzen auch das ein oder andere Gemüse ins Staudenbeet und Geübte legen sich vielleicht einen eigenen kleinen Bauerngarten mit Mischkulturen an, der das Nützliche mit dem Schönen verbindet. Hier können auch Kräuter und Blumen angebaut werden, die so immer ganz frisch auf den Tisch wandern. Es darf jedoch nie vergessen werden, dass zu einem Nutzgarten auch ein Kompostplatz, ein kleiner Arbeitsplatz, eine Aufbewahrungsmöglichkeit für Geräte und Töpfe sowie eine Wasserversorgung gehören. Das hört sich nach großer Investition an, muss es aber nicht sein, wenn Sie mit etwas Fantasie herangehen.

Selbst gezogenes Gemüse ist sicher nicht rationell, wenn nur der Zeitaufwand und monetäre Wert aufgerechnet werden. Wenn Sie aber bedenken, dass Sie garantiert rückstandsfreie gesunde Nahrung erzeugt haben, die zudem viel besser schmeckt als gekaufte Ware, dass die investierte Arbeit ein gesundes und befriedigendes Hobby an frischer Luft ist, das zudem wenig kostet, dass sie dabei interessante Naturbeobachtungen machen und Ihren Kindern ganz nebenbei zeigen, dass Gemüse nicht im Supermarkt wächst, dann rechnet es sich doch – wenn auch auf andere Weise.

Obstgehölze besonnen anpflanzen

Obst aus allen Erdteilen ist heute immer und überall erhältlich und suggeriert uns eine gesunde Ernährung. Selbst angebautes Obst bringt uns dagegen in Kontakt zu den Jahreszeiten

Wuchsformen und Größen der Obstgehölze

Hochstämme haben eine Stammhöhe von 1,5 bis 1,8 m und mehr und eignen sich mit einer Kronenbreite von 8 bis 12 m nicht für die meisten Hausgärten. Meist werden sie als drei- bis fünfjährige Veredlung angeboten und beginnen erst nach weiteren acht bis zehn Jahren Früchte zu tragen. Bei richtigem Pflegeschnitt können Hochstämme bis zu 100 Jahre alt werden.

Halbstämme haben eine Stammhöhe von 1 bis 1,2 m (manchmal auch 1,5 m). Ihre Kronenbreite kann bis zu 10 m betragen, durch Schnitt aber auf etwa 6 m beschränkt werden. Sie tragen bereits nach zwei bis drei Jahren Früchte, ihre volle Ertragsreife erreichen sie nach sechs bis acht Jahren. Halbstämme sind immer auf schwach wachsenden Unterlagen veredelt.

Niederstämme haben eine Stammhöhe von 0,8 bis 1 m (ansonsten wie Halbstämme).

Buschbäume haben nur 40 bis 60 cm Stammhöhe und einen Kronendurchmesser von etwa 4 m. Sie werden nur etwa 2,5 m hoch und können deshalb leicht geschnitten und beerntet werden. Sie kommen bereits zwei bis vier Jahre nach der Pflanzung im Garten ins Ertragsalter.

Spindelbüsche haben ebenso wie die Buschbäume nur kurze Stämme (aber eine zierlichere Krone von maximal 3 m Durchmesser). An ihren kurzen Seitenästen entwickelt sich direkt das Fruchtholz. Sie tragen bereits im ersten Jahr, wenn mehrjährige Veredlungen gekauft werden, ansonsten nach zwei bis drei Jahren. Zusammen mit den besonders schwach wachsenden „Schlanken Spindeln“ brauchen sie zeitlebens einen Stützpfahl und lassen sich gut an Spalieren oder als Obsthecke ziehen.

Superspindel und U-Formen sind Sonderformen, die als Spalierobst oder für Kübelkulturen gezogen werden. Bei ihnen setzt das Fruchtholz direkt am Stamm an, sie verzweigen sich also nicht. Der einzige Haupttrieb bei der „Ballerina-Form“ bzw. beide Triebe der U-Form können in beliebiger Höhe gekappt werden.

Düngung und Bewässerung

Da alle genannten Baumformen (außer dem Hochstamm) auf schwach wachsenden Unterlagen, also Wurzeln, veredelt werden, müssen sie entsprechend ihrer Kronenbreite und dem Ertrag gedüngt werden. Auch zusätzliche Bewässerung kann nötig werden, da die Feinwurzeln nicht die Kronentraufe erreichen.

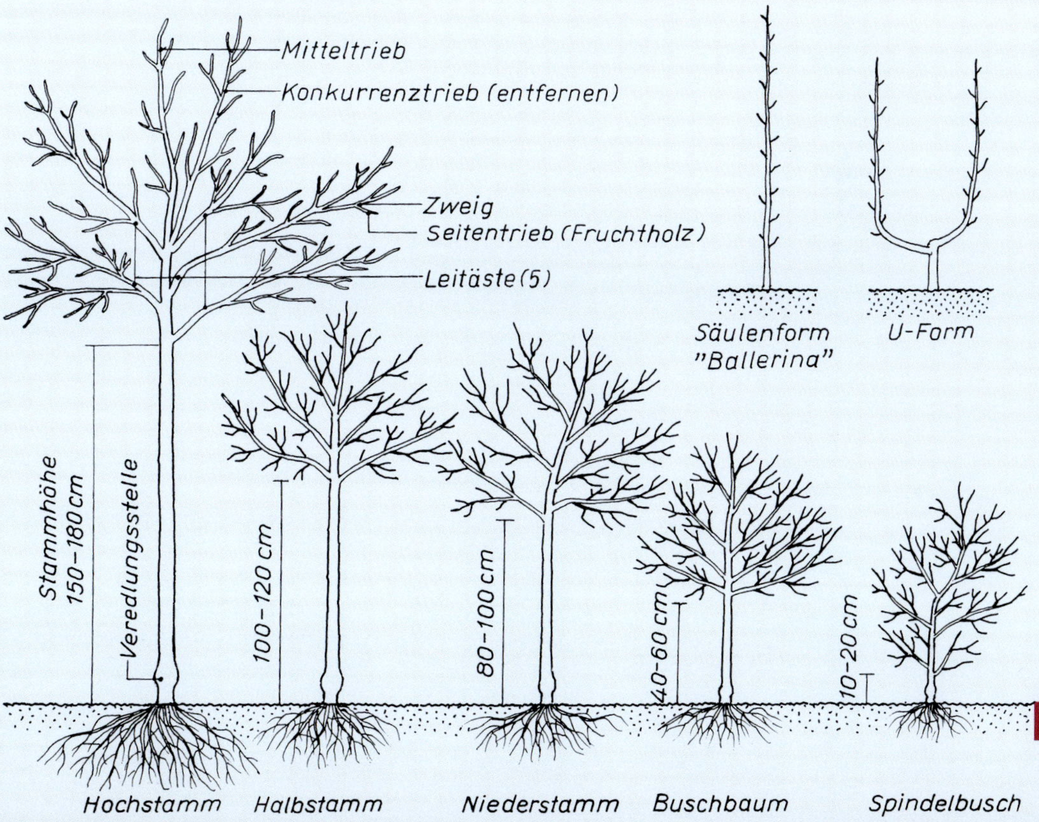

TIPP

Wer keinen Platz für zwei Bäume hat und kein Duo-Obst möchte, pflanzt die passende Befruchtersorte einfach als Spindelbusch an einen sonnigen Platz in die Hecke. Es reicht aber auch, wenn ein passender Baum in der Nachbarschaft im Umkreis von etwa 300 m vorhanden ist.

und ist viel gesünder, da es ausgereift, frisch und frei von Pestiziden ist. Selbst gepflückt, erfüllt es uns mit Stolz, dass der eigene Garten so etwas hervorgebracht hat. Voraussetzungen dafür sind neben dem richtigen Standort und der passenden Sortenwahl auch einige Kenntnisse über die Pflanzung und Pflege, den Schnitt und den Schutz vor Schädlingen.

Obststräucher fügen sich ganz unauffällig in den Garten ein. Es macht nicht nur Kindern Spaß, die ersten Beeren zu entdecken und zu naschen. Als Stämmchen an exponierter Stelle gepflanzt, sehen Beerensträucher auch hübsch aus und lassen sich mit anderem Obst, mit Gemüse oder Blumen unterpflanzen. Kletterndes Obst kann einen Zaun begrünen oder eine sonnige Fassade schmücken und auch eine Laube oder Pergola kann berankt hübsch aussehen und gleichzeitig Beeren liefern. Vergessen wir auch nicht die immergrünen Erdbeeren, die eigentlich zu den Stauden gehören und botanisch betrachtet auch keine Beeren liefern. Sie dürfen jedoch in keinem Garten fehlen, Wald-Erdbeeren als Bodendecker auch im Halbschatten, Kultur-Erdbeeren in der Sonne.

Mit Spalierobst kann man Zäune und Fassaden begrünen und gleichzeitig platzsparend Früchte anbauen.

Kleine Obstbäume richtig auswählen

Anstelle von Ziergehölzen können Sie an sonnigen Standorten auch Obstgehölze pflanzen, die wunderschön blühen und mit ihrem Fruchtbehang auch im Herbst attraktiv aussehen. Sie haben die Wahl zwischen verschiedenen Obstarten und Baumformen, wie Hochstämmen, Halbstämmen und Spindelbüschen, sowie verschiedenen Kronenformen. Sowohl die Obstarten als auch die Baumformen verlangen unterschiedliche Pflege, deren Aufwand bei der Auswahl zu bedenken ist. Alle Obstarten werden zudem in verschiedenen Sorten kultiviert, die sich für unterschiedliche klimatische Standorte, Böden und Verarbeitungsmethoden in der Küche eignen. Für die Auswahl des richtigen Gehölzes sollten Sie sich gut informieren und beim Kauf genügend Zeit lassen.

Klären Sie erst den zur Verfügung stehenden Platz, dann die Frage, ob der Baum hoch werden darf oder niedrig bleiben soll. Hochstämme haben den Vorteil, dass Sie unter ihrer Krone hindurchgehen beziehungsweise sitzen können und sie gute Schattenspender sind. Nachteilig ist, dass das Obst mit der Leiter geerntet werden muss und die ersten Früchte bis zu zehn Jahre auf sich warten lassen. Halbstämme sind niedriger mit kleinerer Krone und tragen früher Früchte, müssen aber im Wurzelbereich gepflegt und gedüngt werden. Spindelbüsche bleiben klein und tragen schon im zweiten Standjahr wenige, aber große Früchte, sofern sie gedüngt und richtig geschnitten werden. Spalierobst eignet sich für sonnige Fassaden, bedarf aber auch einiger Pflege, Geduld und Liebe zur Sache.

Angeboten werden die meisten Obstbäume und -sträucher das ganze Jahr über in Töpfen (Containerware) oder

im Herbst als wurzelnackte Pflanzen, die sofort gepflanzt werden müssen.

Haben Sie sich für die Gehölzform entschieden, muss nur die Obstart geklärt werden. Dabei sollte auf die für die Obstart nötige Pflege, z.B. den Schnitt, geachtet werden, es sollten aber auch die für den Erntezeitpunkt übliche Urlaubszeit und der Familienbedarf berücksichtigt werden. Oft gibt es aber früh und spät reifende Sorten, die sogar als Duo-Obst auf einen Stamm gepfropft angeboten werden. Außerdem müssen neben der Blühzeit auch die Befruchtungsverhältnisse beachtet werden. Es gibt zwar selbstfruchtbare Sorten, doch viele sind auf einen Baum gleicher Art aber anderer Sorte als Befruchter angewiesen. Auch hier kann Duo-Obst helfen, wenn der Platz für zwei Sorten nicht reicht. Auskunft über die zusammenpassenden Befruchtersorten erteilen Ihnen gute Baumschulen, die Gartenbauvereine und natürlich Fachbücher.

Eine gute Baumschule verkauft Ihnen den Baum mit dem passenden Pflanzschnitt. Für den anschließenden Erziehungsschnitt gibt es vielfältige Ratgeberliteratur (siehe Literaturverzeichnis). Aber auch Obst- und Gartenbauvereine, Landschaftspflegeverbände, Naturschutzvereine und Volkshochschulen bieten jährlich Obstbaum-Schnittkurse an, bei denen Experten am „lebenden Objekt“ anschaulich die richtige Vorgehensweise erklären und das geeignete Werkzeug vorstellen.

Am einfachsten zu schneiden sind Säulenformen von Obstbäumen, so genannte „Ballerinas“. Hier muss nur der einzige Haupttrieb in der gewünschten Höhe gekappt werden, denn er ist unverzweigt und die Früchte wachsen direkt am Stamm. Allerdings sind Ballerinas recht anfällig für Krankheiten und der Ertrag lässt nach einigen Jahren deutlich nach. Der Schnitt von Niederstämmen ist sehr einfach auszuführen, da alle Zweige bequem zu erreichen sind, will aber gelernt sein. Halbstämme erfordern bereits eine Standleiter für den Schnitt, ältere

Links: Kleine Baumformen finden auch am Rande des Nutzgartens Platz.

Rechts: Hochstämme, wie dieser Apfelbaum, benötigen viel Platz im Garten.

TIPP

Herbstpflanzungen sind rationeller, weil Sie auf die preisgünstigere Wurzelware zurückgreifen können und viel Gießaufwand sparen.

TIPP

Wenn Sie den Erziehungsschnitt nicht selbst lernen möchten, fragen Sie nach einer Fachperson in der Nähe. Lassen Sie auf keinen Fall jeden Gärtner an Ihren Bäumen herumschneiden, denn die wenigsten haben richtigen Gehölzschnitt von Obstbäumen gelernt.

Hochstämme eine große Stand- oder Anlehnleiter und viel Fachkenntnis.

Sinnvoll ist der Anbau von Obstbäumen im Garten nur, wenn es sich um Obst handelt, das am optimalen Standort im Garten ohne viel Aufwand reift, resistent gegen Schädlinge ist, ansonsten schwer zu bekommen ist, leicht verdirbt oder beim Kauf sehr teuer ist. Neben der Sortenwahl, dem Standort, dem richtigen Pflanzen und dem Erziehungsschnitt ist die Bodenpflege sowohl für die Gesundhaltung des Obstgehölzes als auch für eine reiche Ernte wichtig.

Wer gern Obst von einem Hochstamm ernten möchte und dafür keinen Platz im Garten hat, kann vielleicht auf einer Streuobstwiese oder an einer Obstbaumallee eine Baumpatenschaft übernehmen. Fragen Sie doch einfach mal bei Ihrer Gemeindeverwaltung oder dem örtlichen Naturschutz- bzw. Gartenbauverein nach.

Pflegeleichte Obstbäume für den Hausgarten

Name/Wuchsform	Sorten	Bemerkungen
Apfel Hst, Nst, (Bb), Spi	'Alkmene', 'Kleiner Api', 'Ernst Bosch', 'Carpentin', 'Goldparmäne', 'James Grieve', 'Jonathan'	immer zwei Sorten zur gegenseitigen Befruchtung pflanzen
Birne Hst, Nst, (Bb), Spi, Spa	'Abrahämchen', 'Blutbirne', 'Clapps Liebling', 'Frühe aus Trévoux', 'Madame Verté', 'Stuttgarter Geißhirtle', 'Williams Christbirne'	immer zwei Sorten zur gegenseitigen Befruchtung pflanzen
Quitte Hst, Nst, (Bb)	'Champion', 'Portugiesische Birnenquitte', 'Quitte von Leskovac'	selbstfruchtbar
Pflaumen, Zwetschgen Hst, Nst, (Bb)	'Bühler Frühzwetsche', 'Ersinger Frühzwetsche', 'Ontariopflaume'	genannte Sorten sind selbstfruchtbar
Aprikose Hst, Fäsp	'Ungarische Beste', 'Nancy'	genannte Sorten sind selbstfruchtbar
Pfirsich Hst, Nst, (Bb), Spa	'Anneliese Rudolf', 'Pfälzer Glückskugel', 'Roter Ellerstädter'	selbstfruchtbar, für Höhenlagen an geschütztem Ort geeignet
Süßkirsche Hst	'Eltonkirsche', 'Erika', 'Karina', 'Lapins', 'Regina', 'Sunburst'	'Erika' und 'Regina' befruchten sich gegenseitig, die anderen sind selbstfruchtbar
Sauerkirsche Hst	'Beutelsbacher Rexelle', 'Cerella', 'Morellenfeuer', 'Feinsheimer Rubin'	selbstfruchtbar, alle genannten Sorten sind relativ frosthart
Mirabelle/ Reneklode Hst	'Nancy-Mirabelle'/'Oullins Reneklode'	selbstfruchtbar
Feige (Bb), Spa	Bayernfeige 'Violetta'	selbstfruchtbar, winterhart bis −15 °C

Hst = Halbstamm, Nst = Niederstamm, (Bb) = Buschbaum, Spi = Spindel, Spa = Spalier, Fäsp = Fächerspindel

Die platzsparende Variante: Apfelhecke für Genießer

Wer keinen Platz für einen Apfelbaum im Garten hat, auf Äpfel aber nicht verzichten möchte, sollte sich eine Apfelhecke an der Gartengrenze pflanzen. Dazu eignen sich nur Sorten, die auf schwach wachsenden Unterlagen veredelt wurden. Die „Schlanke Spindel" wird im Abstand von 1,20 m gepflanzt. Der Abstand zur Grenze muss nach dem Nachbarschaftsrecht nur 50 cm betragen, allerdings kommen Sie dann nicht an alle Äpfel heran. Besser ist ein Abstand von 1 bis 2 m, sodass Sie auf beiden Seiten ernten und schneiden können. „Superspindeln" und „Schnurbäume" werden wie Himbeeren am Drahtspalier gezogen und dazu im Abstand von 50 cm gepflanzt, sind aber sehr pflegeintensiv. Alle Apfelhecken lassen sich problemlos auf eine Höhe von 1,5 bis 2,5 m begrenzen. Der Ertrag setzt schon ab dem zweiten Jahr ein. Nach einigen Jahren sind bei guter Pflege 50 bis 100 Äpfel pro Pflanze möglich. Wegen der nötigen Fremdbefruchtung sollten Sie mindestens zwei verschiedene Sorten pflanzen. Gute Pollenspender sind 'Alkmene', 'Nela', 'Topaz' und 'Prinz Albrecht von Preußen'. Besonders geringen Schnittaufwand erfordert die Sorte 'Piros'. Nicht lagerfähig, aber bereits im September reif sind die Äpfel der Sorte 'Rubinola'. Besonders gut als Kübel- und Spalierobst eignen sich auch die kleinen aromatischen Früchte der 'Ananasrenette'.

Als Hecke gepflanzt grenzen die Apfelbäumchen das Grundstück ab und bringen reichlich Ertrag in angenehmer Pflückhöhe.

Vielseitiges Beerenobst pflanzen und pflegen

Beerensträucher nehmen nicht viel Platz ein und bringen bei guter Pflege hohe Erträge. Sie können statt einer Zierhecke gepflanzt oder an der sonnigen Seite zwanglos in eine Laubhecke integriert werden. Mit kletternden Beerensträuchern lassen sich Zäune begrünen und Hochstämmchen können Sie platzsparend mit niedrigen Gemüsekulturen kombinieren. Viel Pflege benötigen sie alle nicht, sind aber dankbar für Kompost oder Mistgaben als Mulchdecke, die ihre empfindlichen Wurzeln schützt. Regelmäßiger Schnitt ist nötig, damit die Gehölze nicht vergreisen, aber auch dies ist leicht erlernbar. Die Früchte von Johannisbeere und Kirsche werden Sie allerdings mit Beginn des Rotwerdens vor Vögeln schützen müssen. Eine einfache Befestigungsmöglichkeit für Netze, z.B. aus Holzpfosten, sollte deshalb schon vor der Pflanzung mit bedacht werden.

Wer seine Johannisbeeren nicht mit den Vögeln teilen, aber auch kein Netz verwenden möchte, sollte auf weiße und gelbe Sorten zurückgreifen, die von den Vögeln zur Erntezeit nicht als reif erkannt und deshalb verschmäht werden.

Stämmchen von Johannis- und Stachelbeere müssen an einem Baumpfahl festgebunden werden, damit sie unter der Last der Früchte nicht knicken. Sie sehen zudem hübsch aus,

Beerenobst an Hochstämmchen lässt sich platzsparend anbauen und rückenschonend ernten.

chen und Erdbeeren ergänzt werden, sodass auf jeder Etage etwas reift.

An sonnigen Zäunen, Sichtschutzwänden, Pergolen und Fassaden von Haus und Nebengebäuden können Sie neben Äpfeln, Birnen und Pfirsichen als Spalierobst auch Beerenobst ziehen. In milden Lagen wachsen hier platzsparend Feigen, Weinbeeren und Kiwis, in rauen Lagen dornenlose Brombeeren und Himbeeren statt anderer Kletterpflanzen. Selbst in halbschattigen Lagen muss nicht auf Obst verzichtet werden, denn hier können Sie Heidelbeeren, Preiselbeeren und Wald-Erdbeeren als Bodendecker pflanzen. Von allen diesen Wildformen gibt es auch Kultursorten mit größeren Früchten, die aber in der Regel anspruchsvoller sind als ihre wilden Verwandten. Bodendeckende Kultur- oder Wald-Erdbeeren schützen die Wurzeln der Beerensträucher, halten den Boden feucht und unterdrücken das Unkraut ebenso wie die Würzkräuter Minze, Schnittlauch, Estragon und Pimpinelle.

Wildobststräucher und -bäume (siehe Tabelle auf Seite 200) benötigen nur wenig Pflege und spenden verwertbare Früchte, ohne dass sie aufwändig geschnitten werden müssen. Als Hecke gepflanzt, sehen sie schön aus und locken Vögel an. Viele Beeren

TIPP

Besonders platzsparend ist es, wenn Sie Beerenobst unterschiedlicher Wuchsformen – Hochstämmchen, niedrige breite und hohe schlanke Sträucher – im Wechsel pflanzen.

wenn man sie, wie Formgehölze, an die Ecken oder den Eingang des Gemüsegartens pflanzt oder einen Weg damit begrenzt. Sträucher sehen an einem Zaun oder vor einer Mauer gut aus. Achten Sie aber auf ausreichenden Pflanzabstand, damit Sie um jede Pflanze herumgehen können. Hohe schlanke Sträucher können im Wechsel mit den niedrigen Stachelbeeren gepflanzt werden, was viel Platz spart. Diese Mischkultur kann mit Stämm-

Die Erdbeerwiese (*Fragaria* 'Florika') bildet geschlossene bodendeckende Bestände.

Pflegeleichtes Beerenobst für den Hausgarten*

Art, Sorte	Wuchsform (Höhe/Breite)	Wuchshilfe	Frucht (Reifezeit)/ Verwendung	Bemerkungen
Johannisbeere (*Ribes rubrum* var. *domesticum* und var. *rubrum*), 'Jonkheer van Tets', 'Rolan', 'Rovada'	als Strauch aufrecht bis 1,5 m hoch, als Stämmchen Kronenansatz bei 1,2 m	Stämmchen immer an Pfahl festbinden	glänzend rot, auch weiße und gelbe Sorten (Juni bis Juli)/Gelee, Marmelade, Kompott, Wein	zwei verschiedene Sorten zur Befruchtung empfehlenswert
Stachelbeere (*Ribes uva-crispa*), 'Dr. Bauer's Rokula' (rot), 'Hinnonmäki' (gelb), 'Invicta' (grün)	als Busch niedrig und breit, bis 0,7 m hoch, als Stämmchen Kronenansatz bei 1,2 m	Stämmchen immer an Pfahl festbinden	gelbe, rötliche und grüne Sorten (Juli)/Gelee, Marmelade, Kompott	alle genannten Sorten robust und relativ widerstandsfähig gegen Mehltau
Jostabeere (Kreuzung Schwarze Johannisbeere × Stachelbeere), 'Josta'	Busch, etwa 1,5 m hoch und breit	Pflanzabstand 2 bis 3 m	dunkelviolette dicke Früchte (Juli)/Gelee, Marmelade	sehr ertragreich auch ohne Düngung und im Halbschatten
Himbeere (*Rubus idaeus*), 'Golden Queen' (gelb), 'Autumn Bliss', 'Malling Promise', 'Rutrago', 'Schönemann', 'Tulameen' (rot)	Triebe von etwa 1,8 m Länge im Abstand von 30 cm	an Drahtspalieren festbinden	rote oder gelbe Früchte (Juni bis Juli)/Gelee, Marmelade, Fruchtmus	ab November alle alten Ruten über dem Boden abschneiden, im Frühjahr neue Triebe festbinden
Dornenlose Brombeere (*Rubus procerus* ssp. *laaniatus*), 'Jumbo', 'Navaho', 'Loch Ness', 'Oregon', 'Thornless'	Pflanzen im Abstand von 2 m setzen, 3 bis 6 Ruten fächerförmig auseinander ziehen und festbinden	Drahtspaliere, Rankgitter oder Zäune zum Hochbinden	dunkelviolette Früchte (Juli bis September)/ Gelee, Marmelade	wie Himbeere, im Sommer auch die Seitentriebe der jungen Ruten entfernen
Taybeere (Kreuzung Himbeere × Brombeere), 'Taybeery'	Fächererziehung wie Brombeere	s.o. , auch für Spaliere und Zäune geeignet	dunkelrote himbeerähnliche 2 bis 4 cm lange Früchte (Juni bis Juli)/ wie Himbeere roh oder gekocht verwendbar	sehr hoher Ertrag von etwa 4 kg pro Pflanze, nur wenige Stacheln
Dorman Red (Kreuzung von *Rubus parviflorus* × *Rubus idaeus* 'Dorsett')	Fächererziehung wie Brombeere	s.o., auch für Spaliere und Zäune geeignet	hellrote himbeerähnliche Früchte mit feinem Maulbeeraroma (Juni bis Juli)/roh oder gekocht wie Himbeere verwendbar	leuchtend gelborangefarbene Herbstfärbung des Laubes, nur wenige Stacheln
Japanische Weinbeere (*Rubus phoenicolasius*)	wie Brombeere oder als Strauch pflanzen	nicht nötig	kleine süße himbeerähnliche Früchte (Juli bis August)/wie Himbeere verwendbar	dekorative Blüten, auch gut als Hecke geeignet
Kiwi (*Actinidia arguta*), 'Issai', 'Jenny' selbstfruchtbar	Schlinger für Hauswand, Spalier oder Pergola geeignet	tragfähiges Klettergerüst von mindestens 3 m Höhe	Früchte (Oktober/November)/bei 0 °C und hoher Luftfeuchte 3 Monate lagerfähig; frisch, als Marmelade	in geschützten Lagen winterhart, sehr dekorative Kletterpflanze

* für sonnige bis halbschattige Lagen

schmecken vorzüglich als Kompott, als Marmelade oder Saft. Sind sie zu herb, können sie auch mit Kulturobst gemischt und verschieden abgeschmeckt werden. Wer keine Zeit oder Lust für die Ernte hat, erfreut sich vielleicht an den Vögeln, die alles Wildobst zu schätzen wissen. Aber schon zur Zeit der Blüte haben unzählige Insekten profitiert, die wiederum vielen Vogel-kindern als Nahrung dienen. Preiselbeeren, Heidelbeeren und Wald-Erdbeeren können

Wildobst aus der Hecke ist gesund. Ertragreiche Sorten bieten Mensch und Tier einen großen Nutzen.

Pflegeschnitt von Beerensträuchern

Pflanz- und Pflegeschnitt bei Roter Johannisbeere und Stachelbeeren.
Frisch gesetzte Sträucher müssen zur Förderung des Austriebs unbedingt geschnitten werden. Dem Strauch werden etwa fünf bis sieben starke Triebe belassen, die aber um etwa die Hälfte eingekürzt werden. Bei Stämmchen werden aus der Krone zu dicht wachsende Triebe entfernt und die verbleibenden um die Hälfte eingekürzt.
Werden die Triebe nicht jährlich angeschnitten, lässt der Zuwachs an Jungtrieben nach und die Früchte am Altholz werden zu klein. Bei der Stachelbeere beugt das Entfernen der Triebspitzen außerdem dem Mehltau vor, da dort die Infektionsherde sitzen.

Pflanz- und Pflegeschnitt bei Himbeeren.
Die Ruten werden nach der Pflanzung 40 bis 50 cm über dem Boden zurückgeschnitten.
Nach der Ernte werden unmittelbar über dem Boden alle zweijährigen abgetragenen Ruten abgeschnitten. So wird die Verbreitung der sehr schwer zu bekämpfenden Rutenkrankheit weitgehend unterbunden.

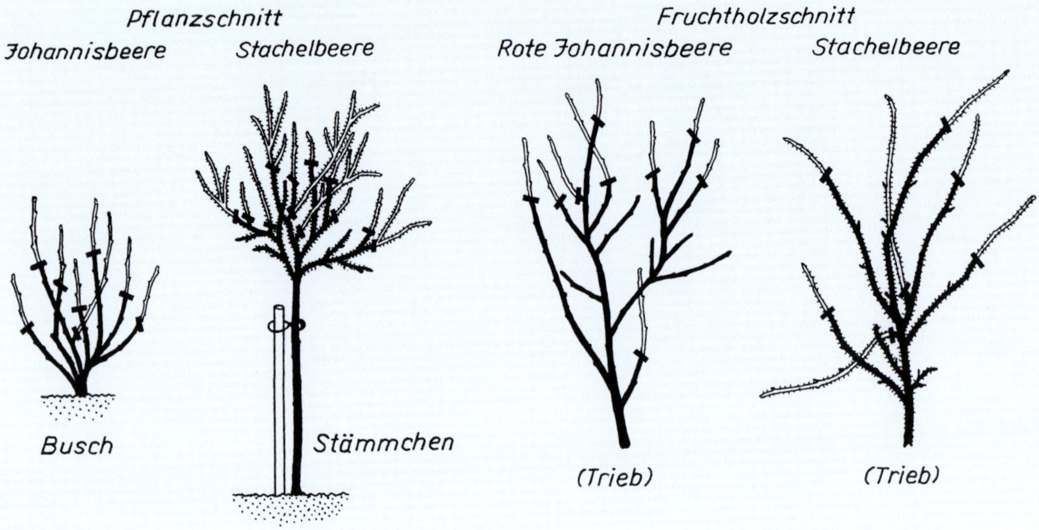

als Bodendecker vor die Hecke oder unter Gehölze gepflanzt werden. Schlehen, Gemeine Himbeeren und Echte Brombeeren empfehlen sich jedoch nicht für den kleinen Hausgarten, denn sie wuchern zu stark. Hier haben sich Kultursorten bewährt, die zudem auch noch (fast) ohne Dornen zu haben sind.

Für die Pflege des Beerenobstes gilt Ähnliches wie für die größeren Obstgehölze. Nur regelmäßige Kompostgaben, eine schützende Mulchdecke, der richtige Schnitt und Maßnahmen gegen Schädlinge garantieren eine reiche Ernte. Dafür werden pro Pflanze nur etwa ein bis zwei Stunden im Jahr benötigt.

Gesunde Früchte aus Kübeln ernten

Obst aus Kübeln kann interessant sein, wenn Sie nur wenig Platz im Garten haben oder die Pflanzen immer im Blick haben möchten. In sehr kleinen oder bereits eingewachsenen Gärten ist manchmal auch die Terrasse der einzige vollsonnige Ort, der sich zum Anbau von Obst lohnt. Kübelkulturen bereiten zwar objektiv mehr Arbeit mit Düngen, Gießen und Überwintern, lassen sich aber auch besser auf Schädlin-

TIPP

In größeren Städten gibt es Gartenbaubetriebe, die sich auf die Aufbewahrung von Kübelpflanzen spezialisiert haben. Sie holen Ihre Pflanze ab, beseitigen Schädlingsbefall und pflegen sie über den Winter. Die Kosten dafür richten sich nach der Kübelgröße und der Dauer der Überwinterung.

Rückschnitt und Formierung der Brombeeren. Alle Brombeersorten (auch die dornenlosen) benötigen einen regelmäßigen Rückschnitt, da sonst in der Folge Ertragsminderung und Verwilderung auftreten. Alle Seitentriebe werden deshalb frühzeitig ein- oder zweimal im Jahr zurückgeschnitten. Die ein- und zweijährigen Ruten werden nach links bzw. rechts an ein Drahtspalier verteilt und dort festgebunden. Unmittelbar nach der Ernte werden die abgetragenen zweijährigen Triebe über dem Boden abgeschnitten. Am Spalier ist nun Platz für den Neuaustrieb. Auch die Ernte wird erleichtert, wenn die Triebe nicht gemischt sind.

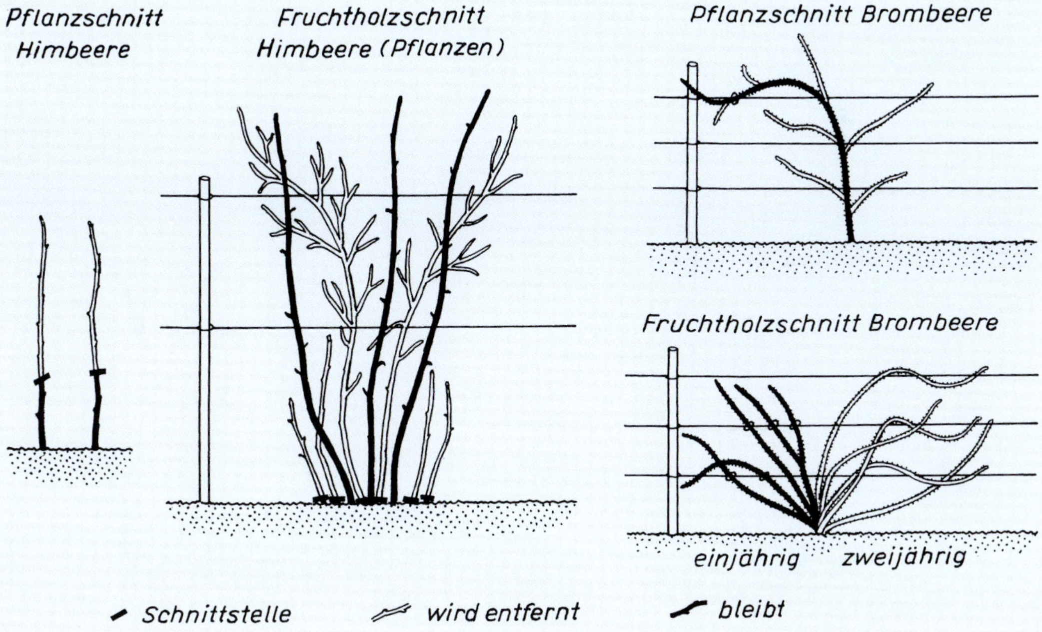

Pflegeleichte ertragreiche Wildobst-Sorten*

Name, Sorte	Wuchs (Höhe in m)	Frucht (Reife)	Verwendung	Bemerkungen
Apfelbeere (*Aronia melanocarpa*), 'Nero'	hübscher Strauch (1 bis 2)	violettschwarz, groß, süß, saftig (Anfang August bis September)	roh oder gekocht als Kompott oder Marmelade	goldgelbe Herbstfärbung
Echte Mispel (*Mespilus germanica*), 'Royal'	schöner kleiner Baum (bis 5 m)	aromatisch, süßsäuerlich (ab Ende Oktober)	gekocht zu Gelees und Marmeladen, nach Frost auch roh essbar	sehr dekorativer kleiner Baum
Essbare Eberesche (*Sorbus aucuparia*), 'Rosina'	schlanker kleiner Baum mit hübschem gefiedertem Laub (8 bis 10)	orangerot, säuerlich, scharf, aromatisch, hoher Vitamin-C-Gehalt (August)	nur gekocht als Fruchtmus oder Marmelade, Sirup, Liköre	auch bei Vögeln beliebt im Winter
Großfrüchtige Blutpflaume (*Prunus cerasifera*), 'Hollywood'	kleiner Baum (4 bis 6)	kirschrote saftige Frucht (ab September)	roh oder gekocht als Marmelade oder Kompott	schönes rotes Laub, sehr dekorativ
Großfrüchtige Haselnuss (*Corylus avellana*) in Sorten	aufrechter Strauch (4 bis 6)	sehr großer Kern mit angenehmem Geschmack (ab September)	roh	zur Befruchtung zwei Sorten, z.B. 'Wunder von Bollweiler', 'Hallesche Riesennuss'
Hunds-Rose (*Rosa canina*), 'van Kiese'	breiter, leicht überhängender stacheliger Strauch (2 bis 3)	rote sehr große Hagebutten (August bis Oktober)	gekocht als Marmelade oder Fruchtmus	leuchtend rote Blüten im Juni
Kornelkirsche (*Cornus mas*), 'Jolico'	schöner breiter Strauch (2 bis 3,5)	dunkelrote große säuerliche Frucht (ab August)	roh oder gekocht als Kompott, z.B. zu Wildgerichten	als Befruchter die Wildform in höchstens 10 m Abstand
Pillnitzer Vitaminrose (*Rosa × salaevensis*), 'Pi Ro 3'	breiter, leicht überhängender, fast stachelloser Strauch (3 bis 4)	ziegelrote große Hagebutten, hoher Vitamin-C-Gehalt (ab September)	gekocht als Marmelade oder Fruchtmus	auch am Spalier sehr hübsch
Sanddorn, weibliche Pflanze in Sorten (*Hippophae rhamnoides*)	breiter Strauch mit silbrig glänzendem Laub und Dornen, 'Dorana' (1,5 bis 3), 'Frugana' (2,4 bis 4,5), 'Leikora' (2,4 bis 4)	orangerot, sehr sauer, hoher Vitamin-C-Gehalt (ab August)	gekocht als Fruchtmus, Marmelade oder Saft	männliche Pflanze ('Pollmix III') muss in höchstens 10 m Abstand dazu gepflanzt werden
Scheinquitte (*Chaenomeles japonica*), 'Cido'	breiter kleiner Strauch mit schöner Blüte (1 bis 1,5)	gelb, groß, sauer, hoher Vitamin-C-Gehalt (ab September)	gekocht als Marmelade oder Mus (wie Echte Quitte)	wird auch gern von Vögeln und Kleinsäugetieren gefressen
Schwarzer Holunder (*Sambucus nigra*)	Wildform und 'Haschberg' (4 bis 6), 'Sampo' (2 bis 4)	schwarze würzige Beeren (ab September)	nur gekocht als Saft oder Marmelade	Strauch oder Halbstamm

* für sonnige bis halbschattige Lagen

ge und Krankheiten kontrollieren und bei Befall isolieren.

Es gibt eine Reihe von Obstarten beziehungsweise -sorten, die auf sehr schwach wachsende Unterlagen veredelt werden und sich deshalb für Topfkulturen eignen. Gute Baumschulen bieten Minibäumchen von Äpfeln, Birnen, Aprikosen, Pfirsichen, Nektarinen, Pflaumen sowie Süß- und Sauerkirschen an, teilweise sogar als sich gegenseitig befruchtendes Duo-Obst.

Einjährige Pflanzen sind am leichtesten im Kübel zu kultivieren, denn hier entfällt das Problem, sie durch den Winter zu bekommen. Allerdings sind jedes Frühjahr neue Pflänzchen zu beschaffen und neu einzupflanzen. Dabei wird auch die Erde getauscht und der Kübel vorher gründlich gereinigt, damit keine Krankheitserreger übertragen werden.

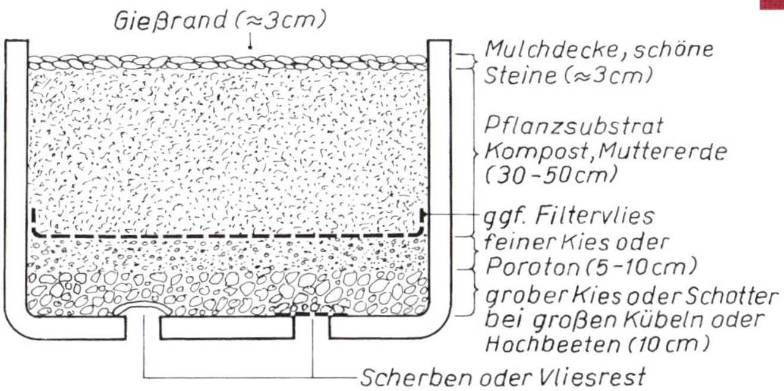

Kleine oder große Kübel benötigen einen speziellen Substrataufbau, damit sich die Pflanzen darin wohlfühlen.

Mehrjährige Kübelpflanzen, die oberirdisch frosthart sind, also ihre Blätter im Herbst verlieren, können einfach überwintert werden, indem Sie den Kübel vor dem Frost eingraben (damit die Erde nicht durchfriert) oder an einen frostsicheren Platz stellen. Für exotische Pflanzen, die auch oberirdisch keinen Frost vertragen (z.B. alle Zitrusfrüchte), muss ein heller küh-

Minibäumchen in Kübeln sind nicht größer als Tomatenpflanzen.

ler Ort zur Verfügung stehen. Dies kann ein ungeheizter Wintergarten, ein Gewächshaus mit Frostsicherung oder ein heller kühler Windfang sein. Manchmal reicht aber auch ein angelehnter Hochbeetkasten in geschützter Lage, in den Sie die Kübel eingraben können. Die oberirdischen Pflanzenteile können mit einer schräg an der Wand befestigten Noppenfolie vor Barfrösten geschützt werden.

Kulinarisches zeitsparend anbauen

TIPP

Gegen Schnecken gibt es viele Tricks und Tipps. Die neueste Erkenntnis ist, dass Knoblauchzehen zwischen dem Salat Schnecken nicht bekommen, sie sterben daran. Aber auch ein selbst hergestellter Moosaufguss hält sie (zumindest bis zum nächsten Regen) von den Pflanzen fern.

Gemüsegärten müssen nicht nur nützlich sein, ihre Ernte wohlschmeckend und gesund, sondern sie können auch schön aussehen. Die Vielfalt dekorativer alter Lokalsorten und neuer Züchtungen bei Blattsalaten und Gemüse ist so groß, dass Sie damit nicht nur auf dem Tisch, sondern auch auf dem Beet Muster kreieren können. Es gibt bei Salaten, Blatt- und Stielgemüsen hellgrüne, rotgrüne und braunrote Sorten, gestreifte, geflammte und gesprenkelte Blattmuster, runde, gefiederte und ausgefranste, glatte oder krause Blätter. Viele Wurzelgemüse präsentieren sich oberirdisch mit roten, gelben und gemusterten Blättern und Blattstielen, auf dem Teller verblüffen sie mit überraschenden Formen und Gaumenfreuden. Fruchtgemüse schmücken sich mit roten, gelben und gemusterten Früchten in den unterschiedlichsten Formen und Farbvarianten. An schönen Kletterhilfen gezogen, können selbst Bohnen dekorativ aussehen. Werden die dekorativen Gemüse in schöne Gefäße, eingefasste Beete und in witzigen Mustern gepflanzt, kann der Gemüsegarten von Frühjahr bis Herbst ein schöner Blickfang sein und ein Staudenbeet ersetzen. Aber auch zusammen mit Stauden und blühenden Kräutern gedeihen viele Nutzpflanzen und sehen dekorativ aus. In Kübeln und Hochbeeten können sie auf bequemer Höhe ihre ganze Schönheit entfalten, Bohnen und Erbsen an Rankgerüsten sogar Sichtschutz im Sommer bieten.

Die Nutzpflanzen in Hochbeeten können mit Kupferbändern vor Schnecken und mit Abdeckungen vor Nachtfrösten geschützt werden.

Rechts: Selbst in Höhenlagen gedeihen viele Gemüse, besonders die alten schmackhaften Kultursorten.

Unkomplizierte Blattsalate übersichtlich pflanzen

Einjährige Blattsalate können Sie als kleine Pflänzchen kaufen und direkt ins Beet pflanzen. Wer Geld sparen und die Pflanzen selbst vorziehen möchte, verwendet dafür am besten fertige Topfplatten oder Eierkartons. Nach dem Aufgehen der zwei bis vier Samen wird nur der größte Keimling belassen und in das Freiland gepflanzt, wenn er groß genug ist beziehungsweise die Witterung dies zulässt. Bei der Verwendung von Eierkartons müssen die Pflänzchen nicht erst ausgetopft werden.

Pflanzen Sie z.B. roten und grünen Eissalat oder den Petticoat-Salat 'Lollo' abwechselnd als Einfassung in Reihe oder flächig im Schachbrettmuster im

Besonders pflegeleicht: Übersichtliche Schachbrettbeete

Schachbrettbeete eignen sich besonders gut in regenreichen Gebieten, zur Verkleinerung einer sonnigen Terrasse, für schmale lange Streifen am Haus und für Personen, die es gern übersichtlich haben. Kleine, meist quadratische Flächen wechseln hier mit gekiesten oder befestigten Flächen ab oder sie sind mit befestigten begehbaren Streifen eingefasst. Die Bepflanzung und Pflege der Beete ist einfach, die Kleinteiligkeit erlaubt das Arbeiten in überschaubaren Abschnitten. Sie können sich ein einfaches System für Fruchtfolgen und Düngung ausdenken und die Fläche sieht auch im Winter interessant aus, besonders wenn im Herbst wintergrüne Salate und Gemüse, wie Feldsalat und Spinat, als essbare Gründüngung eingesät oder die Flächen mit schönen Mulchmaterialien abgedeckt wurden. Der Schutz vor Schädlingen mit Netzen oder Barfrösten und Hagel mit Vliesen ist einfach, da man sich passende Quadrate zuschneiden und auf die Beete legen kann. Kurze Pflöcke in den Ecken der Beete helfen, die Netze über die Kulturen zu spannen, Ziegelsteine halten die Ränder am Boden. Auf den unbepflanzten Quadraten kann man einen Hocker, eine Kniebank, einen Korb oder Eimer abstellen. Kleine Quadrate bearbeitet man im Sitzen oder Knien mit Handwerkzeugen, ab etwa einem Quadratmeter Größe kann man auch im Stehen mit langstieligem Werkzeug arbeiten.

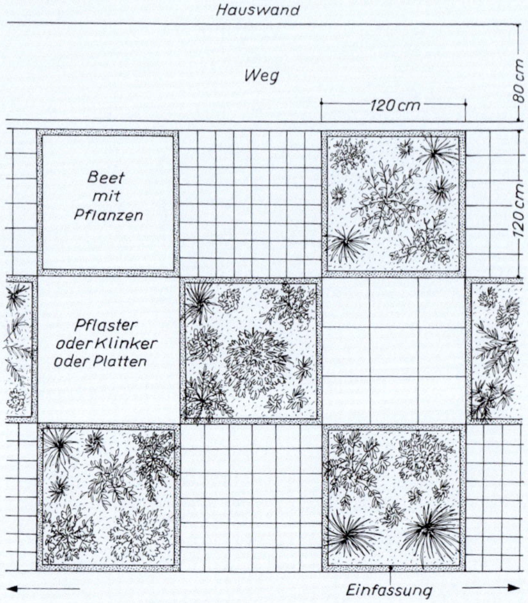

Statt mit Platten oder Pflaster können die begehbaren Quadrate auch mit Splitt oder Kies abgedeckt werden, wobei Letzterer von Schnecken gemieden wird, wenn er scharfkantig ist. Besonders schön sieht ein Rasen aus Thymian (*Thymus*) oder Römischer Kamille (*Chamaemelum nobile*) aus. Bei feuchten und lehmigen Böden empfiehlt es sich, die begehbaren Flächen erst etwa 20 cm tief auszuheben und mit Schotter zu füllen, bevor die Platten oder Pflastersteine in ein Splittbett gelegt werden. Bei einer offenporigen Deckschicht aus Kies oder Splitt beziehungsweise einem Thymianrasen kann ebenso verfahren werden. Bei lehmigem staunassem Boden sollten Sie die gesamte Fläche auskoffern, mit Schotter füllen und für die Schachbrettbeete 40 bis 50 cm hohe Ränder mauern. Die Zwischenräume werden auf dem Schotterbett entsprechend dem gewünschten Belag befestigt. In diese erhöhten Beete wird dann ein Vlies gelegt und anschließend gute Kulturerde eingefüllt. Die Beete lassen sich besonders leicht bepflanzen und pflegen, wenn auch der Rand zum Sitzen geeignet ist. Für Rollstuhlfahrer ist es günstig, wenn die Wege mindestens einen Meter breit und die Hochbeete nicht zu groß sind sowie abgeschrägte Kanten haben oder sechs- bis achteckig sind.

Abstand von etwa 30 cm. Pflücksalate werden in Reihen direkt in eine vorbereitete Saatrille ins Beet gesät. Hier bieten sich Längsstreifenmuster, Diagonalen oder konzentrische Kreise an. Ganz bunt geht es auf der in Italien populären und besonders pflegeleichten Misticanza-Salatwiese zu. Mischen Sie dazu einfach Samen verschiedenfarbiger Pflücksalate, Rucola und vielleicht auch Kerbel und streuen Sie diese dünn aus. Nach dem leichten Einharken muss das Beet feucht gehalten werden. Dann können Sie bereits nach drei bis vier Wochen die ersten Blätter mit einer Schere abschneiden.

Kopfsalate erfordern etwas Planung, damit nicht alle zur gleichen Zeit pflückreif sind. Säen Sie immer verschiedene Sorten, die es auch in dekorativen Farben und Formen gibt, so z.B. den knackigen Römersalat mit roten, länglichen und geschlitzten Blättern ('Red Salat Bowl', 'Vulkano', 'Red Sails'), den rotblättrigen Eissalat ('Sioux-Pablo'), den dekorativen Eichblattsalat mit rotem gebuchtetem Laub, den hübschen Kraussalat, eine Kreuzung aus Kopfsalat und Eichblattsalat ('Ferrari' rot, 'Canasta' rot angehaucht, 'Azura' grün), und den kleinen roten ('Lollo Rossa') oder hellgrünen Petticoatsalat ('Lollo Bionda'). Noch mehr optische Abwechslung im Salatbeet und zudem kulinarische auf dem Teller erreichen Sie mit den herben Zichoriensalaten, von denen die Sorte 'Radicchio' dunkelrot, 'Roter Ballon' karminrot, 'Palla Rossa' leuchtend rot, 'Treviso' rotweiß gestreift und 'Castelfranco' weißgrünrot gemustert ist. Wildsalate, wie der Hirschhorn-Wegerich (*Plantago coronopus*), sind das I-Tüpfelchen an Pflegeleichtigkeit, Genuss und Dekoration.

Außer den dekorativen Salaten gibt es auch pflegeleichte Blatt- und Stielgemüse, z.B. den Mangold in Sorten mit leuchtend roten und gelben Blattstielen und -rippen, die Rote Melde (*Atriplex hortensis* 'Rubra') mit rotem Laub, den pflegeleichten „Sommerspinat" Amaranth (*Amaranthus tricolor*) mit seinen purpurfarbenen Blütenrispen sowie den Erdbeerspinat (*Chenopodium capitatum*) mit roten essbaren Früchten, die schön anzusehen sind. Besonders vielfältig im Aussehen ist der Kohl (*Brassica*), den es mit wohlschmeckendem und attraktivem Blattwerk, z.B. den Japanischen Senfkohl (*Brassica juncea*) mit auffälligem dunkelrotem Laub, den Palmkohl ('Nero di Toscana') oder den bekannteren Grünkohl ('Redbor'), gibt.

Dekorative Gemüse und Salate können in Gruppen, Reihen oder im Wechsel als Mischkultur gepflanzt werden, sofern sie sich vertragen, aber auch zusammen mit Stauden. Auch in Kübeln und auf Schachbrettbeeten wirken sie hübsch und sind zudem leicht zu säen, pflanzen, pflegen und ernten.

Dekorative Wurzeln und Knollen praktisch anbauen

Viele pflegeleichte Sorten von Wurzel- und Knollengemüse sehen nicht nur auf dem Teller schön aus, sondern schmücken sich auch oberirdisch mit dekorativen Blättern, z.B. die Rote Bete. Da sie unterirdisch viel Platz benöti-

TIPP

Wer auf das aufwändige Vorziehen verzichten und erst später direkt ins Beet säen möchte, sollte Saatbänder verwenden. Hier sind die Samen im richtigen Abstand aufgereiht und das Saatband muss nur in vorbereitete Rillen gelegt werden.

Bunt bepflanzt, sehen selbst Salatbeete hübsch aus.

Gemüsebeete am Haus können dekorativ aussehen, besonders wenn man Blumen dazupflanzt.

gen, sind sie gut mit flach wurzelnden Nutzpflanzen, z.B. Kopfsalat oder einjährigen Stauden, wie der Studentenblume (*Tagetes*), kombinierbar. Mischkulturen, bei denen sich die Pflanzen in ihrer Gestalt ergänzen, haben nicht nur den Vorteil optimaler Raumausnutzung, sondern schützen sich auch gegenseitig vor Schädlingen. Sie bedecken außerdem den Boden optimal und reduzieren damit Hack- und Gießaufwand. Wer den Überblick behalten möchte, pflanzt die Gemüse in Reihen. Genauso übersichtlich sind aber auch diagonale und gezackte Muster, Schlangenlinien, konzentrische Kreise oder Spiralformen. Mit dekorativen Nutzpflanzen, Kräutern und passenden Blumen können Sie bunte „Teppiche weben“.

Alle „Muster“ sind erlaubt, jedoch sollten Sie immer auf genügend Platz zum Betreten der Beete und zum Abstellen eines Korbes für die Ernte achten, sofern Sie nicht alle Pflanzen vom Weg aus erreichen können.

Hochbeete lassen sich gut gegen Schädlinge, z.B. Nacktschnecken, schützen. So ist es möglich, einen Schneckenzaun als oberen Abschluss an die Wände zu montieren oder Kupferbänder an die Außenwände zu kleben. Netze gegen fliegende Schädlinge und Vliese gegen Barfröste sind leichter darüber zu spannen, wenn die Eck-

Besonders intelligent: Rückenschonende Hochbeete

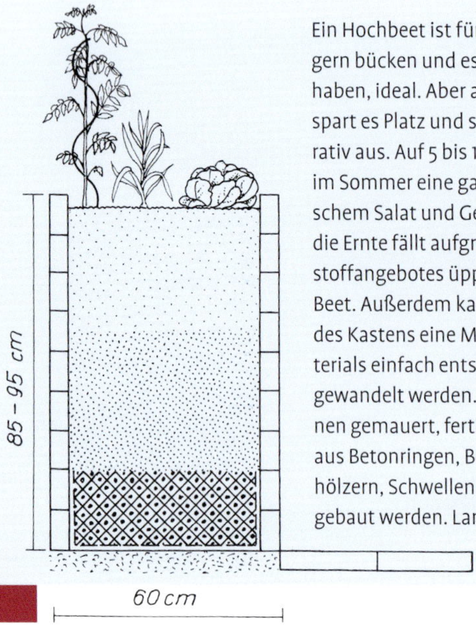

Ein Hochbeet ist für alle, die sich nicht gern bücken und es gern übersichtlich haben, ideal. Aber auch in kleinen Gärten spart es Platz und sieht zudem noch dekorativ aus. Auf 5 bis 10 m² können Sie hier im Sommer eine ganze Familie mit frischem Salat und Gemüse versorgen, denn die Ernte fällt aufgrund des hohen Nährstoffangebotes üppiger aus als auf dem Beet. Außerdem kann beim Beschicken des Kastens eine Menge organischen Materials einfach entsorgt und in Erde umgewandelt werden. Hochbeetkästen können gemauert, fertig gekauft oder einfach aus Betonringen, Betonpalisaden, Rundhölzern, Schwellen oder Brettern selbst gebaut werden. Lange haltbar sind Bausätze aus Recycling-Kunststoff und Holzkonstruktionen, Letztere aber nur, wenn Harthölzer verwendet werden oder das Innere mit einer Folie (z.B. Teichfolie) ausgekleidet wird. Alle Biozid enthaltenden Anstriche verbieten sich von selbst. Der Boden bleibt unten offen, muss aber mit einem stabilen engmaschigen Drahtgitter gegen Wühlmäuse ausgekleidet werden. Die Tiefe des Hochbeetes sollte inklusive der Ränder 70 cm nicht überschreiten, wenn es nur von einer Seite erreichbar ist. Eine Arbeitstiefe von 1,20 bis 1,40 m ist bequem, wenn es von beiden Seiten bearbeitet werden kann. Die Höhe des Hochbeetes richtet sich nach Ihrer Körpergröße und sollte zwischen 80 und 100 cm betragen.

pfosten höher stehen. Auch ein aufstell- und abnehmbarer Deckel ist nützlich, da das Hochbeet so auch als Frühbeet genutzt werden kann. Allerdings sollten Sie den Deckel mit einer Folie bespannen, da bruchsicheres Glas zu schwer ist. In Abhängigkeit von der Tiefe des Kastens und seiner Ausrichtung zur Sonne können Sie Hochbeete in Reihen- oder Mischkultur bepflanzen. Dabei gehören die höheren Pflanzen in die Mitte beziehungsweise nach hinten, die niedrigen an den Rand beziehungsweise nach vorn. Ist der Rand des Kastens schmal, können Sie hier sogar noch hängende Erdbeeren ernten. Selbst wärmebedürftige Pflanzen können in rauen Lagen im Hochbeet kultiviert werden. Angelehnt an eine windgeschützte Südwand, mit einer schräg von oben gespannten Noppenfolie bedeckt, kann ein angelehnter Hochbeetkasten, ähnlich einem Anlehngewächshaus, in geschützter Lage sogar zum Winterquartier für empfindliche Kübelpflanzen werden.

Attraktive Fruchtgemüse geschmackvoll kultivieren

Fruchtgemüse, wie Tomaten, Paprika, Kürbisse, Bohnen und Erbsen, passen gut zu Blatt- und Wurzelgemüse, wenn sie in Mischkultur stehen. Sie können aber auch in Extrabeete gesetzt werden, wo sie besser gepflegt und beerntet werden können. Als Starkzehrer brauchen sie außerdem während der Reifezeit Extragaben Kompost. Frisch angelegte Hügelbeete, Hochbeete und Mistbeete eignen sich gut für viele Fruchtgemüse, sind aber auch relativ arbeitsintensiv. Gerade Tomaten und Paprika haben aber ein hohes Licht- und Wärmebedürfnis und benötigen deshalb einen besonders geschützten sonnigen Platz. Sonnige Südwände mit Dachüberstand und angelehnten Hochbeeten eignen sich hier besonders gut. Es ist aber auch möglich, aus Folien und Latten ein Anlehngewächshaus zu konstruieren oder ein fertiges Haus zu kaufen, das die empfindlichen Pflanzen vor Barfrösten, starkem Regen und Hagel schützt.

Vor der gefürchteten Braunfäule schützen Sie die Tomaten am besten vorbeugend, indem Sie diese an einen Platz stellen, wo kein Regen auf die Blätter gelangen kann.

Pflanzen in Mischkulturen schützen sich gegenseitig vor Schädlingen und nutzen die Kulturfläche optimal aus.

TIPP

Da das organische Material im Inneren des Hochbeetes zusammensackt, ist es praktisch, mit einer Beethöhe von 100 cm zu beginnen und die obersten Randbretter abnehmbar zu konstruieren. So „versinken“ die Pflanzen nicht im Kasten, wenn sich das Substrat setzt, sind immer gut erreichbar, und Sie müssen während der Kulturzeit keine Erde nachfüllen.

Hochbeete sind ertragreich und schonen den Rücken.

In einem bunten Bauerngarten macht das Ernten selbst Kindern Spaß.

Wer keine großen Erntemengen erwartet aber auch den schmückenden Charakter der Früchte nutzen möchte, kann die Früchte in schönen Kübeln kultivieren. Hierfür eignen sich besonders die vielen „Miniformen“ von Tomaten und Paprika mit ihren hübschen Blüten und kleinen, wohlschmeckenden und dekorativen Früchten. Kübelkulturen haben den Vorteil, dass jede Pflanze beziehungsweise Sorte ganz individuell gepflegt werden kann. Sie schmücken eine sonnige Hauswand oder die Terrasse und sind besonders flexibel in der Handhabung, wenn sie auf Untersetzern fahrbar sind. So können Sie die Kübel immer ins rechte Licht rücken und abends oder bei Regen in eine geschützte Ecke rollen. Auch im Spätsommer und Herbst ist es möglich, die Früchte an den Kübelpflanzen noch lange an einem geschützten Platz nachreifen zu lassen. Durch das jährliche Wechseln des Substrats hält sich außerdem der Schädlingsbefall in Grenzen. Sind die Pflanzen doch einmal befallen, kann jeder Kübel effektiv einzeln behandelt werden. Dazu eignet sich eine Haube aus Kunststofffolie, die vor dem Besprühen über den Kübel gestülpt, anschließend oben zugebunden und dort noch einige Stunden belassen wird. In dieser Zeit darf die Pflanze allerdings nicht der Sonne ausgesetzt sein, da sonst Verbrennungsgefahr besteht.

Normalerweise benötigen alle Gemüsepflanzen nur Kompost. Nur wenn

TIPP

Wer zwischen Dränageschicht und Pflanzerde (Substrat) ein Stück Vlies legt, kann das Substrat in Kübeln leicht austauschen, ohne dass es sich mit dem Dränagematerial vermischt.

Kübel mit Fruchtgemüse und Kräutern haben sogar auf einer Fensterbank Platz.

sie kümmern oder gelbe Blätter bekommen, sollte vor dem Mulchen Hornmehl (etwa so dick wie Puderzucker auf einem Kuchen) ausgestreut werden. Noch rascher wirken biologische Blumendünger, die im Handel erhältlich sind. Da bei den Gemüsearten zwischen Stark-, Mittel- und Schwachzehrern unterschieden wird, sollten sie auch entsprechend ihren Nährstoffbedürfnissen getrennt gepflanzt werden. Auch eine aufeinander folgende Fruchtfolge vom Stark- zum Schwachzehrer auf dem gleichen, anfangs gut gedüngten Beet hat sich bewährt.

Letztendlich müssen Sie selbst herausfinden, welche Art der Kultivierung Ihnen am besten zusagt beziehungsweise zu Ihren Gartenbedingungen passt.

Stangentipi mit Bohnen als Kinderhaus.

Kräuter genüsslich verwenden

Wenn Sie sich mit dem Anbau von Obst, Gemüse und Salaten nicht anfreunden können, sollten Sie dennoch auf Kräuter keinesfalls verzichten. Frische Kräuter aus dem eigenen Garten geben selbst dem Treibhaussalat aus Holland einen individuellen Geschmack. Einjährige Kräuter müssen Sie meist noch nicht einmal säen oder vorziehen, denn in Gärtnereien und auf Wochenmärkten können fast alle als Containerpflanze gekauft werden

Die Kräuterspirale ist Hochbeet und Trockenmauer zugleich.

TIPP

In Gärtnereien und auf Wochenmärkten kann man auch abgehärtete Pflanzen in Töpfen kaufen. Die Kräutertöpfe aus dem Supermarkt stammen jedoch aus Treibhäusern und eignen sich nicht zum Auspflanzen im Freiland.

und Sie müssen sie dann nur noch ins eigene Beet oder einen Kübel setzen. Mehrjährige Küchenkräuter werden wie dauerhafte Stauden oder Zwerggehölze behandelt und an sonnige bis halbschattige Stellen, vor die Beerensträucher oder zwischen Stauden gepflanzt, wo sie jederzeit gut erreichbar sind. Mediterrane Kräuter, meist Halbgehölze, sehen in Kübeln oder als Einfassungspflanzen für Beete oftmals sehr dekorativ aus und ersetzen sogar Buchsbaum als Einfassung für Gemüse- oder Staudenbeete. Aber auch zwischen Stauden, an der Treppe, in trockenen sonnigen Ecken und an Hauswänden haben sich viele mediterrane trockenresistente Küchenkräuter bewährt.

Einjährige Küchenkräuter richtig zusammenstellen

Ein- und zweijährige Kräuter können im Frühjahr in Extrabeete, als Einfassung um ein Salat-, Gemüse- oder Blumenbeet herum oder in Töpfe, Blumenkästen und Kübel gesät werden. Dazu wird eine flache Rille in die feine Kulturerde gezogen. Die Samen legen Sie dann in den empfohlenen Abständen hinein, decken sie dünn mit Erde zu und drücken die Erde etwas an. Die Kulturerde muss anschließend regelmäßig befeuchtet werden. Einfacher ist das Auslegen von Saatbändern für Reihen- oder Saatplatten für Topfkulturen. Ungeduldige oder in rauen Lagen wohnhafte Hobbygärtner ziehen die Keimlinge auf der Fensterbank vor und härten sie dann langsam für das Freiland ab, bevor sie dort ausgepflanzt werden.

Küchenkräuter gehören in die Nähe der Küche, sodass sie immer bequem zu erreichen sind. Da viele von ihnen schön aussehen und angenehm duften, sollten Sie ihnen im Sommer einen sonnigen Platz auf oder an der Terrasse gönnen, wo sie sogar noch während des Essens bei schönem Wetter zur Dekoration und zur Verfeinerung vieler Gerichte anregen.

Empfindliche und anspruchsvolle Kräuter wie Basilikum sollten in Töpfen vorgezogen werden.

Besonders hübsch: Würziger Kräuterkasten

Besonders praktisch ist der Anbau und die Ernte von Küchenkräutern, wenn sie sich alle zusammen an einem gut erreichbaren Ort befinden. Dies kann z.B. ein (nicht mehr benutzter) Sandkasten oder ein neu gekaufter Pflanzkasten von etwa 1,2 m Kantenlänge auf der Terrasse sein. Stellen Sie ihn auf eine Dränageschicht (Entfernen der Terrassenplatten) oder füllen Sie eine etwa 10 cm hohe Dränschicht aus grobem Kies, Schotter oder Lavabims ein. Legen Sie darauf ein Dränagevlies und füllen Sie dann den Kasten etwa 25 cm hoch mit guter Erde. Nun teilen Sie die Fläche mittels dünner Latten oder Stäbe in Quadrate von etwa 30 cm Seitenlänge ein. In jedes Quadrat säen oder pflanzen Sie die angegebene Pflanzenzahl. Hübsche selbst gebastelte Schilder helfen, die Namen zu lernen. Im Sommer können Sie die Beete mit einer dünnen Schicht Kompost mulchen.

Bei 16 Quadraten benötigen Sie von folgenden Arten pro Quadrat die angegebenen Stückzahlen. Von links oben nach rechts unten:

- 3 Großblättriges Basilikum (*Ocimum basilicum* Typ Genoveser)
- 6 Garten-Dill (*Anethum graveolens*)
- 1 Estragon* (*Artemisia dracunculus*)
- 1 Großer Sauerampfer (*Rumex acetosa*)
- 3 Glatte Petersilie* (*Petroselinum crispum* 'Einfache Glattblättrige')
- 5 Schnitt-Knoblauch* (*Allium tuberosum*)
- 3 Zitronen-Basilikum (*Ocimum americanum*)
- 3 Thai-Basilikum (*Ocimum basilicum* 'Siam Queen')
- 5 Schnittlauch* (*Allium schoenoprasum* 'Forescate')
- 6 Garten-Kerbel (*Anthriscus cerefolium*)
- 1 Borretsch (*Borago officinalis*)
- 4 Weinbergs-Lauch* (*Allium vineale*)
- 5 Kleine Pimpinelle* (*Sangiusorba minor*)
- 6 Garten-Kresse (*Lepidium sativum*)
- 5 Krause Petersilie* (*Petroselinum crispum* 'Mooskrause')
- 3 Bohnenkraut (*Satureja hortensis*)

* Diese Kräuter sind zwar zwei- oder mehrjährig, sollten aber aus praktischen Gründen zusammen mit den einjährigen in den Beetkasten gepflanzt werden. Da sie winterhart sind, können sie im Beet verbleiben.

Mehrjährige Küchenkräuter platzsparend pflanzen

Mehrjährige Küchenkräuter werden am besten in ein gut erreichbares und bequem zu pflegendes Extrabeet oder zusammen mit Salaten und Gemüse in Küchennähe gepflanzt. Frei stehende Kübel sind hier nicht geeignet, da die Pflanzen darin im Winter erfrieren würden. Für wuchernde Arten haben sich allerdings eingegrabene Kunststoffkübel (z.B. Eimer oder Mörtelwannen mit Abzugsloch) bewährt. Sie verhindern, dass sich Ausläufer bildende Kräuter, z.B. viele Minzearten, ungehindert ausbreiten. Mehrjährige Küchenkräuter lieben in der Regel humosen Boden, viele vertragen auch halbschattige Standorte. Sie können die Pflanzen aus Samen selbst ziehen oder als getopfte Pflanzen kaufen. Durch Teilung im Frühjahr werden die Pflanzen verjüngt und vermehrt. Die Ernte beschränkt sich in der Regel auf die jungen Blätter. Vor der Blüte sind die Kräuter besonders schmackhaft, weshalb sie durch regelmäßiges Herunterschneiden am Blühen gehindert werden sollten. Rückschnitt im Sommer fördert zudem den Neuaustrieb fri-

Mehrjährige pflegeleichte Küchenkräuter

Name	Blütenfarbe (Blühzeit)	Höhe (in cm)	Anbautipp	Verwendung
Französischer Estragon (*Artemisia dracunculus* var. *sativa*)	weißgrau (7 bis 9)	60 bis 100	vollsonnig, nährstoffarmer Boden	Triebspitzen sparsam verwenden an Mayonnaisen, für Essig und Öl, an Geflügel und Kaninchen
Gewöhnlicher Meerrettich (*Armoracia rusticana*)	weiß (5 bis 7)	60 bis 120	sonnig, trocken, nährstoffarmer bis normaler Gartenboden	Wurzeln und Blätter zu Eiern, Rindfleisch, Asiagerichten, Fisch
Großer Sauerampfer (*Rumex acetosa* 'Purpurea')	rötlich (5 bis 8)	30 bis 100	sonnig bis halbschattig, nährstoffreicher frischer Boden	für Suppen, Salate und Gemüse, für Fisch und Fleisch, sehr dekorativ
Kantiger Lauch (*Allium angulosum*)	rosa (5 bis 6)	20 bis 30	vollsonnig, nährstoffarmer Boden	wie Frühlingszwiebeln in Salaten, in Quark, auf dem Brot
Kleine Bibernelle (*Pimpinella saxifraga*)	weiß (7 bis 9)	15 bis 50	sonnig bis halbschattig, normaler bis frischer Boden	für Suppen, Soßen, Mayonnaisen, Salate, Grüne Soße, Pesto
Kleiner Wiesenknopf (*Sanguisorba minor*)	grün, später rot (5 bis 8)	30 bis 50	sonnig bis halbschattig, normaler bis frischer Boden	zu Kräutersoßen, Kräuterbutter, Salaten, Gurken, Suppen, Mixed-Pickles, Bowle, Punsch
Liebstöckel (*Levisticum officinale*)	hellgelb (7 bis 8)	80 bis 120	vollsonnig, trocken, nährstoffarm	Sellerieаroma, zu Tomaten, Fisch, Fleisch, Eintöpfen
Ligurischer Wermut (*Artemisia vulgaris* ssp. *ligusticus*)	gelbbraun (7 bis 19)	60 bis 100	sonnig, trocken, nährstoffarm	die jungen Triebe sind aromatisch und nicht bitter, passen zu Wild, Gans, Pilzen
Minze (*Mentha* in Arten und Sorten)	weiß, lila rosa (7 bis 9)	30 bis 80	vollsonnig, normaler bis frischer, eher nährstoffreicher Boden, viel Platz geben, im Kübel oder mit Wurzelsperre	viele Sorten mit Fruchtaroma, alle als Tee, zu Früchten, Cocktails, Bowlen, zu Lamm, Geflügel, Leber, Gemüse, Salaten
Schnitt-Knoblauch (*Allium tuberosum*)	weiß (8 bis 9)	20 bis 60	vollsonnig, nährstoffarmer Boden	wie Schnittlauch, aber mit mildem Knoblauchgeschmack
Zitronen-Melisse (*Melissa officinalis* 'Citronella')	weißrosa (7 bis 9)	30 bis 80	sonnig, trocken, nährstoffarm	zu Salaten, Fisch, Käse, Tee, Bowlen, Süßspeisen; für Duftsträuße

scher Blätter. Allerdings sollten Sie einige Triebe auch zum Blühen kommen lassen, denn die Blüten sehen schön aus, duften oft, bieten Nektar für Bienen und Schmetterlinge und bringen kulinarische Abwechslung auf dem Tisch.

Wer mehrjährige frostempfindliche Kräuter in Kübeln zieht, sollte diese im Winter in ein abgeräumtes Beet eingraben, damit die Wurzeln nicht erfrieren. Dazu können Kunststoffkübel, -töpfe oder -eimer benutzt werden. Die wertvollen Übertöpfe werden platzsparend ineinander gestellt in einem Schuppen überwintert.

Würzige Halbgehölze einfach anpflanzen

Viele Kräuter aus dem Mittelmeerraum, wie Lavendel, Salbei und Thy-

Pflegeleichte mediterrane Kräuter für sonnige Standorte*

Name	Blüte (Monat)	Höhe (in cm)	Verwendung
Currykraut (*Helychrisum italicum*)	gelb (5 bis 9)	20 bis 50	anstelle von Curry kurz mitkochen
Eberraute, Zitronenkraut (*Artemisia abrotanum*)	gelbgrün (7 bis 9)	40 bis 90	zum Aromatisieren von Soßen, Mayonnaisen, Salaten, Fleisch; duftet und vertreibt Motten
Echter Salbei (*Salvia officinalis* in Sorten)	rosa, violett, blau (5 bis 7)	30 bis 60	frisch oder getrocknet als Tee, zu Soßen, Pasta, Fleisch, Fisch; als Duftstrauß
Grünes Heiligenkraut (*Santolina rosmarinifolia*)	gelb (6 bis 9)	20 bis 40	nur geringe Mengen an Fleisch, Fisch, Käse, Tomaten; nach Oliven duftend
Lavendel (*Lavandula angustifolia* in Sorten)	weiß, blauviolett (7 bis 8)	20 bis 60	frisch oder getrocknet zu Fisch, Fleisch, Eintöpfen; Blüten als Tee, Duftstrauß; gegen Motten
Oregano (*Origanum vulgare* in Sorten)	weiß, hellpurpur (7 bis 9)	10 bis 50	frisch zu Salaten, getrocknet zu Pizza, Gemüse, Fleisch
Rosmarin (*Rosmarinus officinalis* 'Arp')	violettblau (5 bis 6)	50 bis 100	zu Fisch und Fleisch, Gemüse, Käse, Tomaten, Bratkartoffeln
Thymian (*Thymus vulgaris* in Sorten)	helllila (5 bis 10)	10 bis 40	viele Düfte und Geschmacksrichtungen
Winter-Bohnenkraut (*Satureja montana* in Sorten)	weißrosa, violett (9 bis 10)	10 bis 40	zu Salaten, Gemüseeintöpfen, Bratkartoffeln, Fleisch, Bohnen
Ysop (*Hyssopus officinalis* in Sorten)	weiß, rosa, blauviolett	30 bis 80	junge Triebspitzen zu Salaten, Kartoffeln, Quark, Gemüse, Soßen, Fleisch, Fisch
Zitronen-Thymian (*Thymus × citriodorus*)	helllila (5 bis 10)	10 bis 20	zu Fisch, Fleisch, Tomaten, Soßen; für Duftsträußchen

* auf nährstoffarmen trockenen Böden

Die rationelle Kräuterecke – ein treppenförmiges Hochbeet führt um eine Hausecke oder um die Ecke der Terrasse.

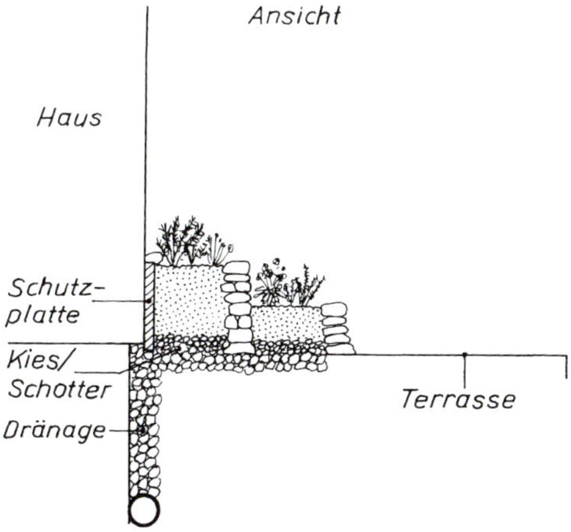

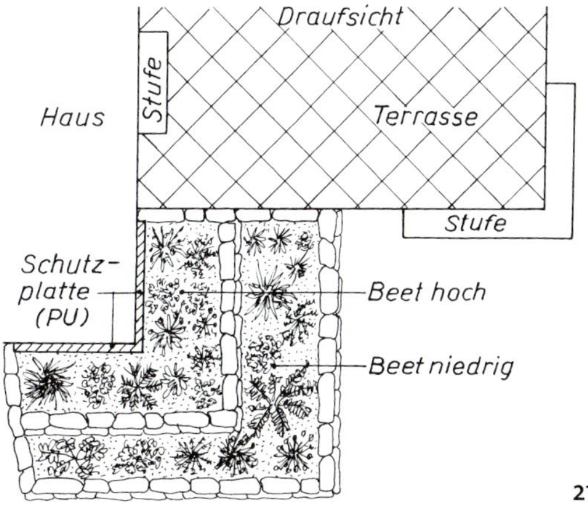

Halbgehölze wie der Salbei sind mehr als nur Heil- und Würzkraut im Garten.

mian, sind winterharte Halbgehölze, die einen vollsonnigen, mageren, kalkhaltigen und steinigen Boden benötigen. Sie überwintern auch bei uns, sofern keine Staunässe ihre empfindlichen Wurzeln faulen lässt. Aus diesem Grund sollten Sie nicht zusammen mit den anderen Küchenkräutern gepflanzt werden. Da sie nicht gedüngt oder geteilt und selten gegossen werden müssen, eignen sie sich für sonnige Hausecken, den Mauerfuß an Südwänden, vor und auf wärmespeichernden Trockenmauern, für trockene Südhänge, Steingärten und Treppenwangen. Aber auch in Kübeln auf der sonnigen Terrassen fühlen sich viele wohl und überwintern darin sogar in geschützten Ecken. Der Schnitt der Halbgehölze erfolgt im zeitigen Frühjahr vor dem Neuaustrieb. Dabei wird bis ins vorjährige Holz zurückgeschnitten, damit die Büsche kompakt und niedrig bleiben. Einige Halbgehölze eignen sich auch als Einfassungspflanzen anstelle von Buchs oder am Hausfuß sonniger Südwände anstelle eines „langweiligen“ Kiesstreifens.

TIPP

Als Dränagematerial für mediterrane Kräuter in Kübeln und Trockenbeeten eignen sich neben Tonscherben auch Kies, Schotter, Lavabims, Blähton, Dachbegrünungssubstrat, kleine Steine und sogar grob zerkleinerte Bauschuttreste.

Blüten dekorativ nutzen

Wer einen eigenen Garten hat, sollte sich die Chance auf frische Blumensträuße fürs eigene Haus oder als Mitbringsel für Freunde nicht entgehen lassen. Selbst gepflückt und zusammengestellt, spiegeln sie die Jahreszeiten und den Geschmack der Hausbesitzer wieder und sind damit individueller als ein gekaufter Strauß aus dem Treibhaus. Außerdem sparen Sie mit selbst gebundenen Sträußen eine Menge Geld und Zeit.

Viele Blütenpflanzen aus dem Staudenbeet oder dem Bauerngarten eignen sich für Sträuße und sind leicht zu kultivieren. Zusammen mit Zweigen, Gräsern und Farnen können sie mindestens ebenso schön aussehen, wie die raffinierten Gebinde von Floristen. Im Winter können Trockensträuße, -gestecke und -kränze den frischen Blumenstrauß ersetzen. Das Material dafür sollten Sie rechtzeitig ernten und trocknen. Ausgefallene und dekorative

Blütengrüße sind aber auch Gelees, Essig oder Öle mit Blüten für Feinschmecker, die Sie leicht selbst herstellen und lange aufbewahren können.

Frische Blumensträuße schnell pflücken

Stauden, die sich für frische Blumensträuße eignen, müssen langstielig und in der Vase einige Tage lang haltbar sein. Wer oft Blumensträuße für die eigene Wohnung arrangiert oder gern verschenkt, sollte sich ein sonniges Extraplätzchen für eine pflegeleichte Staudensammlung reservieren. Dies kann ein Beet vor einer Hecke oder Mauer, am Zaun, an der Hauswand oder ein von allen Seiten zugängliches Inselbeet sein. Viele langstielige Sommer- und Herbstblüher sind typische pflegeleichte Bauerngartenstauden, die Sie zusammen mit Nutzpflanzen anbauen können. Die meist kurzstängeligen Frühlingsblüher können Sie auch in der Wiese oder vor der Hecke anpflanzen. Es gibt nichts Schöneres, als durch den eigenen Garten zu streifen und aus der Fülle der Blüten einen Strauß selbst zusammenzustellen.

Für die Staudenbeete wird der Boden ebenso wie für Gemüsebeete gut gelockert, von Unkräutern befreit und mit Kompost angereichert. Nach dem Pflanzen im Frühjahr in Gruppen von drei bis fünf Pflänzchen wird angegossen und der Boden mit Kompost oder Grasschnitt gemulcht. Rindenmulch und Holzhäcksel sollten Sie nur für typische Waldbewohner, wie Fingerhut und Farne, verwenden, da das verrottende Holz in der Regel von den meisten Stauden schlecht vertragen wird. Nach einigen Jahren müssen viele Stauden zur Verjüngung geteilt werden. Auf diese Weise gelangen Sie automatisch zu weiteren Pflanzen, die Sie an anderer Stelle wieder einpflanzen oder verschenken können.

Hübsch in Sträußen sehen z.B. aus: Akelei (*Aquilegia vulgaris*), Gladiole (*Gladiolus communis*), verschiedenste Lilien, Margerite (*Leucanthemum vulgare*), Montbretie (*Crocosmia × crocosmiiflora*), Phlox (*Phlox paniculata*), Rittersporn (*Delphinium elatum*) oder die verschiedensten Astern. So können Sie vom Frühjahr bis zum Spätsommer Ihre eigenen Sträuße zusammenstellen.

Wer Mühe mit dem Arrangieren in der Vase hat, kann auf Steckhilfen zurückgreifen, die es in Bastelläden zu kaufen gibt. Aber auch Kaninchendraht kann so in eine Vase oder Schale gesteckt werden, dass die Blumenstiele darin Halt finden. Zum Beschweren des Drahtes dienen gegebenenfalls hübsche Kieselsteine.

TIPP

Blumensträuße halten in der Vase länger, wenn Sie die Stiele von allen überflüssigen Blättern befreien, was die Verdunstung von Wasser vermindert. Die Vermehrung von Fäulnisbakterien kann gehemmt werden, indem Sie auf einen Liter Wasser einen Teelöffel Zucker geben und eine Kupfermünze auf den Vasenboden legen.

Selbst gepflückte Blumen aus dem eigenen Garten sind immer frisch und kosten nichts.

Besonders schön sehen schwimmende Blüten in wassergefüllten Schalen aus. Hier halten sie sich besonders lange frisch und auch abgebrochene Blüten finden noch Verwendung. Außerdem reichen für ein dekoratives Arrangement bereits eine oder wenige Blüten, gegebenenfalls zusammen mit einigen schönen Steinen.

Haltbaren Pflanzenschmuck einfach herstellen

Für den Winter eignen sich Trockensträuße aus getrockneten Blumen oder fantasievolle Gebinde aus Zweigen, Früchten und Blättern als Dekoration und Mitbringsel. Das Material dafür fällt in einem abwechslungsreich und naturnah bepflanzten Garten ganz von selbst an. Sie sollten die Zutaten jedoch schon ab Spätsommer pflücken, trocknen und aufbewahren. Stauden und Gräser werden dazu kopfunter an einem schattigen luftigen Ort aufgehängt. Farne ausgebreitet auf Tabletts trocknen. Zweige sollten jedoch frisch geschnitten werden, damit die Rinde noch leuchtet. Die Beeren werden am besten in durchsichtiges Wachs getunkt, damit sie nicht schrumpeln. Blüten und Blätter können Sie mit Elefantenhaut (Malerartikel aus dem Baumarkt) aus der Sprühdose überziehen.

Viele immergrüne Gehölze, wie Buchsbaum, Eibe, Mahonie und Efeu, eignen sich für den Pflanzenschmuck. Aber auch die Zweige von sommergrü-

Oben: Kombiniert mit Gräsern und Zweigen, sehen selbst die letzten Herbstblumen toll aus.

Unten: Es muss nicht immer eine Vase sein; auch Körbe eignen sich für frische Gestecke, wenn man ein wasserfestes Gefäß hineinstellt.

Rechts: Draußen aufgehängt, halten sich Kränze und Trockensträuße oft wochenlang frisch.

nen Gehölzen, wie Hartriegel und Weiden, sehen ohne Blätter sehr dekorativ aus und lassen sich zu Kränzen biegen. Die getrockneten Hagebutten der Wildrosen fallen selbst bei Zimmertemperatur nicht ab.

Auch mit Gräsern können Sie sehr haltbare Trockengebinde herstellen. Besonders das Chinaschilf (*Miscanthus* in Sorten), Alpen-Raugras (*Stipa calamagrostis*) und Moor-Reitgras-Sorten (*Calamagrostis* × *acutiflora*) wachsen an mageren sonnigen Standorten und können das ganze Jahr über geschnitten werden. Eine schöne anspruchslose und haltbare Staude für Trockensträuße ist die Große Sterndolde (*Astrantia major*), die am liebstem im Halbschatten vor Gehölzen wächst. Italienische Strohblume (*Helichrysum italicum*), Wilde Karde (*Dipsacus fullonum*), Drüsige Kugeldistel (*Echinops sphaerocephalus*), Lampionblume (*Physalis alkekengi*), Purpur-Fetthenne (*Sedum telephium*), Goldquirl (*Phlomis russeliana*) und Flachblättriger Mannstreu (*Eryngium planum*) bevorzugen trockene sonnige Standorte, z.B. an der Hauswand, wo sie windgeschützt bis in den Winter überdauern.

Halten Sie sich neben den selbst getrockneten Pflanzenteilen immer einen Vorrat an schönem Bindegarn und Bastfäden, getrocknetem Moos, gepressten Blättern, aber auch schönen Schalen, Töpfen und Körben bereit. So können Sie jederzeit ein dekoratives Gesteck zusammenstellen, eine Grußkarte oder ein Geschenk dekorieren.

Essbare Blüten effektvoll verwenden

So exzentrisch, wie es im ersten Moment erscheint, ist das Essen von Blüten nicht. Nelken- und Orangenblüten verwendeten schon die Römer und kandierte Veilchen waren zur Zeit Königin Viktorias groß in Mode. In Bier-

Essbare Blüten sind nicht nur dekorativ, sondern erfreuen auch den Gaumen.

Besonders schmackhaft: Blüten kulinarisch konservieren

- **Blütenbutter:** 4 Esslöffel Blütenblätter werden grob oder fein gehackt mit 125 g weicher Butter verrührt und zwei bis drei Tage verschlossen im Kühlschrank aufbewahrt, bis sich das Aroma voll entfaltet. (z.B. Schnittlauch- und Oreganoblüten)
- **Blütenzucker:** 400 g Zucker werden mit etwa 20 Esslöffel Blütenblättern im Mixer gehackt und etwa eine Woche verschlossen aufbewahrt. Vor der Verwendung gegebenenfalls durchsieben. (z.B. Malven- und Primelblüten)
- **Blütensirup:** 120 g Zucker werden bei schwacher Hitze in 150 ml Wasser aufgelöst und anschließend etwa drei Minuten gekocht, danach zusammen mit 2 bis 4 Esslöffel Blütenblättern in ein Glas gefüllt. Nach dem Abkühlen wird der Sirup gesiebt und ist dann bis zu 14 Tage im Kühlschrank haltbar. (z.B. Holunder-, Kamillen- und Monardenblüten)
- **Blütenwein:** Eine Handvoll frischer Blüten mit einem Liter gutem Weißwein übergießen und vier bis fünf Tage ziehen lassen. Nach dem Sieben gut verschlossen und kühl aufbewahren. (z.B. Holunderblüten)
- **Blütenlikör:** 50 bis 100 g frische Blüten mit 0,75 l Wodka oder Korn (40 % Alkohol) übergießen und 20 g Zucker dazugeben. 14 Tage lang ziehen lassen, dann abgießen oder sieben. (z.B. Hopfen- und Veilchenblüten)
- **Kandierte Blüten:** Die Blüten werden in gezuckerten Eischnee getaucht, trocknen gelassen und abgetrocknet verschlossen aufbewahrt. (z.B. Nachtviole, Echtes Seifenkraut, Phlox, Rosen)
- **Blütengelee:** Etwa 10 bis 20 g ganze Blüten oder Blütenblätter werden zusammen mit 2 kg Obst zu Gelee verarbeitet. (z.B. Rosen, Veilchen, Phlox, Nachtviole)
- **Blütenöl:** Von einer Flasche gutem Pflanzenöl wird etwas Öl abgenommen, die Blüten werden in die Flasche gefüllt, anschließend wird wieder Öl aufgefüllt. Nach ein bis zwei Wochen Lagerung bei Zimmertemperatur wird das Öl gesiebt und gegebenenfalls mit frischen Blüten dekoriert. (z.B. Thymian, Rosmarin, Fenchel)
- **Blütenessig:** 500 g Weißweinessig werden langsam erhitzt (keinen Aluminiumtopf verwenden!) und anschließend über etwa 10 Esslöffel Blüten gegossen. Der abgekühlte Essig muss etwa vier Wochen ziehen, wird anschließend gesiebt und gegebenenfalls mit frischen Blüten dekoriert. (z.B. Dill, Katzenminze, Oregano, Gänseblümchen)
- **Trockenblüten:** Blütenblätter auf einem Tablett, Blech oder Trockenrahmen locker auslegen und an einem luftigen, schattigen Ort bei 20 bis 30 °C unter täglichem Wenden einige Tage trocknen lassen. (z.B. Rosen, Echtes Seifenkraut)
- **Frische Blüten:** Niemals mitkochen, sondern erst kurz vor dem Servieren unterheben beziehungsweise auf die Speisen streuen.

teig gebackene Holunderblüten und gefüllte Zucchiniblüten sind hierzulande bekannt. Asiatische Gerichte werden oftmals mit Lilien- und Zitronenblüten verfeinert. Blüten geben verschiedenen Gerichten nicht nur eine besondere geschmackliche Note, sie sind darüber hinaus auch von dekorativem Wert. So können Sie mit den Blüten vieler Kräuter, Wildstauden und Gehölze bekannte Speisen und Getränke passend zur Jahreszeit dekorieren und würzen. Einige Arten, wie die Schafgarbe (*Achillea*), das März-Veilchen (*Viola odorata*), die Garten-Schlüsselblume (*Primula × hortensis*) oder das Gänseblümchen (*Bellis perennis*), wachsen vielleicht bereits in Ihrem Garten, andere, wie Chrysanthemen (*Chrysanthemum*) und Stockrosen (*Alcea*), lassen sich leicht aussäen oder pflanzen. Wer Gelegenheit dazu hat, kann die eine oder andere Blüte auch vom Wegesrand mitnehmen. Wichtig ist allerdings, dass Sie die Pflanzen unfehlbar erkennen können und nicht mit giftigen Arten verwechseln. Dabei hilft in der Regel ein Bestimmungsbuch mit Abbildungen (siehe Literaturverzeichnis).

Menschen, die auf Blütenpollen allergisch reagieren, unter Heuschnupfen oder Asthma leiden, sollten beim Essen von Blüten vorsichtig sein, da die anhaftenden Pollen unangenehme Reaktionen hervorrufen können. Deshalb sollen immer die Staubgefäße vor der Verwendung entfernt werden.

TIPP

Wenn Sie sich beim Auswählen der Speisen nach der Jahreszeit richten, sparen Sie nicht nur eine Menge Geld, sondern haben auch immer eine hübsche Tisch- oder Speisendekoration aus dem eigenen Garten zur Hand.

4 Gartenpflege ohne Reue

In einem gut gestalteten Garten kann die Pflege zum geliebten Hobby werden.

Da die Gestaltung des Gartens seinen Pflegeaufwand bestimmt, ist es bereits bei der Planung wichtig, anfallende Pflegearbeiten zu berücksichtigen. Als Gartenneuling können Sie jedoch nicht wissen, was auf Sie zukommt. Fragen Sie erfahrene Gartenbesitzer, werden Sie zum Thema Gartenarbeit kaum nüchterne und neutrale Antworten bekommen. Was dem einen als unerträgliche Strafarbeit erscheint, ist dem anderen willkommene Abwechslung oder Quelle der Entspannung. So muss jeder selbst herausfinden, zu welchem „Pflegetypus" er gehört: Welche Arbeiten ihm liegen, welche er tunlichst vermeidet, ob der Garten immer „wie aus dem Katalog" aussehen soll oder auch ein gewisses Chaos erträglich ist, ob er gern täglich ein bisschen rumpusselt, wöchentlich ein erträgliches Quantum arbeitet oder nur alle paar Monate eine große Aufräumaktion startet. Zu allem Überfluss werden Sie auch noch feststellen, dass sich Ihre Einstellung zur Gartenarbeit ganz plötzlich oder allmählich ändern kann. Dies kann von sich ändernder beruflicher Belastung, der Familiensituation oder dem Gesundheitszustand abhängen, oder damit, dass Ihr Garten sich ändert, älter und schöner wird, sodass er mehr Möglichkeiten für Rückzug und Entspannung bietet als bei seiner Entstehung.

Gartenarbeit sinnvoll reduzieren

Vieles, was hierzulande im Garten gearbeitet wird, ist unnötiger Aufwand und schadet mehr, als es nutzt. Meist dient übertriebene Ordnung dem Bild, das die Nachbarn haben sollen, jedoch nicht dem eigenen Garten und schon gar nicht dem eigenen Körper. Manche Arbeiten werden zur falschen Jahreszeit ausgeführt, sodass sie das ökologische Gleichgewicht stören, andere so lange aufgeschoben, bis sie einem buchstäblich über den Kopf wachsen. Vieles wird auch einfach aus Gewohnheit betrieben oder aus schlechtem Gewissen, ohne über den Sinn beziehungsweise Unsinn der Aktion

Unnötige Arbeiten und ihre Alternativen

- Herbstliches Umgraben → Lockern mit Grabgabel, Mulchen oder Gründüngung im Winter.
- Rasen düngen, wässern, mähen ... → Magerer Blumenrasen, Wiese, Kiesbeete, Bodendecker.
- Moos aus Rasen entfernen → Wachsen lassen, Bodendecker pflanzen.
- Rasen- und Beetkanten abstechen → Rasenkantensteine bodenbündig verlegen.
- Kanten und Ecken mit Motorsense mähen → wie oben oder Wildstauden und Gräser stehen lassen.
- Unkraut jäten bzw. hacken → Mulchen, dicht und bodendeckend pflanzen.
- Gießen → Mulchen, trockenresistente Pflanzen verwenden.
- Herbstliches Staudenputzen → Vertrocknetes über Winter stehen lassen.
- Stauden hochbinden → Kurzstängelige Wildarten pflanzen.
- Kompost umsetzen → Reifekompost unten entnehmen, immer wieder oben nachfüllen.
- Plattenfugen auskratzen → Pflanzen tolerieren oder Fugensaatgut einsäen.
- Laub aufheben, entsorgen → Laub unter die Hecke kehren.
- Schädlinge bekämpfen → Garten naturnah anlegen, Vögel anlocken.
- Schnecken im Nutzgarten bekämpfen → Hochbeete mit Schneckenzaun nutzen.
- Empfindliche Pflanzen schützen → Robuste heimische Wildarten pflanzen.
- Zäune streichen → Naturholz verwenden, verwittern lassen, begrünen.
- Kinder zum Aufräumen anhalten → Eigene abgeschirmte Spielecke einrichten, Chaos dulden.

nachzudenken. Anderes wiederum müsste gar nicht als ungeliebte Arbeit betrachtet werden, wenn es einfach mit anderen Augen gesehen würde. Und dann gibt es noch das Problem, dass die Gartenarbeit oft an nur einer Person hängen bleibt, obwohl mehrere den Garten nutzen.

Ohne Arbeit geht es nicht und einen Privatgärtner können sich nur die wenigsten leisten. Wie wäre es aber, wenn Sie den Garten als Chance begreifen, sich an frischer Luft gesund zu betätigen? Denn Gartenarbeit ist gesunder Ausdauersport und hat – richtig ausgeführt – noch niemandem geschadet.

Überflüssige Arbeiten vermeiden

Am Anfang aller Überlegungen zur Gartenarbeit steht die Idee, alles zu unterlassen, was nicht nötig ist. Dazu gehören auch viele ungeliebte Arbeiten, wie Rasenmähen, Unkrautjäten, Umgraben und mehr. Entweder Sie verzichten von vornherein auf die Gartenbestandteile, die ungeliebte Pflegearbeiten fordern, oder Sie gestalten den Garten so um, dass die Arbeiten nicht mehr beziehungsweise nur noch so selten wie möglich anfallen.

Andere Arbeiten entstehen nur, weil wir einem übertriebenen Ordnungssinn frönen. In einem Garten soll, ja darf es gar nicht so aussehen, wie in einem Wohnzimmer. Schließlich leben

In kleinen überschaubaren Gartenteilen wird die notwendige Pflege meist nicht als mühsame Arbeit empfunden.

Pflanzen und Tiere im Garten, während es im Haus relativ steril zugeht. Sie müssen nicht bei jedem fallenden Blatt hinausrennen und es aufheben, jedes unbekannte Pflänzchen ausreißen und bei jeder Blattlaus zur Giftspritze greifen. Diesen „Kampf gegen die Natur“ können Sie sowieso nicht gewinnen. Viel sinnvoller ist es abzuwarten, ob sich nicht viele vermeintliche Arbeiten von selbst erledigen, das Blatt vom Wind unter die Hecke geweht wird, sich das vermeintliche Unkraut als hübsche Pflanze entpuppt und die Blattlaus von einer Meise gefressen wird. Dazu gehört eine Portion „Gottvertrauen“ beziehungsweise Vertrauen in das Selbstregulativ ökologischer Systeme, Neugier und etwas Gelassenheit, besonders wenn Nachbarn und Verwandte Ihren Garten zu kommentieren pflegen.

Halten Sie sich also erst mal zurück und begreifen Sie Ihr Nichtstun als Experiment, bei dem Sie sehen möchten, was passiert, wenn Sie nicht eingreifen. Testen Sie dabei Ihre eigene Toleranz und die Ihrer Mitbewohner. Beobachten und genießen Sie lieber den Garten und Sie werden sehen, dass es umso mehr zu sehen und staunen gibt, je seltener Sie aufräumen.

Den richtigen Zeitpunkt finden

Jeder Garten ist ohne unser Zutun einer ständigen Entwicklung ausgesetzt:

Der richtige Zeitpunkt für unerlässliche Gartenarbeiten

- Weidentriebe für lebende Bauten schneiden → Februar bis Anfang März, vor dem Neuaustrieb.
- Obstbäume schneiden → im zeitigen Frühjahr; junge jährlich, ältere alle zwei bis vier Jahre, bevor sie außer Form geraten oder zu brechen drohen; bei schlechtem Ertrag bzw. offensichtlichen Krankheiten; nicht bei Frost.
- Hecke in Form schneiden → vom 15.10. bis 15.03. wegen Vogelbrut (gegebenenfalls zweiter Schnitt vor dem Johannistrieb).
- Wildhecke schneiden → nur vom 15.10. bis 15.03. wegen Vogelbrut; wenn sie so dicht ist, dass einzelne Büsche auf den Stock gesetzt werden können und die Verwendung des Schnittgutes vorbereitet ist.
- Ziersträucher schneiden → Frühblühende nach der Blüte, Spätblühende im zeitigen Frühjahr.
- Kletterpflanzen zurückschneiden → im zeitigen Frühjahr.
- Vertrocknete Stauden abschneiden → im Frühjahr, wenn der Neuaustrieb beginnt.
- Stauden teilen → im zeitigen Frühjahr oder Herbst; wenn sie zu dicht stehen bzw. andere Arten verdrängt werden; wenn sie nicht mehr blühen.
- Rhizome und Zwiebeln teilen → nach der Blüte bzw. in der Ruheperiode, sobald das Laub abgestorben ist.
- Unkraut entfernen → vor der Samenreife bzw. vor der Ausläuferbildung.
- Schädlingsbekämpfung → nur nach langem Zuwarten, wenn sich das Problem nicht von selbst löst bzw. lösen wird.
- Wiese mähen → Spätsommer bis Herbst, vor dem Laubfall.
- Mulchdecke auffüllen → bevor die Mulchdecke vollständig verrottet ist bzw. die nackte Erde zum Vorschein kommt.
- Gießen → bevor die Pflanzen schlapp machen bzw. die Erde so trocken ist, dass sie kein Wasser aufnimmt; lieber selten aber ausgiebig.
- Kompost aufsetzen → wenn sich genug verschiedenes Material angesammelt hat, meist im Herbst.
- Kompost leeren → im Herbst oder Frühjahr, wenn er reif ist und als Dünger benötigt wird.

Gartenarbeiten, die am Wochenende erledigt werden können

Gartenteil (Größe)	Anfallende Arbeiten/ Häufigkeit	Benötigte Geräte	Zusatzarbeiten (empfohlene Zeit)
Rasen ($400\ m^2$)	Intensivrasenpflege (mähen, Grasschnitt rechen, Kanten bearbeiten, wässern, düngen)/ 1- bis 2× pro Jahr	Mäher, Laubsack oder Drahtbesen und Korb	mit Grasschnitt mulchen, Disteln ausstechen, ggf. vertikutieren, Mäher warten, aufräumen (Sommer)
Schnitthecke (50 m Länge)	zweiseitig und oben schneiden, düngen oder mulchen/ 1- bis 2× pro Jahr	Elektrische Heckenschere, Kabelrolle oder Akkus, ggf. Leiter, Schubkarre	aufräumen, Schnittgut häckseln, aufschichten oder entsorgen, ggf. Mulchmaterial besorgen, kehren (Juni, Oktober)
Obstgehölze (4 bis 10 Stück)	schneiden (Baumscheibe säubern, düngen, mulchen, Schädlingskontrolle)/ 1× jährlich	Astschere, Handschere, Hippe, Säge, Leiter, Hacke, Bindegarn	Schnittgut s.o., ggf. Leimringe anbringen, festbinden (Februar/März)
Zierstaudenbeete ($20\ bis\ 30\ m^2$)	Stauden teilen (auslichten, schneiden, Unkraut entfernen, düngen, mulchen)/ alle 2 bis 3 Jahre	Spaten, Grabgabel, Messer, Schere, Hacke, Eimer	Kompost und Mulchmaterial transportieren (Herbst oder Frühjahr)
Nutzbeete ($20\ bis\ 30\ m^2$)	zur Einsaat vorbereiten (Mulchdecke entfernen, Boden lockern und glätten, Saatrillen ziehen, einsäen oder bepflanzen, angießen, Kompost auftragen)/ 1- bis 2× jährlich	Harke, Grabgabel, Schubkarre, Pflanzholz, Hacke oder Schuffel, Samentütchen, Jungpflanzen, Pflanzenschilder, Marker, Gießkanne, Mulchmaterial	Kompost transportieren, Wege säubern oder anlegen, Reihen beschriften, alte Mulchdecke entfernen (April/Mai)
Fassaden- und Zaunbegrünungen ($100\ bis\ 200\ m^2$)	zurückschneiden (Dachrinne und Regenfallrohr kontrollieren, Fassadeninspektion, Fenster freischneiden)/ 1× jährlich oder seltener	Leiter, Handschere, ggf. Heckenschere, Korb, Laubsack oder Schubkarre	Schnittgut verwerten, Wege säubern (Herbst, Winter)
Dachbegrünungen und Trockenbeete ($100\ bis\ 200\ m^2$)	Kontrolle (Unkraut entfernen, Blätter rechen, Entwässerung kontrollieren)/ 1× jährlich	Eimer oder Korb, Handschere, Unkrautstecher, Drahtbesen	Laub und Unkraut entsorgen, ggf. neues Dränagevlies auf Gully legen (Herbst)
Gartenteich mit Ufer ($20\ bis\ 50\ m^2$)	Pflanzen reduzieren (Pflanzen abschneiden oder teilen, ggf. Schlamm entfernen, Folie am Rand kontrollieren, Moos reduzieren)/ 1× jährlich, seltener	Gummistiefel oder Wathose, Floß oder Gummiboot, Eimer, Handschere, Schippe	Grünabfall einige Tage am Ufer liegen lassen, erst dann entsorgen, ggf. Laubschutznetz spannen (Herbst)
3 Kompostsilos und Recyclingecke ($6\ bis\ 10\ m^2$)	umsetzen, entleeren, Kompost auf Beeten verteilen/ 1× jährlich	Grabgabel, Mistgabel, Schubkarre, Rechen	neu aufschichten, Gelagertes aufräumen, Wege säubern/ (Herbst)

Gemeinsam macht die Gartenpflege doppelten Spaß.

Gehölze wachsen und werfen Schatten, das Kleinklima ändert sich daraufhin, Kräuter breiten sich aus, Pflanzengesellschaften lösen sich ab, der Boden verändert sich, Tiere wandern ein und aus. Ohne menschliche Eingriffe verbuscht der Garten und verwandelt sich (in den meisten Gegenden Mitteleuropas) nach etwa 30 Jahren in einen Laubwald. Dies zu verhindern ist richtig, es möglichst schonend zu tun, wichtig.

Unerlässliche Eingriffe schonend auszuführen heißt aber nicht, dass sie immer nur ein bisschen herumschneiden. Sie können getrost radikal vorgehen, wenn Sie die richtige Jahreszeit abpassen und fachgerecht arbeiten. So lassen sich beispielsweise die meisten heimischen Sträucher auf den Stock setzen, wenn sie zu groß geworden sind. Sie treiben dann erneut wieder aus und entwickeln dabei ihre typische Wuchsform. Bei häufigem halbherzigem Schnitt bilden sich dagegen unschöne Verzweigungen und Astquirle, die nicht der natürlichen Wuchsform entsprechen.

Beachten Sie bei den laufenden Gartenarbeiten auch Ihren eigenen Biorhythmus und den richtigen Zeitpunkt für die Gartenarbeit. So sind Sie morgens zwischen 8 und 12 Uhr geistig am leistungsfähigsten, körperlich dagegen zwischen 16 und 19 Uhr. Um 13 bis 14 Uhr ist ein deutliches Leistungstief mit größerer Unfallhäufigkeit. Nach einem üppigen Mittagessen sollten Arbeiten, bei denen man sich Bücken muss, vermieden werden. Früh morgens ist es ratsam, erst leichtere Arbeiten oder Gymnastik zu machen, damit die Muskulatur warm und geschmeidig wird, bevor Sie zu schwerer Arbeit übergehen. Im heißen Sommer sind die frühen Morgenstunden und kühleren Abendstunden besser geeignet als die Mittagshitze.

Helfende Hände gewinnen

Manchmal fallen Arbeiten im Garten an, die ein oder zwei Personen überfordern. Dies ist in der Regel bei Neu- oder Umgestaltungen der Fall, kann aber auch passieren, wenn die Pflege längere Zeit vernachlässigt wurde. Dann sollten Sie sich nicht scheuen, Nachbarn, Verwandte oder Freunde um Hilfe zu bitten. Eine gemeinsame Aktion im Garten kann viel Spaß machen, wenn sie gut vorbereitet wurde, Sie die Helfer nicht überfordern und mit Essen und Trinken bei Laune halten. Dazu gehört aber auch, dass die Gartenbereiche beziehungsweise die anfallenden Arbeiten in überschauba-

Arbeiten, die Sie aus Sicherheitsgründen niemals alleine ausführen sollten

■ Alles, was von einer Leiter aus geschieht	→ Die Leiter muss festgehalten werden. Bei Sturz ist Erste-Hilfe-Leistung nötig.
■ Arbeiten mit Ketten- oder Kreissägen	→ Der Ausführende hört nichts wegen Gehörschutz. Bei Verletzung schnelle Erste-Hilfe-Leistung nötig.
■ Arbeiten mit Motorsense	→ Hier sollte ein Helfer vorweg gehen, die zu mähenden Flächen inspizieren, Steine entfernen und mit einem Stock Tiere vertreiben. Achtung: Ausführender hört nichts wegen Gehörschutz.
■ Fällaktionen	→ Dritte im Gefahrenbereich warnen, außerdem ist die Fallrichtung aus räumlichem Abstand besser abzuschätzen.

Arbeiten, die Sie Profis überlassen sollten

■ Größere Bäume fällen und Schnittarbeiten an großen Gehölzen	→ Die Arbeit ist gefährlich, erfordert Fachkenntnis und die Fallrichtung nicht 100%ig einschätzbar. Bei Schäden an Gebäuden und Menschen haftet der Verursacher.
■ Schwere und tiefe Erdarbeiten	→ Spezielle Maschinen sind nötig, ebenso Pläne und Kenntnisse über Versorgungsleitungen (Gas, Wasser, Strom). Sie haften bei Zerstörungen.
■ Arbeiten an elektrischen Leitungen	→ Sie sind gefährlich und nur Elektriker sind zugelassen. Sie haften für Schäden.
■ Begrünung von Dächern bewohnter Gebäude	→ Bestimmte Fachkenntnisse sind erforderlich, ebenso spezielle Sicherungsmaßnahmen, wie Fallsicherung.
■ Bau und Sanierung von Pools und Schwimmteichen	→ Fachkenntnis und Profigeräte sind erforderlich.

re Portionen aufgeteilt und klare Aufträge erteilt werden. Auf der anderen Seite müssen Sie Ihren Helfern aber auch Gestaltungsfreiheiten lassen und ihre Arbeitsweise respektieren. Im besten Fall lernen alle voneinander und nehmen neue Anregungen und gute Tipps, vielleicht auch Pflanzen mit nach Hause.

Manchmal kann es aber auch sinnvoller sein, eine Firma zu beauftragen, besonders wenn es um Fragen der Sicherheit geht. So sollten Sie das Fällen von Bäumen oder größere Baumschnittaktionen immer Profis überlassen und schwere Arbeiten mit Maschinen ausführen lassen, statt Ihre Freunde und Verwandte zu überfordern oder einem Risiko auszusetzen.

Vor der Auftragsvergabe an eine Firma sollten Sie immer zwei vergleichbare Kostenvoranschläge einholen. Dazu muss vorher genau geklärt werden, welche Arbeiten die Firma übernehmen soll. Der Unternehmer schaut sich die Baustelle an und misst vor Ort alles aus. Falls Sie mitarbeiten oder einige Arbeiten selbst übernehmen wollen, müssen Sie dies genau klären, damit Fragen der Haftung bei Unfällen geklärt sind und die Gewährleistung der Firma nicht erlischt.

Auch Kinder können Sie zur Gartenarbeit motivieren, wenn Sie diese mit einer Aktion locken. So macht ihnen das Laubrechen für den Bau einer Igelburg mehr Spaß, als wenn es nur um die Ordnung geht. Sie können auch einen Wettstreit daraus machen, an dessen Ende alle belohnt werden. Kinder sollten in ihrer Eigenart, eine Arbeit auf diese oder jene Weise zu tun, ge-

Nisthilfen helfen den Vögeln bei der Wohnungssuche und den Gartenbesitzern bei der Schädlingsbekämpfung.

nauso respektiert werden wie Erwachsene. Sie benötigen aber auch passendes Werkzeug, damit sie nicht überfordert werden. Kinderwerkzeug aus dem Spielzeugladen ist meist nicht sehr gut, aber für kurze Zeit brauchbar, wenn es aus Metall ist. Für größere Kinder eignet sich meist Damenwerkzeug aus dem Fachhandel, das kleiner und leichter, aber stabil ist. Es gibt auch Kinderhandschuhe für die Gartenarbeit.

Natürliche Helfer trickreich nutzen

Viele Arbeiten im Garten können Sie sich ersparen, wenn Sie sich die ökologischen Beziehungen zwischen Pflanzen und Tieren zunutze machen. Bei der Schädlingsbekämpfung sind Vögel unersetzliche Helfer, für die Ernte von Obst können wir auf Bienen und Hummeln nicht verzichten. Aber auch Tiere, die uns mit ihrem Gesang oder Anblick erfreuen, sind von Nutzen, da der schönste Garten ohne sie nur halb so viel wert ist. Es reicht jedoch nicht, Schmetterlinge mit einem Sommerflieder in den Garten zu locken, denn ihre Raupen brauchen auch etwas zu fressen. Und auch die Meise füttert nur anfangs ihre Jungen mit Blattläusen, sie brauchen später größere Brocken, z.B. Schmetterlingsraupen. Der Nistkasten wird von den Vögeln nur bezogen, wenn es auch Moos zum Auspolstern und genügend Bäume und Sträucher als Deckung für die flüggen Jungen gibt.

Selbst Pflanzen beeinflussen sich gegenseitig, sie fördern sich im Wachstum, halten sich Schädlinge fern oder führen oberirdisch und unterirdisch

So helfen Ihnen die Kinder gern im Garten

- Laub zusammenrechen → Laubhaufen zum Toben einige Zeit liegen lassen; Igelquartier bauen; Kompostmiete damit aufschichten; ausgesuchte Blätter anschließend pressen und damit basteln.
- Rasen mähen → Erst Labyrinth im „Landart-Stil“ mähen; Fahrstunden für „Mäherführerschein“ machen lassen, dazu vielleicht Hindernisse aufbauen.
- Wiese mähen → Heu für die Tiere der Kinder machen; Kinderhäuschen aus Heu bauen, Heupuppen basteln.
- Hecke schneiden → Reisig als Totholzhaufen für Tiere oder Benjeshecke aufschichten; Versteck oder Reisigsofa für Kinder bauen; Besen binden; Flechtzäune basteln; eventuell großen Haufen für ein Feuer aufschichten; Holz lagern für den Sommer.
- Steine herauslesen → Wettbewerb für den größten Steinhaufen organisieren; Tierquartiere bauen; Trockenmauer aufschichten; Steinerkennungsspiele machen.

chemische Abwehrkriege. Gegenseitige Hilfe ist weit verbreitet, wobei die Symbiosen mit den Bodenlebewesen besonders wichtig sind. In einem gesunden Boden befinden sich außerdem viele Würmer, die ihn lockern und mit organischen Abfällen anreichern.

Nützliche Tiere anlocken

So mancher Gartenbesitzer weiß gar nicht, dass viele Tiere im Garten ganz umsonst für ihn „arbeiten", wenn ihnen die richtigen Lebensbedingungen geschaffen werden. Wer Geduld hat, kann leicht beobachten, dass viele Tiere ausgesprochen nützlich für den Garten sind, auch wenn sie im ersten Moment Abscheu hervorrufen. Niemals fressen sie jedoch ihre Beute vollständig auf, weil sie damit ihre eigene Lebensgrundlage vernichten würden. Wo sich jedoch ein Gleichgewicht zwischen „Nützlingen" und „Schädlingen" einpendelt, da bleiben Letztere auch für den Gartenbesitzer in erträglichen Grenzen, während radikale chemische Vernichtungsaktionen in erster Linie die „Nützlinge" treffen, was zu anschließender Massenvermehrung der „Schädlinge" führt. Es fällt zwar nicht immer leicht, bei einer vor Blattläusen

Insektennisthilfen locken nützliche Raubinsekten in den Garten.

Die Fassade des Kinderhauses schmücken Nisthilfen für Solitärbienen und ein Wilder Wein.

Unter einem Totholzhaufen verstecken sich viele Nützlinge, wie Igel, Blindschleichen, Kröten und Molche.

Steinhaufen an sonnigen Plätzen werden besonders gern von Reptilien als Versteck genutzt.

Wildtiere im Garten und ihr Nutzen

Familie/Gattung bzw. Art	Nutzen	Ansiedlungshilfen/Bemerkungen
Wirbeltiere (alle nach Bundesartenschutzgesetz geschützt!)		
Igel	frisst Schnecken, Käferlarven, Würmer, Raupen, Mäuse	ungestörte Ecken mit Reisig und Laub unter der Hecke, im Herbst etwas Fallobst liegen lassen, kein Schneckenkorn, keine Insektizide; Öffnungen in Maschendrahtzäune schneiden
Maulwurf	frisst Schnecken, Würmer, Insekten und deren Larven und Puppen sowie junge Wühlmäuse	an ungünstigen Stellen mit Duftstoffen vergraulen
Spitzmaus	frisst Schnecken, Insekten und deren Larven sowie junge Mäuse	Hunde und Katzen am Fangen hindern
Fledermausarten	fangen alle abend- und nachtaktiven Insekten	Schlupfwinkel und Winterquartiere im Garten und am Haus schaffen, keine Insektizide, keine Holzschutzmittel
Vögel	fressen im Frühjahr große Mengen Insekten und deren Larven, später im Jahr auch Unkrautsamen	Nisthilfen für Höhlenbrüter aufhängen, Nistplätze in Hecken schaffen, im Sommer geschützte Tränke aufstellen; Winterfütterung nur bei geschlossener Schneedecke nötig
Eidechsen und Blindschleichen	fressen Nacktschnecken, Würmer und Insekten	ungestörte Ecken mit Steinhaufen und Unterschlupfmöglichkeiten, ggf. mit Kaninchendraht abdecken gegen Hunde und Katzen
Kröten und Frösche	fressen Nacktschnecken, Würmer und Insekten	naturnaher Gartenteich zum Ablaichen mit Anbindung an naturnahe Hecke, Staudensäume, Wiese; Laubhaufen zum Überwintern; der Grasfrosch überwintert im Schlamm der Tiefenzone von Teichen
Insekten		
Laufkäfer	fressen Schnecken, Raupen und Puppen	in Ruhe lassen, keine Insektizide
Marienkäfer	fressen hauptsächlich als Larven große Mengen Blattläuse	kein Gift spritzen, Laub zum Überwintern der Käfer liegen lassen
Ohrwurm	der Käfer frisst hauptsächlich Blattläuse, aber auch faulendes Obst	Ohrwurmschlafplätze (mit Holzwolle gefüllte Tonköpfe) an die Bäume hängen
Schlupfwespen	vernichten viele schädliche Insekten, indem sie ihre Eier in deren Larven legen	überwintern in den Mumien der Wirtsinsekten, deshalb Laub und Reisig nicht verbrennen bzw. erst im Frühjahr abschneiden
Wildbienen	füttern ihre Larven mit Raupen	Wildbienenhotels bauen, trockene Stauden über Winter stehen lassen
Schwebfliegen	die Larven ernähren sich hauptsächlich von Blattläusen	nicht mit Wespen verwechseln, in Ruhe lassen, sie sind harmlos
Raubwanzen	fressen Blattwanzen, Spinnmilben, Blattläuse	in Ruhe lassen
Spinnentiere		
Echte Spinnen	fangen entweder in Netzen oder am Boden Fliegen, Mücken, Käfer, Raupen und andere Insekten	nicht töten, Netze nicht zerstören
Raubmilben	sitzen an der Unterseite von Blättern und fressen die Rote Spinne	in Ruhe lassen

Käufliche Nützlinge und ihre Beutetiere

- Schlupfwespen → Apfelwickler, Weiße Fliege, Minierfliegen, Wollläuse.
- Räuberische Gallmücke → Blattläuse, Spinnmilben.
- Marienkäfer → Blattläuse, Wollläuse, Schmierläuse, Spinnmilben.
- Australischer Marienkäfer → Wollläuse.
- Florfliegen → Blattläuse, Thripse.
- Raubmilben → Spinnmilben, Wurzelläuse, Thripse, Trauermücken.
- Raubwanzen → Thripse, Blattwanzen, Weiße Fliege.
- Nematoden → Dickmaulrüssler, Trauermücke, Nacktschnecken.

oder Raupen wimmelnden Pflanze ruhig zu bleiben oder Spinnennetze zu dulden, es lohnt sich aber, zu beobachten und zu bestimmen, wer den reich gedeckten Tisch bald entdeckt und diesen natürlichen Freund des Gärtners nach Kräften zu unterstützen.

Mittlerweile können auch viele nützliche Wirbeltiere schon käuflich erworben und im Garten angesiedelt werden. Dies ist besonders in Neubaugebieten, die noch keinen alten Gehölzbestand aufweisen, ratsam.

Wer Hunde und Katzen hält, hat oft nur wenige nützliche Wirbeltiere im Garten, da die Haustiere viele von ihnen stören, vertreiben oder töten. Hier hilft es nur, naturnahe Gartenteile für Hunde zur Tabuzone zu erklären. Bei Katzen ist es eine Frage der Anzahl, deren Jagdeifer und der Fütterung, ob sie alle Vögel, Eidechsen und Spitzmäuse vertreiben. Lassen Sie die Katze möglichst nur nachts ins Freie, dann verschläft sie den Tag und zumindest Vögel und Eidechsen sind so vor ihr sicher. Für Nistbäume gibt es Katzenabwehrgürtel, Steinhaufen für Reptilien können Sie mit Kaninchendraht schützen.

Chemische Tricks anwenden

Chemische Schädlingsbekämpfung ist keine Erfindung der Industrie, denn Mikroorganismen, Pflanzen und Tiere nutzen diese schon seit Millionen von Jahren. So wehren sich Pflanzen gegen Bakterien und Pilze, gegen konkurrierende Pflanzenarten sowie gegen tierische Fressfeinde mit Hilfe selbst produzierter chemischer Stoffe. Auf diese Weise können sich aber auch Pflanzen verschiedener Arten gegenseitig fördern, indem sie dem jeweiligen Partner die Feinde vom Leib halten. Dies können Sie sich im Nutzgarten durch passende Fruchtfolgen und Mischkultur zunutze machen. Aber auch für den Ziergarten gibt es Pflanzenkombinationen, die sich förderlich auswirken und wenn das alles nichts hilft, bleiben uns noch die vielen Pflanzen, aus deren Blättern und Stängeln Sie Kräuterauszüge herstellen und diese gezielt gegen Schädlinge sprühen können.

Gesunde Pflanzen am richtigen Standort sind in der Lage, sich selbst

Besonders rationell ist es, wenn Sie die gegenseitige Abwehr von Schädlingen der Pflanzen in Mischkulturen nutzen.

Einige gute Nachbarn für den Nutzgarten

- Basilikum (*Ocimum basilicum*) → beugt Schädlingsbefall und Krankheiten bei Tomaten vor, fördert die Keimung von Fenchel und Gurkensaatgut.
- Bohnenkraut (*Satureja hortensis, S. montana*) → wehrt bei Bohnen Läuse ab und steigert den Ertrag.
- Dill (*Anethum graveolens*) → fördert die Keimung von Möhren, lenkt deren Schädlinge ab.
- Echter Thymian (*Thymus vulgaris*) → vertreibt Schadinsekten, z.B. den Kohlweißling von Kohlarten.
- Echter Wermut (*Artemisia absinthium*) → vertreibt Erdflöhe, schützt Johannisbeeren vor Blasenrost.
- Garten-Kresse (*Lepidium sativum*) → fängt Blutläuse und Kohlweißlinge ab.
- Kapuzinerkresse (*Tropaeolum*) → wie Garten-Kresse.
- Petersilie (*Petroselinum crispum*) → wehrt die Zwiebelfliege ab.
- Pfefferminze (*Mentha × piperita*) → wehrt die Zwiebelfliege sowie Ameisen und Erdflöhe ab.
- Ringelblume (*Calendula officinalis*) → wirkt gegen Wurzelnematoden.
- Römische Kamille (*Chamaemelum nobile*) → befreit den Boden von Schädlingen neben Lauch, Rosenkohl und Sellerie.
- Studentenblume (*Tagetes patula*) → wirkt gegen Wurzelnematoden bei Karotten, Bohnen, Lauch, Zwiebeln und Erdbeeren in großem Umkreis.
- Wein-Raute (*Ruta graveolens*) → lenkt viele Schadinsekten ab.
- Zwiebelarten (*Allium* spec.) → halten die Karottenfliege fern, helfen gegen die Erdbeermilbe und dämpfen den Grauschimmelbefall, vertreiben Mäuse (besonders Knoblauch) und fördern das Wachstum von Tomaten, Kartoffeln und Kürbisgewächsen.

gegen Schädlinge zu wehren. Unterernährte, aber auch überdüngte Pflanzen bilden dagegen nicht genügend chemische Abwehrstoffe, weshalb das Massenauftreten von Schädlingen meist ein Zeichen für eine an sich schon kranke Pflanze ist.

Im Notfall kann auch ein naturbewusster Gärtner zu chemischen Hilfsmitteln greifen, die allerdings vorsichtshalber aus der „Giftküche" der Natur stammen sollten. Dazu gehören verschiedene Kräuterbrühen, -jauchen oder -tees, die Sie sich selbst herstellen oder in Pulverform kaufen können.

Für Kräutertees werden frische oder getrocknete Pflanzen mit kochendem Wasser überbrüht, dann muss alles einige Zeit ziehen. Für Kräuterbrühe werden die Pflanzen einen Tag in Regenwasser eingeweicht und anschließend eine halbe Stunde gekocht. Die Brühe wird gesiebt und abgekühlt verwendet. Kräuterauszüge werden mit kaltem Wasser angesetzt und dürfen höchstens drei Tage stehen, da sie danach in Gärung übergehen. Fördern Sie diesen Gärungsprozess einige Tage, erhalten Sie Kräuterjauche, die nur auf ein Zehntel verdünnt verwendet werden darf (siehe Kasten Seite 231).

Das Wachsen lassen von Brennnesseln spart viel Zeit und Geld. Sie sind wichtige Futterpflanzen für viele schöne Schmetterlinge und andere unscheinbare Nützlinge, außerdem haben Sie immer Ihre „Gartenapotheke" parat und können kostenlos Abwehrmittel herstellen, die mild wirken sowie biologisch abbaubar sind und dadurch das ökologische Gleichgewicht nicht nachhaltig stören.

Böden bearbeiten und pflegen

In vielen Gärten fallen unnötige Pflegearbeiten durch schlecht zu bearbeitenden Boden, kränkelnde Pflanzen und Schädlingsabwehr an. Dieser Aufwand ließe sich meist durch eine richtige Bodenpflege vermeiden. Dazu gehören von vornherein die richtige Bodenvorbereitung (siehe Teil 2) und eine standortgemäße Pflanzung (siehe Teil 3), aber auch die passende Bodenbearbeitung und -pflege.

Gehen wir von einem gut vorbereiteten und standortgerecht bepflanztem Boden aus, droht diesem durch falsche Pflege die Zerstörung. Umgraben ändert die Bodenstruktur und -ökologie, zu häufiges Hacken stört die Bodenlebewesen, nackter Boden wird durch den Regen verschlämmt und hart, von der Sonne ausgetrocknet, vom Wind fortgetragen. Alle unnötigen und falschen mechanischen Bodenbearbeitungen stören das Bodenleben. So wird beim Umgraben mit Schollenwenden das Unterste zuoberst gekehrt, das Mikroklima im Boden ändert sich und die Mikroorganismen sterben ab. Ist doch einmal eine mechanische Bodenlockerung nötig, so sollte sie, schonend für Mensch und Boden, mit dem Sauzahn oder der Grabgabel ausgeführt werden, sodass das Bodengefüge und die Regenwürmer möglichst wenig gestört werden.

Richtige Bodenpflege orientiert sich an der Natur, wo der Boden stets von Pflanzen oder Laub bedeckt ist. Unter dichter Vegetation, wie Rasen, Wiese und bodendeckenden Stauden, müssen Sie sich in der Regel nicht mehr um Bodenlockerung kümmern. Dies erledigen die Bodenlebewesen für uns. Gleiches gilt auch für gemulchte Böden, die unter einer Decke aus Laub, Holzhäcksel oder mineralischen Stoffen gut geschützt sind. Hier trifft der Regen sanft auf, sodass es nicht zur Verschlämmung und Verhärtung der Bodenoberfläche kommt. Extreme Trockenheit, Hitze und Kälte werden so weit abgemildert, dass die Bodenorganismen lange aktiv bleiben und den Boden locker halten. Besteht die Mulchdecke zudem aus organischem Material, wie Laub oder unreifem Kompost, werden die Bodenlebewesen ernährt und düngen mit ihren Ausscheidungen den Boden. Dies kommt den vielen Bakterien und Pilzen im Boden zugute, die organische Stoffe in Mineralien verwandeln und damit die Pflanzen ernähren. Letztere Methode eignet sich überall dort, wo der Boden zu mager ist, die Pflanzen zu besserem Wachstum angeregt werden und/oder Früchte tragen sollen. Dies ist aller-

Selbst gebraute Kräuterlösungen und ihre Wirkung gegen bestimmte Schädlinge

- Brennnessel-Brühe oder -Jauche → gegen Blattläuse.
- Beinwell-Jauche → gegen Blattläuse.
- Acker-Schachtelhalm-Brühe → gegen Pilzkrankheiten und Milben.
- Wurm-Farn-Jauche oder -Brühe → gegen Schild-, Schmier- und Blutläuse.
- Adler-Farn-Jauche → gegen Blattläuse und Schnecken.
- Rainfarn-Brühe oder -Jauche → gegen Erdbeerblütenstecher, Erdbeermilbe, Brombeermilbe, Himbeerkäfer, Rost und Mehltau.
- Moos-Auszug → gegen Schnecken.
- Wermut-Jauche oder -Brühe → gegen Brombeermilbe, Blattlaus und Apfelwickler.
- Tomaten-Auszug → gegen Kohlweißlingraupen und -schmetterlinge.
- Knoblauch-Zwiebel-Jauche → gegen Pilzkrankheiten.
- Zwiebelschalen-Brühe → gegen Pilzkrankheiten und Milben.

Besonders intelligent: Bodenpflege durch Mulchen

Mulchen mit anorganischen oder schlecht zersetzbaren Substanzen, wie Steinen, Splitt, Folien oder Holzschnitzel, spart die mechanische Bearbeitung des Bodens, das Unkrautjäten und das Gießen. Mit Kalksplitt können saure Böden neutralisiert beziehungsweise neutrale gekalkt werden.
Mulchen mit organischen Substanzen, wie Pflanzenresten, Laub, Grasschnitt und Kompost, spart zudem das Düngen, da der Boden gleichzeitig ernährt und gesund erhalten wird.
Das Mulchen mit Rindenschnitzeln wird jedoch nicht von allen Pflanzen vertragen. Nur Gehölze und den Wald beziehungsweise Waldrand bewohnende Stauden tolerieren die Ausscheidungen der Nadelholzrinde. Mulchdecken aus Holzhäcksel und Rinde verrotten nur langsam, entziehen dem Boden aber dabei viel Stickstoff. Deshalb ist es sinnvoll, unter die Mulchschicht Hornspäne zu streuen.

Eine organische Mulchdecke schützt den Boden vor physikalischen Einflüssen und ernährt ihn gleichzeitig.

dings meist nur bei Prachtstauden, einigen Kletterpflanzen, Obstgehölzen und im Nutzgarten der Fall.

Alle anderen Pflanzungen, wie Rasen und Wiese, naturnahe Stauden- und Gehölzpflanzungen sowie Zwerggehölze, brauchen in der Regel keine zusätzlichen Düngegaben. Die natürliche Mulchdecke bei Gehölzen in Form von Laub reicht meist völlig aus und viele Zwerggehölze bevorzugen magere Standorte. Rasen kann mit dem Mulchmäher geschnitten werden, sodass der Grasschnitt als Dünger auf dem Rasen verbleibt. Wiesen sollten so mager wie möglich sein, sodass man hier immer allen Schnitt abfahren muss und auch nicht düngen darf.

Materialien rationell wieder verwenden

Für viele Gartenbesitzer ist die Idee der Wiederverwertung kein neuer Gedanke. Schon lange wird Grünschnitt kompostiert, werden Holzabfälle wieder verwendet und so manches ausrangierte Teil aus dem Haus findet einen neuen Platz im Garten. Recycling ist eine durch und durch ökologische Angelegenheit, denn in der Natur geht alles wieder in den Kreislauf der Stoffe zurück, nichts geht verloren. Oftmals geschieht das über mehrere Zwischenschritte, an denen die verschiedensten Organismen beteiligt sind: So dient z.B. ein absterbender Baum Vögeln als Nisthöhle, Fledermäusen als Winterquartier, Insekten als Brutplatz, ihren Larven als Nahrung sowie Baumpilzen als Substrat, bevor er endgültig von Bodentieren, Bakterien und Pilzen zersetzt und dabei in mineralische Stoffe überführt wird. Diese dienen der nächsten Pflanzengeneration als Nährstoffe und werden mit Hilfe des Sonnenlichts, Wasser und Kohlendioxid wieder in organische Stoffe verwandelt.

Auch ein kleiner Garten produziert jedes Jahr viel Grasschnitt, Holz, Laub und anderes Pflanzenmaterial, das fachgerecht kompostiert, wieder im Garten verwendet werden kann. Doch so manches Abgeschnittene oder Ausrangierte ist viel zu schade, gleich der Verrottung preisgegeben zu werden.

Voraussetzung zum Aufheben von und den kreativen Umgang mit Altmaterial ist jedoch die Möglichkeit der Lagerung, bis der Zeitpunkt der Wiederverwendung gekommen ist. Manche Ideen für eine kreative Anwendungsmöglichkeit entstehen aber erst, wenn Sie die Dinge eine Weile mit Muße betrachtet haben. Viele praktische Recyclingmöglichkeiten in diesem Kapitel zeigen Ihnen deshalb, wie Sie durch Wiederverwendung rationell wirtschaften können.

Organisches richtig kompostieren

Jährlich wiederkehrende Abfallstoffe im Garten sind Grasschnitt, Laub, gejätetes Unkraut und organische Küchenabfälle. Sie alle können entweder verrotten und als Kompost wieder verwendet werden oder sie werden direkt als Mulchmaterial auf den Beeten genutzt, was einer Flächenkompostierung gleichkommt und den Kompostbehälter spart. Eine dritte Möglichkeit ist das Aufschichten von Hügelbeeten oder das Befüllen von Hochbeetkästen mit diesem Material, wo es im Inneren langsam verrottet und dabei als Fußbodenheizung für Pflanzenkulturen dient.

Kompostbehälter gibt es in den verschiedensten Ausführungen. Gebräuchlich sind geschlossene Kunststoffbehälter für Küchenabfälle und offene Holzbehälter für Gartenabfälle.

Die geschlossenen Behälter haben den Vorteil, dass keine Tiere hineingelangen können um sich an den Abfällen zu laben, sodass auch gekochte Speisereste hineingeben werden können. Auf diese Weise gelangt auch genügend Stickstoff für die Rotte hinein. Allerdings ist es im Inneren meist zu feucht. Abhilfe schafft hier die Beigabe von Sägemehl oder feinem Holzhäcksel in dünnen Schichten. Die offenen Kompostsilos sind besser belüftet, was die Verrottung fördert. Nur mit Gar-

Aus Holzresten und alten Fenstern wurde dieses hübsche Gewächshaus gebaut.

Reifekompost ist eine wertvolle Kulturerde und ein wichtiges Bodenverbesserungsmittel.

tenabfällen bestückt leidet der Kompost aber meist unter Stickstoffmangel, was die Rotte hemmt. Die zusätzliche Beigabe von Kleintiermist oder Stickstoffmehl fördert dagegen die Mikroorganismen und beschleunigt damit die Verwandlung in fruchtbare Erde. In trockenen Sommern müssen Sie offene Kompostsilos meist begießen, damit sie feucht bleiben. Verwenden Sie dazu Brennnesseljauche, reichern Sie den Kompost gleichzeitig mit Stickstoff an.

Alle Kompostbehälter sollten an einem halbschattigen Platz im Garten, möglichst unter einem Strauch (z.B. Schwarzer Holunder, *Sambucus nigra*) oder hinter einer niedrigen Hecke stehen, sodass sie Morgen- oder Abendsonne bekommen, vor der Mittagssonne aber geschützt sind. Der Boden darunter muss offen und locker sein, damit sich die Kompostwürmer bei Hitze, Kälte oder Trockenheit zurückziehen können.

Legen Sie den Boden unter dem Kompostbehälter mit festem verzinktem Kaninchendraht aus, damit keine Wühlmäuse von unten hineingelangen können. Falls Ihnen Vögel den Kompost zerrupfen, hilft ein mit Draht bespannter Rahmen, der über den offenen Behälter gelegt wird.

Um den Kompostbehälter herum sollten Sie einen sauberen Weg aus Platten oder Rindenmulch anlegen, damit Sie trockenen Fußes zu ihm gelangen können. Auch sollte er nicht zu weit entfernt vom Haus und nicht direkt an der Grenze zum Nachbarn angelegt werden, es sei denn, Sie einigen sich auf einen gemeinsamen Ort, wo die Behälter Seite an Seite stehen. Neben dem Platz für die Kompostsilos benötigen Sie aber auch noch einen ebenen Platz zum Abstellen einer Schubkarre, zum Lagern von Materialien und zum Umsetzen des Haufens. Je bequemer Sie am Kompostplatz arbeiten können, desto mehr Spaß wird Ihnen die Verwandlung von Abfällen in wertvolle Erde bereiten. Wer keinen eigenen Nutzgartenteil hat, kann den Kompostplatz mit einigen Sträuchern, einer Hecke oder einer begrünten Sichtschutzwand abgrenzen.

Grasschnitt kann in dünnen Lagen abwechselnd mit grobem Material auf den Kompost gestreut werden. Je seltener der Rasen gedüngt wird, desto weniger Stickstoff enthält das Schnittgut und desto dicker können die Schichten sein. Sehr stickstoffhaltigen Grasschnitt erkennen Sie daran, dass sich ein gelagerter Haufen bereits nach einigen Stunden im Inneren erwärmt. Mit Grasschnitt können Sie aber auch die Beete direkt mulchen. Nach etwa einer Woche haben Würmer und andere Bodentiere die Halme in die Erde gezogen und zu Kompost umgewandelt, sodass von neuem gemulcht werden kann. Die dünne Schicht schützt den Boden vor dem Verschlämmen bei Regen und dem Austrocknen bei Sonne, sie müssen also weniger hacken und gießen.

Rasen kann mit dem eigenen Schnittgut gedüngt werden, wenn es nicht zu viel ist und die abgeschnittenen Halme kurz sind. Für große Rasenflächen eignen sich Mulchmäher, die das Mähgut häckseln und direkt wieder an den Boden zurückgeben.

Wiesenschnittgut ist schwieriger zu kompostieren. Wer einen entsprechenden Häcksler hat, kann es anschließend in Lagen in den Kompost schichten. Sie können die Halme aber auch bis zu drei Tage lang auf der Wiese trocknen lassen und das Heu an Pferde verfüttern oder als Raufutter und Einstreu für Kleintiere verwenden. Im Gegensatz zu Grasschnitt darf Wiesenschnitt auch in kleinen Mengen auf die Grünschnittdeponie gebracht werden, wenn es dort locker abgelegt wird. Es darf dort aber nicht schimmeln und faulen, denn das würde die Qualität des Kompostes, den das Entsorgungsunternehmen daraus bereitet, mindern. In der eigenen Hecke können Sie mit Wiesenschnittgut Reisighaufen abdecken und so Winterquartiere für Tiere schaffen.

Ausgerissenes Unkraut lässt sich sehr gut selbst kompostieren, denn die den Wurzeln anhaftende Erde beschleunigt die Rotte. Es sollte, ebenso wie gehäckselter Wiesenschnitt, immer im Inneren eines Kompostbehälters zu liegen kommen, denn die Samen der unerwünschten Pflanzen verlieren ihre Keimfähigkeit nur, wenn sie auf etwa 60 °C erhitzt wurden. Auch austriebsfähige Wurzel- und Sprossstücke werden so geschädigt. Diese Temperaturen kommen aber nur im Kern einer Kompostmiete oder eines großen Kompostbehälters zustande.

Laub von Bäumen und Sträuchern fällt in jedem Garten an und muss im Herbst regelmäßig entsorgt werden. Das Einfachste ist es, wenn Sie alles Laub mit dem Drahtbesen unter eine Hecke kehren und dort verrotten lassen. Dies ergibt eine dicke schützende Mulchschicht und darunter einen humosen Boden. Eine gemischte naturnahe Laubhecke verträgt am Boden etwa die dreifache Menge an gut verrottbarem Laub, als sie selbst produziert. Aber auch immergrünen Pflanzen, wie Rhododendren, Eiben, Fichten und Thujen, tut eine dicke Laubschicht am Boden gut. Genauso wohltuend ist sie aber auch auf Beeten mit Beerensträuchern, auf der Baumscheibe unter Obstbäumen und auf Gemüsebeeten (z.B. Kartoffeln). Fällt in Ihrem Garten mehr Laub an, als Sie auf diese Weise verwenden können, kön-

TIPP

Richtig aufgeschichteter Kompost riecht übrigens nicht unangenehm und stellt auch keine Belästigung dar. Schlecht riechender Kompost weist immer auf Sauerstoffmangel hin, den man durch Belüften und Auflockern beheben kann.

TIPP

Rupfen Sie unerwünschte Wildkräuter immer vor der Samenbildung aus, damit sie sich nicht über den Kompost im ganzen Garten verbreiten.

Entsorgungsmöglichkeiten „grüner" Abfälle im Garten

- Mutterboden → abgesenkte Stellen auffüllen; Hochbeete füllen; mit Gründüngung eingesät lagern; weiterverkaufen beziehungsweise -verschenken.
- Teichschlamm → Hochbeete, Frühbeete, Kübel für Nutzpflanzen füllen; mit Sand und eventuell Kompost vermischt als Kultursubstrat für Rasen, Stauden, Gehölze, Kübelpflanzen verwenden.
- Rasensoden → abgewetzte Stellen ausbessern; an anderer Stelle auslegen; Rasensodenbank bauen; Rasensodenkompostmiete aufschichten.
- Wiesenschnitt → Heu für Tiere machen, verfüttern oder als Einstreu verwenden; zur Grünschnittdeponie bringen.
- Rasenschnitt → Beete mulchen; Baumscheiben bedecken; in den Kompost geben.
- Unkraut → in den Kompost geben; als Mulchdecke ausbreiten; zur Miete aufsetzen.
- Salat-, Gemüseblätter → an Kleintiere verfüttern; in den Kompost geben; als Flächenkompostierung verwenden.
- Laub → als Mulchdecke verwenden; Laubhaufen für Tiere errichten; zu Laubkompost aufschichten.
- Koniferen-, Walnuss- und Eichenlaub → mit anderem Laub mischen; als Unkraut unterdrückende Mulchdecke unter Gehölze legen.
- Küchenabfälle roh und gekocht → an Hühner verfüttern; in geschlossenem Thermokomposter verrotten lassen.
- Kleintiermist → als Kompostzugabe nutzen; als Miete aufsetzen; als Fußbodenheizung für Frühbeete und Kübel oder als Mulchdecke für Starkzehrer verwenden.

TIPP

Das Laub von Eichen und Walnussbäumen gilt als schlecht verrottbar. In kleinen Anteilen und gut gemischt mit anderem Laub, lässt es sich aber auch kompostieren. Nadeln von Koniferen können dünn unter eine Laubhecke gestreut oder zusammen mit stickstoffhaltigem Mist kompostiert werden.

nen Sie es zu Laubhaufen aufschichten. Eine Höhle aus wirren Zweigen im Inneren dient vielen Tieren zum Überwintern und beschleunigt die Rotte, da das Laub nicht so zusammenklebt. Nach etwa drei Jahren ist ein 1,5 m hoher Haufen völlig in sich zusammengefallen und hinterlässt Lauberde, die sich gut für kalkscheue Pflanzen, z.B. Rhododendren, eignet. Wer schon nach einem Jahr Erde braucht, kann eine Laubmiete aus abwechselnden Lagen Laub und Pferdemist aufsetzen und abdecken. Damit Sie hoch stapeln können und das Material beim Aufschichten seitlich nicht wegrutscht, sollten Sie vorher eine seitliche Begrenzung aus Paletten, Pfosten mit Querlatten, Rundhölzern oder Drahtgitterbespannung bauen. Es ist auch möglich, sich einen zylindrischen Behälter aus verzinkten Estrichmatten oder Kaninchendraht zu biegen, in den das Laub gefüllt werden kann. Ist es zu Erde geworden, kann der leichte Drahtzylinder ganz einfach hochgehoben werden.

Holzabfälle fantasievoll verwerten

Nennenswerte Holzabfälle entstehen in einem neu bepflanzten Garten erst nach etwa zehn Jahren. So mancher Gartenbesitzer hat aber einen alten Baum- oder Strauchbestand, der geschnitten werden muss, alte Gehölze, die gefällt wurden oder unbehandelte Holzreste aus der Bauzeit, die im Garten sinnvoll genutzt werden können.

Stammabschnitte können Sie kostensparend wieder verwenden, wenn sie bei der Neugestaltung gleich mit eingeplant werden. Mit dauerhaften heimischen Hölzern, wie Eiche, Buche, Lärche oder Kiefer, können beispielsweise Wege und Beete eingefasst werden. Liegende dicke Stämme werden mit der Hälfte ihres Durchmessers eingegraben, dünnere können direkt auf den Boden gelegt und mit kurzen angespitzten Pflöcken am Wegrollen gehindert werden. Wenn Sie haltbare Pflöcke hinter der Kante einschlagen und die Stämme festschrauben, erhalten Sie eine glatte Wegkante, die sich gut kehren lässt. Außerdem können die Stämme leicht ausgetauscht werden, wenn sie morsch geworden sind. Gleiches gilt für Treppenstufen, die aus übereinander gelegten Rundhölzern gebaut werden können. Wegbiegungen und Kurven lassen sich mit krummen Stämmen bewerkstelligen. Die Stammenden werden dabei schräg abgeschnitten und passend aneinander gelegt. Wer Stämme verschiedener Durchmesser in etwa 10 cm lange Stücke schneidet, kann auch einen Weg oder kleinen Platz mit den aufrecht gestellten Stammscheiben pflastern.

Auch Hochbeetkästen und Kompostbehälter lassen sich aus geraden langen Stammabschnitten bauen. Wer viele dünne lange Fichtenstämme übrig hat, kann sie als Bohnenstangen, für ein Indianertipi oder einen Rundholzzaun benutzen. Geschält können sie als Baumaterial für ein Baumhaus oder eine Blockhütte für die Kinder dienen. Mit genügend Dachüberstand ist solch ein Haus Jahrzehnte lang haltbar. Sandkasteneinfassungen aus Stämmen, Wippbalken und Schaukelgerüste müssen in der Regel nur zehn Jahre lang halten, sodass hier auch geschälte Weichholzstämme Verwendung finden können. Was zu krumm, zu dick oder zu zäh zum Bearbeiten ist, kann Kindern immer noch als „Riesenbauklotz", Spielplatzeinfassung, als Stubben zum Sitzen oder als Matschtisch dienen. Bizarre Holz- und Wurzelstücke verwandeln sich in Fabelwesen oder als Dekoration im schattigen Beet, ganze Bäume können liegend und im Boden verankert als Kletterspielzeug oder zum Balancieren dienen.

Holzabfälle lassen sich auf praktische und kreative Weise im Garten wieder verwenden.

TIPP

Sammeln Sie im Winter die Holzasche aus dem Kachel- oder Kaminofen in einem regendichten Gefäß, z.B. einer Plastiktonne mit Deckel, und stellen es neben den Kompostbehälter. Im Sommer kann man die Asche nach jedem Beschicken des Komposters dünn auf die Abfälle streuen, was Nässe und Gerüche bindet und Fliegen abhält. Ähnliches gilt auch für Sägemehl, das beim Schneiden des Brennholzes anfällt.

Gut getrocknet, können gefällte Bäume zu Feuerholz verarbeitet werden. Dazu sollten Sie Hartholz entweder zwei Jahre lang als gespaltene, 1 m lange Stücke aufschichten und mit einer Folie locker abdecken. Oder Sie schneiden und hacken das Holz gleich in passende Stücke, werfen es in ein überdachtes Holzlager oder schichten es an einer Wand ein (Weichholz) bis zwei (Hartholz) Jahre lang auf. Die beim Verbrennen entstehende Asche ist ein wertvoller Mineraldünger für alle Gartenpflanzen. Sie kann auf den Kompost oder direkt auf die Beete gestreut werden.

Alle nicht mehr verwertbaren unbehandelten Hölzer können zu Totholzhaufen aufgeschichtet werden, die vielen Tieren Lebensraum bieten.

Dünne Äste und Zweige werden am einfachsten als Reisighaufen aufgeschichtet. Die Form des Haufens wird vom Verwendungszweck bestimmt. Er kann hügelig und in einer Hecke versteckt sein und dort als Brutquartier für Vögel im Frühling, als Rückzugsort für Amphibien im Sommer und als Winterquartier für Igel dienen. Er kann aber auch länglich sein und das Grundstück oder Gartenteile begrenzen. Dabei wird das Reisig am besten zwischen parallel stehende Holzpfosten gelegt. Reisighaufen sacken immer wieder in sich zusammen, sodass sie jedes Jahr von neuem aufgefüllt werden können. An ihrem Grund entsteht anfangs duftender Mulm, später bester Waldboden. Sie können den Haufen sogar mit der Kletterpflanze Jelängerjelieber (*Lonicera caprifolium*) bepflanzen, die auch durch neu aufgeschichtetes Reisig immer wieder hindurchwächst, hübsch aussieht und in den Abendstunden süß duftet.

Ein alter Trog und einige passende Mauersteine kaschieren hier einen praktischen Stromanschluss.

Falls Sie viel Reisig haben, können Sie dies zu einer kostenlosen Benjeshecke an der Grundstücksgrenze aufschichten. Sie ersetzt anfangs den Zaun und später die Hecke, denn im Schatten des Reisigs wachsen bald Wildsträucher mit Beeren heran, die von rastenden und nistenden Vögeln „gepflanzt" werden. Mit Stacheln und Dornen bewehrtes Reisig schützt brütende Vögel sogar vor Katzen.

Lange Ruten von Bäumen und Sträuchern lassen sich aber auch kreativ wieder verwenden. So können Sie aus den biegsamen Haselruten einen Zaun oder ein Spielhaus flechten, mit den roten und gelben Zweigen von Hartriegelarten dekorative Reisigbündel binden und mit Weidenruten lebende Zäune oder Spielhäuser bauen. Dürre verzweigte Äste können als Rankhilfe für Buschbohnen oder Stütze für hohe Stauden dienen. Aus Reisig können Sie vielleicht selbst Besen binden, Körbe flechten, Kränze biegen oder witzige Skulpturen basteln. Blumensträuße und Gestecke sehen zumindest im Frühjahr und Herbst mit den passenden Zweigen doppelt so schön aus.

Baum- und Strauchschnitt kann aber auch gehäckselt und das Material anschließend als Mulchdecke oder Einstreu für Kleintiere verwendet werden. Je nach Häckselmethode entstehen zerfaserte oder geschnittene Holzstückchen. Erstere verrotten schneller und eignen sich daher besser zum Mulchen von Beeten, als Einstreu oder zum Kompostieren, Letztere sind haltbarer und daher besser als Wegebeläge geeignet. Vor dem Kauf eines Häckslers müssen sie jedoch wissen, welche Gartenabfälle zerkleinert werden sollen und wofür Sie das Häckselgut verwenden möchten. Durch unterschiedlich große Einfülltrichter und verschiedene Schneidmethoden eignen sich die Geräte nicht für alle Ausgangsmaterialien beziehungsweise die Wiederverwendungen des Häckselgutes.

Gute Häcksler sind teuer und werden nur einige Tage im Jahr benötigt. Deshalb lohnt es sich, vor der Anschaffung Ihre Nachbarn zu fragen, ob Sie sich nicht gemeinsam ein Gerät zulegen sollten oder Sie leihen sich ein Gerät im Fachhandel aus. Absprachen über die Benutzung ersparen einem Ärger wegen der unvermeidlichen Lärmbelästigung.

Denken Sie in Ihrem Garten immer möglichst langfristig und kaufen Sie nur unbehandeltes langlebiges Holz, wie Eiche, Kastanie, Robinie oder Lärche. Auch viele Tropenhölzer sind lange haltbar, hier sollten Sie aber aus Umweltschutzgründen nur zertifiziertes Plantagenholz kaufen. Kesseldruckimprägniertes beziehungsweise mit Holzschutzmitteln behandeltes Holz kann dagegen nur so lange verwendet werden, wie es haltbar beziehungsweise stabil ist. Danach muss es als Sondermüll teuer entsorgt werden. Unbehandeltes beziehungsweise mit abbaubaren Stoffen behandeltes Holz kann im Garten verrotten und zu Erde werden, wenn es nicht mehr gebraucht wird. Meist ergeben sich aber vorher noch viele praktische und gestalterische Möglichkeiten, die Reste sinnvoll im Garten einzusetzen.

Steine dekorativ recyceln

Naturnahe Gärten wirken erst richtig schön, wenn in ihnen auch naturbelassene oder behauene Natursteine verbaut werden. Aber auch Gärten im englischen, japanischen oder mediterranen Stil sind ohne Steine nicht vorstellbar. Das mineralische Material kommt im Garten einzeln als Findling, in Gruppen als Steinsetzung oder Steingarten, aufgeschichtet als Trockenmauer, mit Mörtel verbaut als Mauer, in Reihe gelegt als Beeteinfassung, flächig ausgebreitet als Wegbelag und in vielen anderen Möglichkeiten zum Einsatz. Gesteinsart, Größe und Bearbeitung sowie die handwerkliche Ausführung bestimmen dabei ebenso den Gartenstil wie bestimmte Muster und Formen.

Im Garten müssen keinesfalls immer neue Materialien zum Einsatz kommen. Viele Reste aus der Bauzeit lassen sich kreativ verwenden, sodass Sie anfangs nichts wegwerfen sollten. Mit Sand, Kies, Splitt, Felsbrocken, Lesesteinen, Natursteinen, aber auch Pflastersteinen, Betonsteinen, Mauersteinen, Betonringen, Trögen, Platten, Tonscherben und Bauschutt können Sie Ihren Garten praktisch, abwechslungsreich und schön gestalten, ohne viel Geld für Materialien ausgeben zu müssen.

TIPP

Sie können eine Menge Zeit und Geld sparen, wenn Sie nicht wegen jeder Kleinigkeit zum Baumarkt fahren müssen, sondern aus einer Materialsammlung schöpfen können. Als kreativer Haus- und Gartenbesitzer sollten Sie auch einen kleinen Sammelplatz planen, wo Sie Materialien und Gegenstände, die sich für eine Wiederverwendung im Garten eignen, übersichtlich lagern können.

Bereits beim Ausheben der Baugrube fallen in vielen Gegenden Steine an, die es zu sammeln und aufzuheben lohnt. Besonders große Findlinge sollten Sie vom Baggerfahrer beiseite legen lassen, kleinere Steine können Sie selbst aus dem Aushub herauslesen und lagern. Bevor die Bodenplatte gegossen wird, breitet der Bauunternehmer meist eine Sauberkeitsschicht aus vulkanischem Bims in der Baugrube aus. Lassen Sie sich davon etwas mehr anliefern, haben Sie bereits Material für Trockenbeete, Fußwege und Plätze zur Verfügung. Zerbrochene Mauersteine und Mörtelreste können zum Hinterfüllen von Trockenmauern oder als Kern von Steinhaufen Verwendung finden. Weisen Sie die Maurer an, wo Sie die Reste lagern sollen. Später werden Dränagekies und Schotter benötigt, von denen Sie sich ebenso Anteile zurücklegen sollten. Den Kies für den Sauberkeitsstreifen sollten Sie gleich für den Teich oder ein Kieselpflaster einplanen und rund ums Haus lieber etwas Pflanzen.

Wer nicht neu, sondern umbaut, sollte sich vor dem Abriss Gedanken über die Lagerung und Verwendung des Bauschutts machen. Ohne Metall- und Kunststoffreste ist er ein wertvolles Bau- und Dränagematerial für viele Gestaltungselemente und Pflanzungen im Garten.

Bei Gartenumgestaltungen fallen häufig alte Pflastersteine, Betonsteine und Platten an, die nicht mehr den heutigen Geschmack treffen. In Kombination mit anderen Materialien, wie Klinkern oder großen Kieseln, können aber selbst alte graue Beton- oder Waschbetonplatten, gegebenenfalls auch umgewendet, ein reizvolles Pflastermuster ergeben. Wege, Plätze und Mauern aus einer bunten Mischung von Materialresten sind nicht einfach zu bauen, können aber sehr schön aussehen. Sie sparen dabei viel Geld und können stolz auf Ihr Werk sein.

Den eigenen Körper schonen

Trotz guter Planung und perfekter Anlage eines pflegeleichten Gartens verbleiben jedem Gartenbesitzer Arbeiten, die es in regelmäßigen Abständen zu tun gilt. Diese müssen aber nicht beschwerlich sein, wenn sie vorher gut geplant, optimale Werkzeuge und Hilfsmittel benutzt werden und der Körper angemessen gebraucht wird. So durchgeführt, kann Gartenarbeit sogar eine Menge Spaß machen, den Körper trainieren und der Gesundheit förderlich sein. Die Vielzahl begeisterter Hobbygärtner, die auf ihren Garten niemals freiwillig verzichten würden, zeigt dies überzeugend.

Genau wie beim Fitnesstraining und anderen Sportarten, gilt es auch bei der Gartenarbeit, „mit Köpfchen“ zu trainieren, sich erreichbare Ziele zu stecken, die Belastungen langsam zu steigern, die richtige Körperhaltung einzunehmen und genügend Erholungspausen einzulegen. Die Umsetzung des „Ausdauertrainings Gartenarbeit“ kostet kein Geld, Sie müssen nicht ins Fitnessstudio fahren und benötigen auch keine teure Sportkleidung. Das alte Vorurteil, dass Gartenarbeit anstrengend sei und zu Beschwerden führt, stimmt einfach nicht. Viele negative Erfahrungen stammen aus der Kindheit, wo Sie vielleicht mit unpassendem Gerät und unangemessenen Aufgaben überfordert wurden. Wer unvorbelastet an die Gartenpflege herangeht, wird merken, dass sie nicht anstrengender als die meiste Hausarbeit ist. Falls Sie allerdings bereits jetzt bei alltäglichen Verrichtungen Schmerzen verspüren, werden Sie um das Ablegen falscher Gewohnheiten bei der Körperhaltung und Bewegung nicht herumkommen, um Freude an der Gartenpflege zu bekommen, Ihren Körper auch in Zukunft gesund zu erhalten und Folgeschäden zu vermeiden.

Intelligente Arbeitstechniken einsetzen

Intelligentes Arbeiten zeichnet sich gegenüber unbedachtem durch vorheriges Nachdenken aus. Bevor Sie mit der körperlichen Arbeit beginnen – und das gilt besonders für größere Arbeiten und solche, die zum ersten Mal gemacht werden – sollten Sie einige Tage vorher gedanklich alle Arbeitsschritte vorwegnehmen. Dazu gehören der richtige Zeitpunkt für die Arbeit, das Wetter, die zu erwartende Dauer, die Einteilung der Arbeit und die Reihenfolge aller Arbeitsschritte, die Werkzeugwahl, die Lagerung und Wiederverwendung anfallenden Materials, die Transportwege, die Folgen von Zerstörungen, Materiallagerungen, ungewollten Unterbrechungen der Arbeit, das Vorhandensein von Helfern, Materialien, Geräten, Wasser, Stromquellen, Hilfsmitteln und vieles mehr. Intelligentes Arbeiten heißt aber auch, Fachwissen, mechanische Hilfsmittel, menschliche Helfer, Werkzeug und Maschinen optimal einzusetzen.

Günstig ist ein Arbeitsplan mit allen zu erwartenden Arbeitsschritten in der richtigen Reihenfolge und deren geschätzten Dauer. Die Planung und Organisation von Umgestaltungen und Sanierungen ganzer Gartenteile ist in Teil 1 und 2 bereits erörtert worden. Pflegearbeiten sind in der Regel nicht

Schwere Gegenstände sollten Sie immer mit einer Sackkarre transportieren, um Rücken und Handgelenke zu schonen.

Ergonomisch geformte Gerätestiele erlauben rückengerechtes Arbeiten.

so aufwändig zu planen und organisieren, die Vorgehensweise ist jedoch ganz ähnlich. Wer die anfallenden Arbeiten gedanklich vorwegnimmt oder sich eine Liste macht, kann auch abschätzen, welches Werkzeug benötigt wird. Dieses muss rechtzeitig besorgt und auf seine Funktionsfähigkeit geprüft werden. Nichts ist ärgerlicher, als wenn die Arbeit beginnen soll und das nötige Werkzeug nicht vorhanden beziehungsweise nicht funktionsfähig ist.

Es gibt natürlich auch viele Praxisbücher und -zeitschriften, die Schritt für Schritt die wichtigsten Arbeiten in Bildern und Text erklären. Daneben finden Sie meist auch Listen der benötigten Werkzeuge und Hilfsmittel, eine Einschätzung des Schwierigkeitsgrades der Arbeitsschritte und eine Abschätzung der Dauer der Arbeit (siehe Literaturverzeichnis). Auch wenn die Voraussetzungen und Bedingungen bei Ihnen davon abweichen, können diese Anleitungen wichtige Hilfsmittel für unerfahrene Gartenbesitzer sein.

Falls Sie selbst völliger Gartenneuling sind, sollten Sie sich nicht scheuen, sich die nötigen Arbeitstechniken der Gartenpflege zeigen zu lassen. Dazu können Sie bei Nachbarn, Gartenbauvereinen oder Kleingartenanlagen nachfragen, ob Kurse angeboten werden beziehungsweise bei einem „alten Hasen“ über die Schulter schauen. Sie können aber auch ein Jahr lang einen Gärtner kommen lassen und ihm bei der Arbeit helfen und sich dabei alle Techniken abschauen. Dies kann preiswerter sein, als Anfängerfehler zu machen und die falschen Geräte zu kaufen!

Ergonomische Gartengeräte nutzen

Viele Pflegearbeiten im Garten gelten als schwer und mühsam, weil sich die Besitzer mit dem falschen Gerät abmühen. So sind häufig Menschen zu sehen, die mit dem Spaten schippen oder mit einer Schippe graben. Aber auch bei richtig gewählten Werkzeugen sind oft die Gerätestiele zu kurz, das Werkzeug ist zu schwer und die Griffe erzeugen Blasen an den Händen. Zum Glück gibt es inzwischen in guten Fachgeschäften eine reiche Auswahl an Gartengeräten verschiedener Größe. Neue Materialmischungen reduzieren das Gewicht vieler Werkzeuge und auch ergonomisch geformte Gerätestiele setzen sich immer mehr durch. Ebenso tragen Teleskopstiele und dicke Griffe zur Handlichkeit bei, Ratschenübersetzungen und Hebelmechanismen helfen, Kraft zu sparen. Leider gibt es immer noch nicht alle Geräte für Linkshänder, obwohl die Auswahl jedes Jahr größer wird.

Profiwerkzeuge sind meist besser verarbeitet als Hobbygeräte und mit guten Griffen, gelenkschonenden Puffern sowie Sicherheitseinrichtungen ausgestattet. Es lohnt sich nicht, beim Werkzeug zu sparen, denn gute Geräte halten wesentlich länger, sind einfacher in der Wartung und bereiten bei der Benutzung mehr Freude. Ein wichtiges Qualitätskriterium ist auch das Material des Gerätestiels sowie die Verbindung zwischen Stiel und Metallteil. Nur Spatenblätter mit langem Schaft für den Stiel garantieren, dass dieser bei großer Belastung nicht kurz über dem Blatt abbricht. In der Regel wird dafür nur Eschen- und Buchenholz verwendet. Bei trockener Lagerung kann es zu Schrumpfung kommen, sodass sich ein lediglich in den Schaft gesteckter Stiel lockert. Hier muss es eine kraftschlüssige Verbindung mit Nieten oder Schrauben geben (Stecksysteme, bei denen ein einziger Gerätestiel für verschiedene Anbaugeräte verwendet wird, taugen meist nur für leichtere Arbeiten, da die Verbindung großen Belastungen nicht standhält). Der Gerätegriff am oberen Ende des Stiels muss gut zu greifen und frei von Unebenheiten sein. Für Geräte, die ziehend bewegt werden, z.B. Vertikutierer oder Kultivatoren, sind aufschraub- oder -steckbare Handgriffe, deren Position veränderlich ist, eine gute Arbeitserleichterung. Auch gebogene Stiele helfen an manchen Geräten, eine aufrechte rückenschonende Position bei der Arbeit beizubehalten.

Motorbetriebene Geräte stellen nicht immer eine Arbeitserleichterung dar. Hier muss meist der schwere Elektromotor zusammen mit dem Akku oder einem Stück Kabel mit angehoben werden, was eine beträchtliche Gewichtsbelastung mit sich bringt. Diese Geräte lohnen sich nur bei großem Aufwand, z.B. einer langen Hecke, die mehrmals im Jahr geschnitten werden muss. Selbst bei Rasenmähern sollten Sie sich die Anschaffung eines motorbetriebenen Gerätes gut überlegen. Es ist sehr schwer und benötigt viel Lagerplatz, wogegen ein Handmäher mit Kugellagern leicht zu schieben und zu tragen ist, besser in Kurven und kleinen Ecken sowie unter Sträuchern mäht und kaum Lagerplatz benötigt. Außerdem ist er nicht störungsanfällig und kann leicht selbst gewartet und re-

Mit der richtigen Körperhaltung lassen sich auch schwere Arbeiten schmerzfrei ausführen.

TIPP

Scheuen Sie sich beim Kauf nicht, die Geräte auszuprobieren und eventuell einen anderen Gerätestiel zu verlangen oder einen Umtausch zu vereinbaren. Mit qualitativ gutem und ergonomisch geformtem Werkzeug sparen Sie zwar anfangs kein Geld, jedoch langfristig Zeit, Kraft und körperliche Schmerzen.

Hilfsmittel für die körperschonende Gartenarbeit

Hilfsmittel	Beispiele	Einsatzbereiche	Bemerkungen
Sitzhilfen	Rollsitz, Knie-Sitz-Hocker	Hacken, Jäten, Ernten	schonen Rücken und Knie
Kniehilfen	Kniebank, Knie-Sitz-Hocker	Pflanzen, Pikieren, Jäten, Ernten	schonen den Rücken und die Knie
Greifhilfen	Greifer, Laubaufnehmer, Kehrblech am Stiel	Kehren, Laubrechen, Aufräumen	schonen Rücken und Gelenke
Traghilfen	Tragschlaufen, Rolluntersetzer	Laub sammeln, Kübel transportieren	schonen Rücken und Arme
Transporthilfen	Schlepptuch, Laubsackwagen, Sackkarre, Stapelkarre, Schubkarre, Handwagen	Material transportieren, Geräte zusammenhalten	schonen den Rücken, sparen Wege

pariert und auch von Kindern bedient werden.

Körperschonende Gartenpflege betreiben

Das beste Gerät nützt Ihnen nichts, wenn Sie bei der Arbeit eine falsche Körperhaltung einnehmen. So können Rückenschmerzen, Muskelverspannungen und Nervenreizungen entstehen, obwohl ergonomisch angepasstes Gerät benutzt wurde. Die Umsetzung der folgenden Hinweise zur körperschonenden Arbeitsweise kostet kein Geld, allerdings kostet das Ablegen alter Gewohnheiten oft Überwindung, Übung und Disziplin.

Inzwischen hält der Markt auch viele arbeitserleichternde Hilfsmittel für den Hobbygärtner bereit. Sie sollten sich nicht scheuen, diese – meist für ältere Menschen gedachten – Hilfen schon in jungen Jahren zu benutzen. Sie schonen Gelenke und Sehnen, Muskeln und Beinvenen und stellen meist eine beträchtliche Arbeitserleichterung dar.

Viele der erwähnten Hilfsmittel sind allerdings nur im Fach- und Versandhandel engagierter Produzenten zu finden, die sich meist auch für die Erfahrungen der Benutzer interessieren und ihre Produkte ständig weiter entwickeln. Für jede Neuanschaffung müssen Sie allerdings auch den Lagerplatz bedenken, weshalb auch die Vielseitigkeit eines Hilfsmittels eine große Rolle spielen sollte.

Den eigenen Garten intelligent pflegen heißt:

- schon bei der Auswahl der Pflanzen die Pflege mit berücksichtigen.
- alle Beete und Pflanzenstandorte so planen und auswählen, dass die Pflegearbeiten einfach und körperschonend ausgeführt werden können.
- die natürlichen Helfer gegen Schädlinge und für die Gesunderhaltung der Pflanzen fördern.
- alte Gewohnheiten ändern und intelligente Arbeitstechniken und Geräte benutzen.
- die Gartenpflege als Chance für gesunde Bewegung und Naturerlebnisse begreifen.

Rechts: Der Winter ist die Zeit der Ruhe für Garten und Gärtner(innen).

Verzeichnisse

Literaturverzeichnis

AICHELE, D. (2000): Was blüht denn da? Wildwachsende Blütenpflanzen Mitteleuropas. Franckh-Kosmos Verlag, Stuttgart.

ANGER, G., BORTFELDT, G. (2004): Blumensträuße aus dem Garten. Verlag Eugen Ulmer, Stuttgart.

BEUCHER, P. (2000): Ein Garten für Faulpelze. Verlag Eugen Ulmer, Stuttgart.

BILLINGTON, J. (2002): Gärten auf kleinstem Raum schön gestalten. Christian Verlag, München.

BORCHARDT, W. (1998): Pflanzenkompositionen. Die Kunst der Pflanzenverwendung. Verlag Eugen Ulmer, Stuttgart.

BRIEMLE, H. (2000): Gärten für die ganze Familie. Verlag Eugen Ulmer, Stuttgart.

BROOKS, J. (1992): Große Gartenschule. Christian Verlag, München.

BROOKS, J. (1997): Naturnahe Gartengestaltung. Christian Verlag, München.

ENGELHARD, D. (1998): Holz im Garten und auf der Terrasse. Falken Verlag, Niedernhausen (Taunus).

ENGELHARD, D., FISCHER, K., HIMMELHUBER, P., SEITZ, W., VOIT, H., WINKELMEYR, S. (2003): Neues großes Heimwerkerbuch für den Garten. Sonderausgabe. Compact Verlag, München.

FISCHER, E. (1999): Das Topfgartenbuch. Verlag Eugen Ulmer, Stuttgart.

FLORA-Gartenführer (2003): Schöne Privatgärten in Deutschland öffnen ihre Pforten. Verlag Eugen Ulmer, Stuttgart.

FRIEDRICH, V. (2001): Mauern aus Naturstein. Verlag Eugen Ulmer, Stuttgart.

GREISENEGGER, I. (2003): Wie viel Garten braucht der Mensch? NP Buchverlag, St. Pölten, Österreich.

GUNKEL, R. (2000): Begrünen mit Kletterpflanzen. Verlag Eugen Ulmer, Stuttgart.

HÄCKEL, H. (1989): Das Gartenklima verstehen, nutzen, lenken. Verlag Eugen Ulmer, Stuttgart.

HAGEN, P. (2003): Wasser im Garten planen, entwerfen, kalkulieren. Verlag Eugen Ulmer, Stuttgart.

HEIL, A. (2003): Der Paradiesgarten – Essbare Stauden selbst angepflanzt. Ökobuch, Staufen (bei Freiburg).

HILGENSTOCK, F., WITT, R. (2003): Das Naturgarten-Baubuch. Callwey Verlag, München.

HIMMELHUBER, P. (2002): Selbst Brunnen, Wasserspiele und Bäche bauen. Compact Verlag, München.

HIMMELHUBER, P., GROSSER, W. (1999): Bauen mit Recycling-Materialien. Callwey Verlag, München.

KIERMEIER, P. (1996): Die Lebensbereiche der Gehölze. Hrsg.: Bund Deutscher Baumschulen e.V., Pinneberg.

KIRSCHNER, M. (2001): Wege, Terrassen und Sitzplätze. Augustus Verlag, München.

KLAUSNITZER, U. (1994): Biotope im Garten. Neumann Verlag, Radebeul.

KLEINOD, B. (2000): Dächer begrünen. Verlag Eugen Ulmer, Stuttgart.

KLEINOD, B. (2002a): Erlebnisgärten für Kinder planen und anlegen. Verlag Eugen Ulmer, Stuttgart.

KLEINOD, B. (2002b): Haus und Hofbegrünung planen, entwerfen, kalkulieren. Verlag Eugen Ulmer, Stuttgart.

KLEINOD, B. (2002c): Spielbereiche planen, entwerfen, kalkulieren. Verlag Eugen Ulmer, Stuttgart.

KLEINOD, B. (2003): Gärten für Senioren pflegeleicht gestalten. Verlag Eugen Ulmer, Stuttgart.

KOHLE, R. (1997): Schöne Miniatur-Wassergärten. Verlag Eugen Ulmer, Stuttgart.

KÖHLEIN, F., MENZEL, P., BÄRTELS, A. (2000): Das große Ulmer-Buch der Gartenpflanzen. Verlag Eugen Ulmer, Stuttgart.

KOLB, W., SCHWARZ, T. (1999): Dachbegrünung intensiv und extensiv. Verlag Eugen Ulmer, Stuttgart.

KRIEGER, K. (2003): Gewächshäuser. Franckh-Kosmos Verlag, Stuttgart.

LEHARI, G. (2002): Ulmers großes Obst- und Gemüsebuch. Verlag Eugen Ulmer, Stuttgart.

MAYER, J. (2003): Das große Gartenlexikon. Verlag Eugen Ulmer, Stuttgart.

MCVICAR, J. (1998): Essbare Blüten, Rezepte für Genießer. BLV, München.

OBERHOLZER, A., LÄSSER, L. (1997): Ein Garten für Tiere – Erlebnisraum Naturgarten. Verlag Eugen Ulmer, Stuttgart.

PEARLMAN, B. (2004): Fit für den Garten – Gymnastik, Gesundheit, Gartentipps. Verlag Eugen Ulmer, Stuttgart.

PLOBERGER, K. (2002): Der Garten für intelligente Faule. Verlag Eugen Ulmer, Stuttgart.

RICHARZ, K. (2000): Natur rund ums Haus – Expeditionen in die heimische Tierwelt. Franckh-Kosmos Verlag, Stuttgart.

RIESS, H.-W. (1997): Obstbaumschnitt in Bildern. Obst- und Gartenbauverlag, München.

SACHWEH, U. (2001): Grundlagen des Gartenbaues. Verlag Eugen Ulmer, Stuttgart.

SEEGERS, L. (1993): Teiche und Tümpel im Garten. Verlag Eugen Ulmer, Stuttgart.

SMITH, J. (2002): Viel Garten in wenig Zeit. Franckh-Kosmos Verlag, Stuttgart.

STEIN, B. (1999): Dekorative Küchengärten. Verlag Eugen Ulmer, Stuttgart.

STEIN, S. (1997): Gartenhäuser, Pergolen, Rankgitter – Ideen, Planung, Ausführung. Callwey Verlag, München.

STRAASS, V. (2000): Natur erleben das ganze Jahr. BLV, München.

STRICKLER, M., STRICKLER, F. (2003): Natur pur erleben – Wildstauden, Wildgehölze und Kräuter. Eigenverlag, Alzey.

THROLL, A. (Hrsg., 2003): Viel Garten für wenig Geld. Franckh-Kosmos Verlag, Stuttgart.

VON BERGER, F. (2001): Der Reihenhausgarten. Augustus Verlag, München.

WEHLAND, M. (2003): Vorgärten, Carports, Müllstellplätze planen, entwerfen, kalkulieren. Verlag Eugen Ulmer, Stuttgart.

WIDMAYR, C. (1999): Mangold, Malve und Melisse – Bauerngärten neu entdeckt. BLV, München.

WIRTH, P. (2001a): Gärten planen, entwerfen, kalkulieren. Verlag Eugen Ulmer, Stuttgart.

WIRTH, P. (2001b): Wege und Sitzplätze planen, entwerfen, kalkulieren. Verlag Eugen Ulmer, Stuttgart.

WIRTH, P. (2002): Mauern, Treppen, Geländemodellierung planen, entwerfen, kalkulieren. Verlag Eugen Ulmer, Stuttgart.

WITT, R. (1994): Wildpflanzen für jeden Garten. 1000 heimische Blumen, Stauden und Sträucher. BLV, München.

ZANDER, R. (2002): Handwörterbuch der Pflanzennamen. 17. Aufl. bearbeitet von ERHARDT, GÖTZ, BÖDEKER und SEYBOLD. Verlag Eugen Ulmer, Stuttgart.

Gartenzeitschriften

Kraut und Rüben, BLV, München.

Bauen Spezial – Hausgärten (2003), Fachschriften Verlag, Fellbach.

Mein schöner Garten Spezial – Die schönsten Gartenstile (2004), Burda Senator Verlag, Hamburg.

Bildquellen

Georg Bortfeldt, Hückeswagen: Seite 216 (unten)

Volker Friedrich, Oberhausen: Seite 47, 50, 94, 192

GBA/Bellmann: Seite 218

GBA/Didillon: Seite 104

GBA/GPL: Seite 27, 60/61, 105, 107, 109 (unten)

GBA/Noun: Seite 33, 103 (unten)

GBA/Perder: Seite 2/3

Rita Gunkel, Schwarmstedt: Seite 132/133, 137 (unten)

Wolfgang Redeleit, Bienenbüttel: Seite 6, 12, 53, 58 (unten links), 59, 70 (oben), 80, 101, 108, 118, 131, 136, 190, 193 (links), 198, 216 (oben)

Hans Reinhard, Heiligkreuzsteinach: Seite 10/11, 32, 37, 58 (unten rechts), 74, 116/117, 122, 123, 124 (beide), 125 (beide), 148, 149, 157, 158, 161 (unten), 188/189, 201, 205, 206, 207 (oben), 208 (beide), 209 (unten), 215, 217, 232, 245, 246/247

Nils Reinhard, Heiligkreuzsteinach: Seite 196 (beide)

Rothfuss GmbH, Hemmingen: Seite 72 (oben)

Brigitte Stein, Vastorf: Seite 203, 209 (oben)

Friedrich Strauß, Au/Hallertau: Seite 57, 83, 146

Wentorf/Flora/Picture Press: Umschlagfoto (Vorderseite)

Wood Steel & More, Ammersbek: Seite 164

Das Umschlagfoto (Rückseite) und alle übrigen Fotos stammen von der Autorin.

Die Zeichnungen fertigte Ernst Halwaß, Nossen, nach Vorlagen der Autorin beziehungsweise der angegebenen Literaturquellen.

Register

Die **fett** gedruckten Seitenzahlen verweisen gleichzeitig auf Abbildungen.